AF470377

HENRI PLON, IMPRIMEUR-ÉDITEUR

10, RUE GARANCIÈRE, A PARIS

LA LOI

DANS SES

RAPPORTS AVEC LA FAMILLE

LECTURES POPULAIRES SUR LA LOI CIVILE

PAR MM.

G. DABANCOUR
Docteur en droit
Juge au tribunal civil de Mâcon

A. PUTOIS
Juge de paix
Auteur des *Petites lectures sur la loi pénale*

MEMBRES DE L'ACADÉMIE DE MACON

Publiées sous le patronage de l'Académie

Où le siècle tombe, il faut l'appuyer.
Pensée de JOUBERT.

PROSPECTUS

Il s'est fait, depuis un certain nombre d'années, de nombreux efforts, en dehors de l'enseignement officiel, pour répandre le goût des connaissances utiles, et propager les notions élémentaires des sciences et des arts qui

composent le répertoire de notre civilisation intellectuelle.
On a publié des abrégés de physique, de chimie, de mécanique, des *Merveilles* illustrées de toutes sortes. Une lacune semblait exister dans cette bibliothèque populaire
nouvelle : c'était un livre qui vulgarisât la science des
lois, surtout dans un pays qui, comme toutes les nations
policées, vit sur le principe que nul n'est censé ignorer
la loi.

Les auteurs du livre que nous signalons à l'attention du
public ont entrepris cette œuvre, qui répond, dans leur
pensée et par le plan qu'ils ont adopté, aux besoins d'une
société et d'une époque dont la grande plaie consiste dans
l'insoumission aux lois, dans le mépris de toute discipline
et de tout frein. C'est contre ce mal qu'ils ont voulu
réagir.

Ils se fondent sur cette observation profondément vraie
que l'étude des lois, en développant chez l'homme les
sentiments de justice qui sont innés en lui, le rend nécessairement meilleur et plus droit dans ses voies; que la loi
sera plus aimée et plus respectée le jour où elle sera
mieux connue. — « Où le siècle tombe, il faut l'appuyer »,
dit Joubert; et de cette belle pensée ils ont fait l'épi-
graphe de leur livre.

Les auteurs ont pris pour point central de leur travail

deux grandes idées, la Famille et la Propriété, ces deux bases principales de tout ordre social. Le volume qui vient de paraître traite de la famille; celui dont la publication doit suivre celle-ci traitera de la propriété.

Le livre est divisé en *lectures*; toute autre division en est rigoureusement bannie. Dans une série de vingt-trois lectures, les auteurs ont rassemblé toutes les dispositions éparses dans nos Codes, et principalement dans le Code civil, ainsi que toute la législation accessoire et qui lui est postérieure, se rapportant à la famille, à sa constitution, à son existence, à son développement.

Dans un exposé aussi clair, aussi complet et aussi succinct que possible, des lois les plus indispensables à connaître, les auteurs ont évité les expressions par trop techniques, ou ne les ont employées qu'avec les définitions nécessaires.

Ils se sont efforcés cependant, chaque fois que l'occasion s'est offerte à eux (notamment en ce qui concerne les actes de l'état civil, les conditions et formalités du mariage, les demandes en séparation de corps), d'entrer dans les détails les plus pratiques, d'une application de tous les jours, qui, d'après ce que leur expérience de magistrat leur a révélé, sont ignorés de presque tout le monde, et causent souvent les plus grands embarras aux personnes appelées à en faire l'application. A ce point de vue, l'ouvrage peut être considéré comme une sorte de *Manuel,* soit pour les officiers de l'état civil, soit pour les pères de famille.

Enfin, le caractère dominant du livre, ce qui fait son originalité, c'est que les auteurs se sont appliqués à entremêler les dispositions légales de citations, d'anecdotes, de traits d'histoire, de considérations morales, qui en rendent la lecture à la fois facile, instructive et moralisatrice.

————

La Loi dans ses rapports avec la Famille forme un joli volume in-18, de 252 pages.

Prix : 1 fr. 50 c.

Cet ouvrage est expédié *franco* à toute personne qui en adresse la valeur en un mandat de poste à l'éditeur.

PARIS. — TYPOGRAPHIE DE HENRI PLON, RUE GARANCIÈRE, 8.

LA LOI

DANS SES

RAPPORTS AVEC LA FAMILLE

LECTURES POPULAIRES SUR LA LOI CIVILE

PARIS. TYPOGRAPHIE DE HENRI PLON, RUE GARANCIÈRE, 8.

LA LOI

DANS SES

RAPPORTS AVEC LA FAMILLE

LECTURES POPULAIRES SUR LA LOI CIVILE

PAR MM.

G. DABANCOUR
Docteur en droit
Juge au tribunal civil de Mâcon

A. PUTOIS
Juge de paix
Auteur des *Petites lectures sur la loi pénale*

MEMBRES DE L'ACADÉMIE DE MACON

Publiées sous le patronage de l'Académie

Où le siècle tombe, il faut l'appuyer.
Pensée de JOUBERT.

PARIS

HENRI PLON, IMPRIMEUR-ÉDITEUR

10, RUE GARANCIÈRE

1873

Tous droits réservés

Extrait des procès-verbaux
des séances de l'Académie de Mâcon.

(Séance du 23 juillet 1872.)

..... M. Arcelin, au nom de la Commission chargée d'examiner le manuscrit soumis à l'Académie par MM. Putois et Dabancour, lit le rapport qui suit :

MESSIEURS,

« Votre Commission a examiné le manuscrit qui vous a été soumis par M. Putois, et je suis chargé de vous faire connaître ses conclusions. Ce manuscrit, vous vous en souvenez, est intitulé : *La loi dans ses rapports avec la famille et la propriété,* et a pour but de vulgariser des notions malheureusement trop ignorées de la grande majorité des Français. Votre Commission a pensé que les auteurs ont surmonté très-heureusement une grave difficulté, qui est de commenter le Code civil en un petit espace, et de le mettre à la portée de toutes les intelligences. Il n'y a pas un mot inutile dans le texte, pas un mot, par conséquent, à en retrancher dans un exposé complet et méthodique de la loi. Mais le but des auteurs n'était point de fournir un commentaire qui pût suppléer au texte lui-même. Ils n'ont songé qu'à rendre attrayante, autant que possible, la lecture des dispositions les plus importantes de la loi, et à inviter ainsi à l'étudier à ses sources originales. Des exemples bien choisis, des aper-

çus très-justes sur le côté moral et philosophique de chaque question, des notions suffisamment complètes sur les
causes et les circonstances qui ont déterminé le législateur, un style clair comme il convient au sujet, et vivant
comme cela était nécessaire pour atteindre le but de vul-
garisation projeté, font de ce volume un livre éminem-
ment utile, auquel votre Commission vous propose
d'accorder le patronage de l'Académie. »

Conformément aux conclusions du rapporteur, l'Académie décide qu'elle prend sous son patronage le livre de
MM. Putois et Dabancour, et les autorise à faire mention
de cette décision, soit dans la préface, soit dans le fron-
tispice de leur livre.

Pour extrait,

Le secrétaire perpétuel,
Ad. ARCELIN.

PRÉFACE

La loi s'occupe de l'homme dès avant sa naissance, quand il repose encore dans le sein de sa mère; elle est son guide dans toutes les actions les plus importantes de sa vie, et elle le protége encore au delà du tombeau, dans sa dépouille et dans sa mémoire.

L'étude des lois, en développant chez l'homme les sentiments de justice qu'il trouve innés en lui, le rend nécessairement meilleur et plus droit dans ses voies.

Mettre nos lois les plus usuelles à la portée de tous, les vulgariser, si possible est, en les présentant sous une forme moins sévère et moins aride que celle sous laquelle elles apparaissent dans nos Codes, c'est, nous le croyons, répondre à un besoin, et à un besoin d'autant plus pressant que notre société menace de sombrer dans le chaos où la pousse presque irrésistiblement le vice caractéristique de notre époque, l'insoumission aux lois, le mépris de toute discipline, de tout frein, prêchés partout, du haut des tribunes populaires et dans les colonnes de certaines feuilles publiques.

« Il faut, a dit Joubert, ménager le vent aux têtes françaises, parce que tous les vents les font tourner... Les journaux et les livres sont plus dangereux en France qu'ailleurs, parce que tout le monde y veut avoir de l'esprit, et que ceux qui n'en ont pas en supposent toujours beaucoup à l'auteur qu'ils lisent et se hâtent de penser et de parler comme lui. »

Dans notre contact incessant avec les populations ouvrières de la ville et des campagnes, nous avons pu constater combien est vivace encore dans le cœur du peuple la foi dans tout ce qui est imprimé; nous avons entendu souvent, bien souvent, des gens affirmer un fait plus ou moins exact, en disant avec la plus grande sincérité : « Ce que je raconte est vrai, j'en suis sûr parce que je l'ai lu : c'est imprimé. » Ah! combien peu d'écrivains se respectent assez aujourd'hui pour avoir souci de cette naïve croyance, puisée dans les saines traditions du : *Car il est écrit* dans l'Évangile [1] !

Nul ne devrait être admis, il nous semble, à professer ce qu'il ne sait pas, ce qu'il n'a jamais appris; et cependant la chaire la plus difficile à occuper, celle qui fait le plus de bruit, qui réunit le plus d'auditeurs, celle du haut de laquelle il ne devrait descendre que des discours puisés à la source de la morale, de la logique et de la raison, la chaire, la tribune du journalisme est à la disposition du premier venu. L'homme le plus taré, le plus immoral, peut, avec l'esprit le plus faux et sans avoir étudié jamais les questions qui sont le thème éternel de la

---

[1] Évangile selon saint Matthieu, chap. IV, vers. 4, 6 et 7; chap. V, vers. 43; chap. XII, vers. 5. Évangile selon saint Marc, chap. V, vers. 2; chap. XI, vers. 17; chap. XIV, vers. 21. Évangile selon saint Luc, chap. II, vers. 23; chap. IV, vers. 4, 8, 10 et 12; chap. XVIII, vers. 31. Évangile selon saint Jean, chap. X, vers. 34, etc.

presse militante, enseigner là, chaque jour, à des milliers d'individus affamés de nouvelles politiques, les théories les plus absurdes, les plus dangereuses et les plus fausses; et si le folliculaire a assez d'esprit pour conter agréablement une histoire scandaleuse, assez d'imagination pour l'inventer au besoin, s'il ne se lasse pas de brûler de l'encens, même le plus grossier, sous le nez du prolétaire, en déclamant, toujours et sans trêve, contre l'affreux capital et ceux qui le possèdent, sa feuille, soyez-en assurés, comptera bien vite un grand nombre d'abonnés; car, c'est triste à dire, mais c'est rigoureusement vrai, les journaux qui trouvent le plus de lecteurs dans le peuple ne sont pas précisément ceux qui font appel aux meilleurs sentiments et aux plus nobles passions.

Ouvriers du travail de la pensée, convaincus que ce n'est pas trop des efforts de tous les hommes de bonne volonté pour cicatriser cette plaie béante de l'insoumission aux lois qui s'envenime chaque jour davantage, nous avons essayé de réagir, dans les limites de nos forces et de nos moyens, contre le mal terrible qui menace de mort notre société, en écrivant, au bruit des passions de la rue, cette étude morale sur celles de nos lois qui intéressent le plus la famille et la propriété.

Nous sommes loin de nous dissimuler les difficultés de notre tâche; nous ne nous berçons pas de l'espoir de les avoir vaincues toutes; mais nous avons conscience d'avoir entrepris une œuvre utile : car il est bien certain que la loi sera plus aimée et plus respectée le jour où elle sera mieux connue. Puisse, ainsi que nous l'avons dit ailleurs, l'excellence du but excuser la témérité de l'entreprise! Ajoutons à ce vœu que notre plus grande ambition serait de voir un jour notre livre prendre place sur les rayons des bibliothèques scolaires et communales.

Il y a quelques années déjà, l'un de nous, touché des mêmes idées, écrivait sur notre droit pénal un modeste opuscule qui a eu depuis les honneurs de deux nouvelles éditions [1]. Le volume que nous offrons aujourd'hui au public sera bientôt suivi d'un autre, auquel nous travaillons en ce moment, sous ce titre dont nous prenons acte : *La loi dans ses rapports avec la propriété.*

Mai 1872.

[1] *Petites lectures sur la loi, à l'usage des écoles*, par A. Putois. Paris, librairie des bibliothèques scolaires. Paul Dupont, éditeur, 41, rue Jean-Jacques Rousseau.

LA LOI

DANS SES

RAPPORTS AVEC LA FAMILLE

LECTURES SUR LA LOI CIVILE

PREMIÈRE LECTURE.

DES LOIS EN GÉNÉRAL.

> Après les dieux de qui les bonnes lois viennent, rien ne doit être si sacré aux hommes que les lois destinées à les rendre bons, sages et heureux. Ceux qui ont dans leurs mains des lois pour gouverner les peuples, doivent toujours se laisser gouverner eux-mêmes par les lois ; c'est la loi et non pas l'homme qui doit régner.
>
> FÉNELON , *Télémaque.*

Les lois ont été définies : des règles de conduite établies par une autorité compétente, et auxquelles on est tenu d'obéir.

Elles n'ont de privilége pour personne, nous sommes tous égaux devant elles comme nous le sommes devant la mort. .

Elles sont exécutoires dans tout le territoire français, en vertu de la promulgation qui en est faite par le chef du pouvoir exécutif, et à partir du moment où la promulgation peut en être connue.

Elles n'ont pas d'effet rétroactif, en d'autres termes,

elles ne peuvent atteindre que les faits à venir et non ceux qui se sont accomplis sous l'empire d'une autre législation.

Les lois de police et de sûreté obligent indistinctement tous ceux qui habitent le territoire, aussi bien l'étranger que le Français lui-même, nul n'étant censé ignorer la loi.

La même justice est due à tous ; aucun juge ne peut se refuser à juger le cas qui lui est soumis, sous prétexte du silence, de l'obscurité de la loi, sous peine d'être puni comme coupable de déni de justice ; mais il peut et il doit s'abstenir de juger quand l'affaire qui lui est soumise n'est pas, soit en raison de sa nature spéciale, soit en raison de son importance, classée parmi celles dont il a le pouvoir de connaître, ou plutôt il doit alors se borner à se déclarer incompétent.

On ne peut déroger par des conventions particulières aux lois qui intéressent l'ordre public et les bonnes mœurs, mais on peut déroger dans certaines limites à celles qui n'ont pour objet que les intérêts privés.

Les lois sont impératives, ou prohibitives, ou simplement facultatives ; il faut donc faire ce qu'elles ordonnent, s'abstenir de ce qu'elles défendent, sous peine d'être atteint par les peines qu'elles prononcent, selon la gravité des infractions.

Les magistrats sont tenus de les appliquer toujours, nonobstant les ordres contraires que l'importunité pourrait arracher à ceux qui exercent le pouvoir, ainsi que le prescrit un édit de Louis XII, de 1499. Le premier président Séguier était bien pénétré de ce devoir, lorsqu'à certaines demandes venues de haut il fit cette fière réponse : La cour rend des arrêts et non pas des services.

Répétant ici ce que nous avons écrit déjà, nous dirons : Quant à leur source, les lois se divisent d'abord en lois naturelles ou divines, et en lois humaines.

Les lois divines sont celles que la nature même a gravées dans tous les cœurs ou que Dieu nous a manifestées par la révélation.

Ces lois prescrivent à l'homme des devoirs envers Dieu, envers lui-même, et envers ses semblables.

Il doit à Dieu un amour sans bornes.

Il se doit à lui-même de pourvoir à son perfectionnement.

Il doit à ses semblables d'être juste et charitable envers eux.

Les lois humaines sont celles que les hommes réunis en corps de nations ont établies pour fixer les conséquences des préceptes de morale qui découlent des lois naturelles, et pour obliger ceux qui vivront sous leur autorité à les observer.

Ces lois se subdivisent en plusieurs classes :

Celles qui déterminent les rapports de nation à nation, et en vertu desquelles se font les traités de paix, d'alliance, de commerce, etc., composent ce que l'on nomme le droit international ;

Celles qui règlent la forme du gouvernement, la division des pouvoirs, le mode de l'administration, les moyens d'assurer la sûreté des citoyens, composent dans leur ensemble ce qu'on appelle le droit public ;

Enfin, les lois qui règlent les rapports de particulier à particulier, forment le droit privé ; c'est à cette dernière catégorie qu'appartiennent les lois qui sont l'objet de notre travail.

Pour imposer à l'homme des règles obligatoires, il faut avoir sur lui une haute autorité. En principe, on ne doit considérer comme lois que celles qui viennent directement de Dieu, comme les préceptes de la morale, ou d'un pouvoir humain légitimement constitué et publiquement reconnu, parce qu'alors c'est encore de Dieu que ces lois proviennent, puisque c'est de lui qu'émane tout pouvoir.

Il faut donc avant tout obéir aux lois de Dieu; mais il faut obéir aussi aux lois des hommes.

Nous devons obéir aux lois de Dieu pour vivre en paix avec notre conscience; nous devons respecter les lois des hommes pour vivre en paix avec nos semblables.

Or, pour n'être point exposé à violer une loi, pour la respecter, pour lui obéir, il faut nécessairement la connaître.

Il ne faut pas confondre les lois avec les règlements et les arrêtés, les jugements et les arrêts, les coutumes et les usages; elles en diffèrent en ce qu'elles statuent par voie de disposition générale, c'est-à-dire qu'elles obligent indistinctement tous les habitants de la République dans toute l'étendue de son territoire.

Les règlements et les arrêtés qui émanent de diverses autorités se rapportent seulement, soit à un ou à plusieurs individus, soit aux habitants d'un seul département, comme un arrêté préfectoral; soit aux habitants d'une commune, comme un règlement municipal. Les arrêts et les jugements n'obligent que les parties entre lesquelles ils interviennent.

Les usages et les coutumes ne sont qu'une suite d'actes de même nature, constamment répétés, qui peuvent faire présumer la volonté générale et tenir lieu de lois dans les cas où la loi écrite ne parle pas.

Disons aussi que les décrets sont des règlements ou arrêtés rendus pour l'exécution des lois ou sur les affaires privées; que les règlements d'administration publique ont pour objet de déterminer, de préciser les détails secondaires qui découlent des principes généraux posés dans les lois.

Ils diffèrent des lois 1° en ce qu'ils ne contiennent

ordinairement que le mode d'exécution d'une loi antérieure ; 2° en ce qu'ils peuvent être rapportés ou modifiés sans le concours de l'autorité législative.

Les garanties que doivent présenter ces règlements se résument en ceci : instruction méthodique et régulière, délibération du conseil d'État, insertion au Bulletin des lois.

Les avis du conseil d'État sont des délibérations de cette compagnie, destinées à faire connaître son opinion sur les questions qui lui sont soumises.

Les avis du conseil d'État n'ont plus l'importance qu'ils avaient sous l'empire de la Constitution de l'an VIII (art. 52) et de l'arrêté du 3 nivôse de la même année (art. 11).

Aujourd'hui ces avis n'ont plus aucune force législative ; ils ne peuvent être considérés par les tribunaux que comme de simples consultations.

Les ordonnances étaient des actes que faisait le prince en qualité de chef de l'État dans les limites du pouvoir exécutif. Dans l'ancienne monarchie, les ordonnances du Roi réglaient tout à la fois les objets réservés aujourd'hui au pouvoir législatif et ceux qui appartiennent à la puissance exécutive.

Ces ordonnances reçurent différents noms, suivant l'importance et la nature de leur objet. Les plus considérables furent appelées lois ; les autres, édits, déclarations, lettres patentes, décrets, etc.

Il ne suffit pas d'avoir de bonnes lois, il faut encore savoir les faire observer ; or, dans une classe nombreuse de la société, le mépris de la loi est élevé, si nous pouvons nous exprimer ainsi, à la hauteur d'un principe : c'est le mépris de la loi qui a fait déchoir notre pays ; c'est, ne l'oublions pas, par l'observance scrupuleuse, par le respect absolu de la loi, que nous pourrons le relever.

1.

Dans les premiers temps de la monarchie française, les lois étaient délibérées au sein d'assemblées tenues dans un champ, qui fut appelé d'abord *champ de mars* et ensuite *champ de mai,* du nom des mois dans lesquels ces assemblées avaient lieu ; elles étaient présidées par le Roi en personne. C'est dans ces assemblées que furent rendues les célèbres ordonnances de Charlemagne, connues sous le nom de Capitulaires.

Il est dit, dans un capitulaire de Charles le Chauve, de l'an 864, qu'il faut, pour la formation d'une loi, le consentement de la nation et la sanction du Roi ; ce principe fondamental est consacré aujourd'hui.

Sous la féodalité, la France se divisa en pays de domaines du Roi et en pays de barons. Dans les premiers, la seule volonté du Roi faisait les lois ; ses ordonnances n'étaient obligatoires dans les baronnies qu'autant que les seigneurs à qui elles appartenaient consentaient à les accepter et à les faire observer là.

Insensiblement on finit pas adopter, dans toute l'étendue du royaume, les ordonnances du prince, et la nation participa de nouveau elle-même à la législation, en nommant ses représentants pour la constitution des états généraux.

Ajoutons encore, « qu'on donnait le nom d'états généraux, avant 1789, aux assemblées générales de la nation, composées de la réunion des députés des trois ordres, c'est-à-dire de la noblesse, du clergé et du tiers état. La première assemblée qui prit le nom d'états généraux fut convoquée en 1302, par Philippe IV, dit le Bel, à l'occasion du différend qui s'était élevé entre ce prince et le pape Boniface VIII ; la réunion eut lieu dans l'église Notre-Dame de Paris.

Les principales assemblées des états généraux qui suivirent cette première assemblée furent celles :

De 1308, au sujet de l'abolition des Templiers;

De 1313, au sujet des tailles;

De 1317 et de 1328, pour le couronnement de Philippe V et de Philippe VI, par application de la loi salique, c'est-à-dire de la loi qui exclut les femmes de la couronne;

De 1356, pendant la captivité du roi Jean;

De 1380, pour l'établissement de la régence, pendant la minorité de Charles VI;

De 1420, pour la ratification du traité de Troyes;

De 1468, à Tours : ils s'opposèrent à ce que la Normandie fût démembrée par le frère du Roi;

De 1484, à Tours, sur la convocation d'Anne de Beaujeu, régente : ils déclarèrent la majorité de Charles VIII;

De 1506, à Tours, pour le mariage de Claude de France, fille de Louis XII, avec le duc d'Angoulême;

De 1560, à Orléans, sous Charles IX : on fit les lois commerciales, qui furent en vigueur jusqu'en 1789;

De 1576, à Blois : un député du tiers état y défendit les prérogatives royales contre les prétentions de la Ligue naissante;

De 1588, à Blois : on y fit une loi d'État, l'édit de l'Union, et on appela le duc de Guise au pouvoir suprême; mais il ne l'exerça pas, Henri III l'ayant fait assassiner;

De 1593, à Paris, tenue par la Ligue, pour exclure Henri IV du trône et y appeler l'infante d'Espagne;

De 1614, à Paris, au moment de la majorité de Louis XIII : ils restèrent sans résultat;

De 1789, à Versailles, dite Assemblée nationale.

L'Assemblée constituante de 1789 ressaisit l'autorité qui était exercée par les assemblées du champ de mars et du champ de mai. Elle proclama que la loi était l'expression de la volonté générale ; que tous les citoyens avaient le droit de concourir personnellement, ou par leurs représentants, à sa formation ; que tous les pouvoirs émanaient essentiellement de la nation ; que le pouvoir législatif résidait dans l'Assemblée nationale ; qu'aucun acte du corps législatif ne pourrait être considéré comme loi s'il n'était fait par les représentants de la nation, librement et légalement élus, et s'il n'était sanctionné par le Roi.

Après avoir été exercé pendant une longue période de temps par deux assemblées : sous la première République, par le conseil des Cinq-Cents et le conseil des Anciens ; sous le Consulat, par le Tribunat et le Corps législatif ; sous le premier Empire, par le Corps législatif et le Sénat ; sous la Restauration et la monarchie de Juillet, par la Chambre des députés et la Chambre des pairs ; sous le second Empire, par le Corps législatif et le Sénat, le pouvoir législatif est revenu et appartient exclusivement aujourd'hui à l'Assemblée nationale. Chaque membre de cette Assemblée a le droit d'initiative parlementaire, droit qui appartient également au président de la République ; le mode d'exercice de ce droit est régi par un règlement de l'Assemblée. Quant au vote des lois, la présence de la moitié plus un des membres de l'Assemblée peut seule le rendre valide ; enfin, sauf le cas d'urgence, aucun projet de loi ne peut être définitivement voté qu'après trois délibérations, à des intervalles qui ne peuvent pas être moindres de cinq jours.

« Les lois, dit Montesquieu, doivent être tellement propres au peuple, pour lequel elles sont faites, que c'est un très-grand hasard si celles d'une nation peuvent convenir à une autre.

» Elles doivent être relatives au physique du pays ; au

climat glacé, brûlant ou tempéré; à la qualité du terrain, à sa situation, à sa grandeur; au genre de vie des peuples, laboureurs, chasseurs ou pasteurs : elles doivent se rapporter au degré de liberté que la constitution peut souffrir; à la religion des habitants, à leurs inclinations, à leurs richesses, à leur nombre, à leur commerce, à leurs mœurs, à leurs manières. Enfin, elles ont des rapports entre elles; elles en ont avec leur origine, avec l'objet du législateur, avec l'ordre des choses sur lesquelles elles sont établies. »

D'où il faut conclure que nous coopérons tous, sans nous en douter, par notre manière d'être et de vivre, par toutes les causes énumérées plus haut, à la formation des lois; mais nous y coopérons, quoique indirectement, d'une manière plus positive, quand nous sommes appelés à élire par nos suffrages ceux qui sont spécialement chargés de les élaborer et de les confectionner.

On est jaloux, très-jaloux, en France, du titre d'électeur; on y a fait plusieurs révolutions pour la conquête des franchises électorales; et, chose étrange, une fois le titre obtenu, beaucoup se sont montrés peu soucieux d'en remplir les devoirs.

Il n'en était pas ainsi dans les républiques anciennes, chacun tenait à honneur d'assister aux assemblées du peuple; à Athènes, l'étranger qui se permettait de s'y mêler était puni de mort.

L'abstention en matière électorale est un attentat contre la société; elle devrait, comme telle, être punie de peines sévères.

Pour avoir de bonnes lois, il importe avant tout de ne confier la mission de les faire qu'à des hommes honnêtes et capables entre tous. Il est donc du devoir, et du devoir rigoureux de chaque citoyen, de s'enquérir consciencieusement de la valeur relative des candidats qui sollicitent son suffrage; d'oublier, lorsqu'il s'agit pour lui de jeter un nom dans l'urne, ses affections et ses antipathies particulières pour ne songer qu'au bien du pays; il est de son devoir d'écrire, sur son bulletin, le nom même de son ennemi personnel, si l'homme qui a encouru son inimitié est, entre tous les candidats qui se présentent à son choix, le plus digne par son aptitude, par son savoir et par son honorabilité, d'aller siéger dans le palais où s'élaborent nos lois.

Il importe au plus haut point qu'en face de ce grand devoir, l'électeur n'obéisse pas, bêtement, lâchement, à un mot d'ordre, quand il ne doit obéir qu'à sa conscience, à sa conscience éclairée par les renseignements qu'il a dû prendre à des sources honorables, sur les antécédents, la moralité, l'intelligence et la capacité de chacun des candidats.

Dans les premières années de notre siècle, les jurisconsultes les plus éminents de l'époque, et parmi eux Berlier, Cambacérès, Portalis, Treilhard, Siméon, etc., ont, sous la direction de l'homme extraordinaire qui présidait alors aux destinées de notre pays, élevé ce magnifique monument de législation que toutes les nations de l'Europe nous envient, que beaucoup nous empruntent, et qui a nom *Code civil*. L'étude que nous avons entreprise ayant pour but de chercher à vulgariser, nous le répétons, nos lois les plus usuelles, à les faire connaître du peuple, et à lui faire comprendre qu'il a le plus grand intérêt à les observer, expliquons, en quelques mots, que le Code civil, principal thème de notre travail, est une réunion de lois diverses; qu'il se compose de deux mille deux cent quatre-vingt-un articles (un certain nombre, notamment ceux relatifs au divorce, ont été depuis abrogés) répartis en trois livres, qui traitent : le premier, des personnes; le deuxième, des biens

et des différentes modifications de la propriété; le troisième, des différentes manières dont on acquiert la propriété.

DEUXIÈME LECTURE.

DE LA FAMILLE ET DE SON DOMICILE.

Où peut-on être mieux qu'au sein de sa famille?

On désigne en général par famille, toutes les personnes
issues du même sang qui forment un corps de parenté.
Par extension, on applique aussi le terme de famille à
ceux qui, parents ou non, sont soumis au chef de la
maison.

Les enfants suivent la famille de leur père, c'est-à-dire
qu'ils portent son nom et suivent sa condition.

Les femmes sont le commencement et la fin de leur
famille; elles ne peuvent perpétuer légitimement le nom
de leur père; elles perpétuent le nom du père de leurs
enfants.

Avant d'expliquer comment s'établissent légalement
les liens de la famille, comment naissent les droits et
les devoirs que l'état de famille entraîne, nous devons
dire tout de suite qu'il n'existe aucun rapport civil de
famille entre les enfants nés hors mariage (tant qu'ils
n'ont pas été légitimés) et les parents de leurs père et
mère.

La famille est d'institution divine. Son berceau remonte
aux premiers jours de l'Éden, à l'instant même où le
Créateur donna pour compagne au premier homme la
femme qu'il venait de former. Par cette institution du
mariage, Dieu voulut assurer la perpétuité du genre
humain, en fondant ainsi la première famille, et, avec
elle, la première société domestique.

Après leur exil du paradis terrestre, Adam et Ève et leurs enfants premiers-nés se mirent à cultiver les champs; puis, après que le premier meurtrier eut rougi du sang innocent de son frère les premiers sillons tracés sur la terre, triste et funeste présage des guerres et des meurtres qui devaient plus tard désoler l'hmanité, Caïn, maudit par Dieu, s'éloigna des lieux témoins de son crime, et alla bâtir au loin, avec ses fils, la première ville, qui n'était qu'une réunion de cabanes informes encore, de la première tribu humaine. Il appela cette ville Hénoch, du nom de son fils aîné.

Après le déluge, dont tous les peuples anciens ont gardé la tradition, Noé transmit à ses descendants la connaissance des arts antédiluviens, planta la vigne, et vécut d'assez longues années pour voir se former et s'étendre les premiers États; il connut Nemrod, ce grand chasseur devant Dieu, le premier conquérant, qui passe à tort ou à raison pour avoir été le fondateur de Babylone; et s'endormit enfin dans le sein du Seigneur, au temps où Abraham formait la souche de la famille devenue depuis le peuple d'Israel.

Voilà, d'après la Genèse, quel fut le berceau de la grande famille humaine. Écoutons maintenant ce que nous disent les historiens du berceau de la famille française.

Six cents ans environ avant l'ère chrétienne, les Gaulois, sortis de la Germanie, vinrent occuper le pays que nous habitons aujourd'hui. Les Francs, qui s'incorporèrent ensuite aux Gaulois, ont fait prendre à leur empire le nom de France.

« Si l'on jette un regard sur la physionomie de la terre de la Gaule, les deux grands traits qui apparaissent d'abord sur cette physionomie sont la forêt et le pâturage : la forêt, variée selon les climats très-divers d'une région qui touche, d'une part, aux mers immenses et aux froides plaines du nord de l'Europe, de l'autre, aux rives de l'ardente et lumineuse Méditerranée. »

Ce pays, comme tous ceux qui sortent des mains de la nature, était couvert de forêts, imbibé d'eaux stagnantes, traversé par des rivières, sillonné par des ravines profondes, refroidi par d'épais brouillards, et parsemé de loin en loin de cabanes mêlées aux repaires des bêtes féroces.

L'industrie, provoquée par le besoin, éclaircit les forêts, ouvrit à l'air une circulation libre qui dessécha les marais et apporta la salubrité; construisit des maisons à l'aide de poteaux et de claies revêtues en dehors et en dedans de terre battue; les couvrit en dressant des toits élevés formés de bardeaux de chêne et de chaume; planta les vignes sur le penchant des coteaux, et sema le blé dans la plaine; creusa un tronc d'arbre qui porta l'homme vers l'homme, dont il était séparé par le fleuve, et réunit des familles qui formèrent des peuplades.

Ces peuplades, ajouterons-nous, s'attachèrent naturellement au sol cultivé, conquis par elles sur des forêts inextricables et des marais; les enfants y naquirent, et, avec eux, l'amour de la patrie, cette mâle vertu que l'on trouve plus tard si fortement enracinée au cœur des Gaulois, sous Vercingétorix.

L'attachement au sol natal, l'amour du foyer paternel correspondent chez l'homme au besoin d'aimer, d'être aimé et protégé, qui sont innés en lui; il se croit, et il est, en effet, moins seul, plus fort, au centre de sa famille que partout ailleurs; il semblerait, chose étrange, qu'il s'échappe de notre être certaines effluves, certaines parcelles des meilleures, qui s'incrustent invisibles aux murs entre lesquels nous avons longtemps vécu, et qui nous

attirent vers elles incessamment, par une force mysté-
rieuse et puissante.

Quand un fait, un mot évoquent en nous le souvenir
de la famille, nous nous reportons aussitôt par la pensée
aux lieux de notre enfance : nous revoyons, comme dans
un lointain mirage, le vieux clocher dont l'ombre se pro-
longe au loin, le toit de la maison natale que nos regards
cherchaient au retour d'une absence, la cour, le jardin
témoins habituels de nos premiers jeux, la place, vide,
hélas ! pour beaucoup, qu'occupaient les grands parents
à la table et au foyer de la famille.

Les moyens faciles et rapides de locomotion dont
dispose notre civilisation moderne, tendent à diminuer
de plus en plus en nous l'amour du sol natal, et à
favoriser par la dispersion des membres de la famille le
cosmopolitisme qui s'est introduit dans nos mœurs, en
détrônant les dieux lares qui présidaient chez les anciens
à l'intérieur des maisons. Disons cependant que s'il existe
des tribus nomades, comme les Arabes et les Bohémiens
ou Zingaris qui vivent sous la tente, ceux-ci au milieu
des sables du désert, ceux-là dans les villes et dans les
bourgades des divers pays qu'ils parcourent ; s'il est
un peuple qui, depuis plus de dix-huit siècles, vit errant
et dispersé au milieu de toutes les nations de la terre ;
ces tribus et ce peuple font exception. Et, chose étrange,
les pays les plus pauvres, les plus déshérités, sont ceux-
là même qui ont le plus de charmes, le plus d'attraits
pour leurs enfants : le Lapon, exilé loin de ses steppes
glacés, l'Esquimau, que l'on arrache aux neiges et aux
frimas du Labrador, dépérissent et succombent bientôt
à la nostalgie.

Dans notre France, les provinces les plus pauvres, la
Bretagne, les Landes, la Sologne, sont celles qui inspirent
le plus grand, le plus profond attachement à leurs habi-

tants. L'homme, comme l'animal et comme la plante elle-même, aime à vivre et à mourir au lieu de sa naissance.

> La fleur veut mourir où la fleur
> Est née...

a dit le poëte. L'oiseau malade ou blessé cherche à gagner son nid; le vieillard qui sent que son heure est proche, s'achemine vers la tombe, près des lieux où fut son berceau.

« Trois choses attachaient les anciens à leur sol natal : les temples, les tombeaux et les ancêtres. » Si ces mots sacrés de temple, de tombeaux et d'ancêtres faisaient vibrer encore dans nos cœurs les sentiments patriotiques qui animaient nos pères, notre pays se relèverait bien vite, et glorieusement, de l'état où il est aujourd'hui....

On a élargi l'enceinte trop large déjà des grandes cités; on a construit là palais sur palais; on y a concentré tous les éléments de distraction, de plaisir, de débauche; étalé le luxe dans tout ce qu'il a de plus attractif, de plus raffiné. La vapeur ayant rapproché les distances, facilité les voyages, on a fait appel, pour les grands travaux de l'industrie et de la construction, aux ouvriers des campagnes; ils sont accourus du fond de toutes les provinces. Émerveillés de la beauté des cités, séduits par les plaisirs faciles et variés de la grande ville, ils se sont bien vite habitués aux gros gains et aux grosses dépenses; en comparant les tours de Notre-Dame ou le dôme du Panthéon à leur clocher natal, le palais du Louvre et l'hôtel de ville de la rue de Rivoli au château du hobereau et à la maison commune de leur village, ils ont dit : Le bonheur est ici, et non pas là !

Et qui donc a cherché à les détromper? le propriétaire du château voisin qui n'apparaît là que pendant quelques semaines dans la saison des chasses? les orateurs des concours agricoles, qui empruntent les pipeaux de Virgile et qui exhument les bergères de Florian pour vanter les délices de la vie champêtre, mais qui habitent tous la ville, et qui ne viennent assister aux fêtes de l'agriculture que pour s'admirer dans leur prose? Qui donc encore? le petit fonctionnaire qui, au sortir d'un long surnumérariat fait à la ville, a obtenu dans le bourg, qu'il a hâte de quitter, son premier emploi rétribué? Qui donc enfin? Personne! Et l'émigration des habitants jeunes et valides des campagnes vers les villes,

> Où pullulent trop entassés,
> Bras énervés, cerveaux débiles,
> Les paresseux, les déclassés,

s'est accomplie dans des proportions telles, que les travailleurs manquent aujourd'hui pour la culture des champs.

Réalisation des plus beaux sentiments du cœur humain : amour, respect, dévouement, reconnaissance, la famille est la base de tout ordre social ; de sa bonne organisation dépendent le développement et la prospérité de la société. Si le père est revêtu de l'autorité protectrice qui doit appartenir au chef de toute association ; si la mère est en possession de la place qui lui est due au foyer domestique et peut y exercer sa légitime influence ; si les enfants s'habituent de bonne heure à obéir à leurs parents pour être un jour en droit de commander à leur tour, quand, parvenus à l'âge d'homme, ils songeront eux-mêmes à devenir chefs de maison, l'État, cette autre grande famille, ressentira inévitablement les féconds effets d'une pareille organisation domestique.

C'est, comme nous le verrons dans le corps de notre étude, sur ces bases fixes et durables que le Code civil a élevé l'édifice de la famille ; aussi peut-on dire qu'il porte au dernier point l'empreinte de nos mœurs, de notre civilisation et de l'esprit chrétien si profondément enraciné dans les cœurs français.

A l'idée de famille et de clocher se rattache intimement celle de foyer et de domicile; disons tout de suite ici, pour ne pas avoir à y revenir, quelles sont les dispositions de nos lois à cet égard.

Le Code civil définit ainsi le domicile :

« Art. 102. Le domicile de tout Français, quant à l'exercice de ses droits civils [1], est au lieu où il a son principal établissement. »

Il faut entendre par principal établissement, les intérêts les mieux démontrés de la personne, intérêts d'affection, de famille ou pécuniaires, qui font qu'une personne est plus attachée à un lieu qu'à un autre. La loi suppose que là où est l'intérêt principal, là doit être la personne.

L'enfant, en naissant, acquiert un domicile désigné à la fois par la nature et par la loi, c'est le domicile de ses père et mère.

Le Code civil dit :

« Art. 108, § 2. Le mineur non émancipé aura son domicile chez ses père et mère ou tuteur [2]. »

Si l'enfant est abandonné et sans tuteur, il a son domicile à l'hospice où il est placé, ou chez la personne qui l'a recueilli et avec laquelle il habite.

Ce domicile d'origine, l'enfant le conserve même lorsqu'il a atteint sa majorité; il ne le perd que si, usant de son indépendance, il quitte le foyer de la famille pour

---

[1] Ces mots « quant à l'exercice de ses droits civils » signifient qu'il n'est ici question que du domicile civil, qui ne doit pas être confondu avec le domicile politique, lequel s'établit par six mois d'habitation dans la commune où l'électeur est appelé à exercer ses droits. (Loi électorale du 15 mars 1849.)

[2] Le tuteur prenant l'administration des biens du mineur et le représentant dans les actes de la vie civile, c'était chez lui que, à défaut des père et mère, le domicile de l'incapable devait être nécessairement fixé.

aller se fixer ailleurs, soit par intérêt, soit par caprice; mais alors, pour acquérir un domicile nouveau, la loi le soumet aux conditions suivantes :

« Art. 103. Le changement de domicile s'opérera par le fait d'une habitation réelle dans un autre lieu, joint à l'intention d'y fixer son principal établissement.

» Art. 104. La preuve de l'intention résultera d'une déclaration expresse, faite tant à la municipalité du lieu qu'on quittera, qu'à celle du lieu où on aura transféré son domicile.

» Art. 105. A défaut de déclaration expresse, la preuve de l'intention dépendra des circonstances. »

L'article 108 du Code civil, que nous avons déjà en partie cité, fixe ainsi, outre le domicile du mineur, celui de la femme mariée et du majeur interdit :

« La femme mariée n'a point d'autre domicile que celui de son mari.

» Le majeur interdit aura son domicile chez son tuteur. »

L'article 109 contient la disposition suivante :

« Les majeurs qui servent ou travaillent habituellement chez autrui auront le même domicile que la personne qu'ils servent ou chez laquelle ils travaillent, lorsqu'ils demeureront avec elle dans la même maison. »

La fixation du domicile de tout citoyen a souvent, dans le cours de la vie civile, un très-grand intérêt. Le domicile, en effet, étant le siége légal d'une personne, c'est à ce domicile qu'elle est présumée être. Aussi à ce lieu est, par exemple, valablement fait tout ce qui, selon la nature des choses, doit être adressé à la personne, comme assignations, notifications d'actes.... Lorsque la personne que ces actes concernent n'en est pas touchée, elle n'a alors à s'en prendre qu'à elle-même de n'avoir pas pris les précautions suffisantes pour être au moins représentée à l'endroit où tout indiquait qu'on devait la trouver [1].

D'après ce que nous venons de dire, on voit qu'il ne faut pas confondre le domicile avec la *résidence*. Le domicile d'une personne existe au lieu déterminé par la loi, sans qu'il y ait à se préoccuper de savoir si cette personne y habite ou non. La résidence, au contraire, est l'endroit où l'on habite réellement : c'est par l'habitation seule qu'elle s'acquiert, et elle cesse d'exister du jour où l'habitation n'a plus lieu.

La résidence est, en général, dépourvue de tout effet juridique. Nous verrons cependant, en parlant du mariage, que, lorsqu'elle atteint d'une façon continue une certaine durée dans un même lieu, elle constitue une sorte de domicile nouveau *quant au mariage*, c'est-à-dire que celui qui peut en justifier a la faculté de faire célébrer son union dans ce lieu aussi bien qu'à son domicile réel et légal.

---

[1] Art. 68 du Code de procédure civile : « Tous exploits seront faits à *personne* ou *domicile;* mais si l'huissier n'a trouvé au domicile ni la partie ni aucun de ses parents ou serviteurs, il remettra de suite la copie à un voisin qui signera l'original; si ce voisin ne peut ou ne veut signer, l'huissier remettra la copie au maire ou à l'adjoint de la commune, lequel visera l'original sans frais. L'huissier fera mention du tout, tant sur l'original que sur la copie. »

Toutefois deux personnes, qui forment ensemble un contrat, peuvent stipuler, en vue de contestations possibles, que les poursuites et significations relatives à ce contrat seront faites à telle personne, dans tel lieu. On appelle ce domicile spécial, désigné à l'avance, domicile d'*élection*. Cette fixation de domicile, de la part des parties ou de l'une d'elles, peut offrir de très-grands avantages, en facilitant l'exécution de la convention.

Art. 111 du Code civil : « Lorsqu'un acte contiendra, de la part des parties ou de l'une d'elles, élection de domicile pour l'exécution de ce même acte dans un autre lieu que celui du domicile réel, les significations, demandes et poursuites relatives à cet acte pourront être faites au domicile convenu et devant le juge de ce domicile. »

TROISIÈME LECTURE.

DES ACTES DE L'ÉTAT CIVIL.

> Les actes de l'état civil sont destinés à constater d'une manière authentique les faits qui établissent l'état des personnes, en constituant la famille, tels que la naissance, le mariage, le décès.
>
> TEULET.

On comprend combien il est important de connaître la condition des personnes en ce qui touche leurs rapports de famille, leurs qualités de père, d'enfant légitime ou naturel, d'époux... L'ensemble de ces qualités constitue pour chaque individu son état civil.

On donne aux procès-verbaux destinés à le constater le nom d'actes de l'état civil, et l'on nomme officiers de l'état civil les magistrats chargés de dresser les actes et de tenir les registres sur lesquels ils sont inscrits.

Les Égyptiens et les Juifs ne paraissent pas s'être préoccupés de dresser des actes de l'état civil; ce qui a lieu d'étonner en raison de l'importance que ces peuples ont de tout temps attachée à la généalogie, ainsi qu'en témoigne le *Pentateuque*. Aujourd'hui encore, les Orientaux n'en prennent aucun soin.

Cependant, dans l'Hindoustan, les personnes des classes aisées font appeler, lors de la naissance d'un enfant, un brahmane astrologue qui tire l'horoscope du nouveau-né. Inscrit sur des feuilles de palmier, cet horoscope est précieusement conservé. C'est là d'ailleurs le seul acte qui, parmi les Hindous, constate la naissance de l'enfant.

A Rome, des officiers spéciaux inscrivaient les actes de naissance, de mariage, de décès. On n'est pas bien fixé sur le point de savoir s'il en était de même en Grèce.

En France, ce n'est que vers le dixième siècle que l'on commence à inscrire ces actes sur des registres propres à chaque famille. Sous François Ier, le clergé fut chargé de constater sur des registres les baptêmes, les mariages, les sépultures. Les curés des paroisses ont continué à tenir ces registres jusqu'à l'époque de la Révolution.

L'Assemblée constituante ayant déclaré, dans la constitution du 3 septembre 1791, que le pouvoir législatif aurait à établir, pour tous les habitants sans distinction, un mode unique de constatation des naissances, mariages et décès, et à désigner les officiers publics qui en recevraient et conserveraient les actes, édicta, après divers tâtonnements, la loi du 28 pluviôse an VIII, qui chargea définitivement les maires et adjoints de toutes nos communes de la tenue des registres de l'état civil [1].

Les actes de l'état civil sont destinés à constater les faits les plus importants de l'existence des hommes ici-bas : les naissances, les mariages, les décès. Toutefois, suivant certaines prescriptions légales, les registres de l'état civil ne doivent pas uniquement mentionner ces trois événements principaux, mais aussi tous les actes et jugements qui s'y rapportent, tels que l'adoption, la reconnaissance d'un enfant naturel... On conçoit, en effet, combien il est utile qu'on puisse toujours fournir aisément la preuve de pareils faits, qui modifient si profondément les droits de famille. Aussi verrons-nous à la lecture de la loi, que tous actes postérieurs à un acte de l'état civil et qui s'y rattachent, doivent être mentionnés par l'officier de l'état civil d'abord sur les registres courants, puis en marge de l'acte inscrit qu'ils expliquent ou modifient. Par exemple, lorsqu'un enfant inscrit comme

---

[1] Bien que les maires et adjoints soient, les uns comme les autres, des *délégués* de la loi, une instruction ministérielle du 30 juillet 1807 exige que l'adjoint ait, pour recevoir les actes de l'état civil, une délégation spéciale du maire, et qu'il fasse mention de cette délégation dans les actes par lui reçus.

enfant naturel, né de père et de mère inconnus, a été plus tard reconnu par ses père et mère, l'acte de reconnaissance doit être porté d'une part sur le registre courant des naissances, et, d'autre part, mention doit en être faite en marge des feuillets des registres où se trouve l'acte de naissance.

L'article 62 du Code civil dit : « L'acte de reconnaissance d'un enfant sera inscrit sur les registres à sa date, et il en sera fait mention en marge de l'acte de naissance, s'il en existe un. »

Pour assurer la conservation des actes de l'état civil, le Code a imposé aux officiers chargés de les recevoir certaines formalités, et notamment que les actes soient inscrits sur un ou plusieurs registres, mais toujours tenus doubles; ainsi l'officier de l'état civil peut, s'il y a été autorisé, n'avoir qu'un seul registre appelé à mentionner à la fois les naissances, mariages et décès; mais en aucun cas il ne doit omettre d'écrire les actes sur deux originaux. Une seule exception a été admise à cette règle; elle concerne les publications de mariage, qu'on n'est tenu d'inscrire que sur un seul registre.

Le législateur, en exigeant la formalité des doubles, a voulu diminuer les chances de perte de ces documents si précieux pour les familles, et pour atteindre plus sûrement son but, il a prescrit le dépôt des deux registres dans des lieux différents : l'un reste aux archives de la commune, l'autre est déposé au greffe du tribunal de première instance de l'arrondissement [1].

---

[1] D'après un avis du conseil d'État du 2 juillet 1807, les extraits des actes de l'état civil ne peuvent être délivrés que par le fonctionnaire public dépositaire des registres, c'est-à-dire par le greffier du tribunal de première instance où l'un des doubles a été déposé.

Un décret du 12 juillet de la même année fixe ainsi les droits dus pour la délivrance de ces extraits, *outre le timbre* :

Pour chaque expédition d'un acte de naissance, de décès ou de

Les formalités imposées par la loi pour la rédaction des actes de l'état civil ne sont pas, en règle générale, prescrites à peine de nullité. En effet, on ne pouvait pas faire dépendre la valeur d'actes aussi importants du plus ou moins de soin avec lequel les officiers de l'état civil les auraient rédigés. Mais aussi le législateur a établi des pénalités contre les officiers publics qui ne se conformeraient pas exactement aux prescriptions légales ; ces pénalités varient suivant qu'il s'agit d'un simple défaut d'attention, d'une négligence ou d'un oubli ; ou de faux, d'altérations faites sciemment, dans le dessein de nuire.

publication de mariage, 0 fr. 30 c.; pour celles des actes de mariage et d'adoption, 0 fr. 60 c.;

Dans les villes de 50,000 âmes et au-dessus, pour chaque expédition, l'acte de naissance, de décès et de publication de mariage, 0 fr. 50 c.; pour celles des actes de mariage, d'adoption, 1 fr.; à Paris, les expéditions de la première catégorie, 0 fr. 75 c.; celles de la seconde, 1 fr. 50 c.

Lorsque l'extrait n'est pas destiné à être produit dans l'arrondissement où il a été dressé, il doit être légalisé. La *légalisation* est la mention par laquelle le président du tribunal de première instance, ou le juge qui le remplace, certifie que la signature apposée à l'expédition est bien celle du dépositaire du registre ; une rétribution de 0 fr. 25 c. est allouée au greffier pour chaque légalisation.

Une loi du 2 mai 1861 a autorisé les juges de paix, *qui ne siègent pas au chef-lieu du ressort du tribunal de première instance,* à légaliser, concurremment avec le président du tribunal, les signatures des notaires qui résident dans leur canton, et celles des officiers de l'état civil qui en dépendent, soit en totalité, soit en partie.

Aux termes de la même loi, les notaires et officiers de l'état civil doivent déposer leurs signatures et leurs parafes au greffe de la justice de paix où la légalisation peut être donnée.

Une rétribution de 0 fr. 25 c. est allouée aux greffiers de justice de paix par chaque légalisation, à moins que la copie ou l'extrait ne soient dispensés du timbre; dans ce cas, rien ne leur est dû.

Notons ici que les extraits des actes de l'état civil ne sont pas des copies restreintes, abrégées de l'acte, mais des copies qui le reproduisent intégralement. De plus, l'extrait doit mentionner tout ce qui a été adjoint à l'acte; ainsi, lorsqu'un acte a été rectifié, il est nécessaire que l'extrait contienne la mention expresse de la rectification.

Les négligences et oublis peuvent donner lieu, contre l'officier de l'état civil qui s'en est rendu coupable, à des condamnations à des dommages et intérêts envers la personne qui a eu à souffrir de l'oubli ou de la négligence, ainsi qu'à l'application d'une amende.

Lorsqu'il y a eu crime, c'est devant la cour d'assises que l'officier public doit en rendre compte, et il peut encourir la peine des travaux forcés à perpétuité (art. 145 du Code pénal).

Voici les dispositions générales contenues dans le Code civil sur le sujet que nous exposons en ce moment, sujet d'une application de tous les jours :

« Art. 34. Les actes de l'état civil énonceront l'année, le jour et l'heure où ils seront reçus, les prénoms, noms, âge, profession et domicile de tous ceux qui y seront dénommés.

» Art. 35. Les officiers de l'état civil ne pourront rien insérer dans les actes qu'ils recevront, soit par note, soit par énonciation quelconque, que ce qui doit être déclaré par les comparants.

» Art. 36. Dans les cas où les parties intéressées ne seront point obligées de comparaître en personne, elles pourront se faire représenter par un fondé de procuration spéciale et authentique.

» Art. 37. Les témoins produits aux actes de l'état civil ne pourront être que du sexe masculin, âgés de vingt et un ans au moins, parents ou autres; et ils seront choisis par les personnes intéressées.

» Art. 38. L'officier de l'état civil donnera lecture des actes aux parties comparantes ou à leur fondé de procution, et aux témoins. Il y sera fait mention de l'accomplissement de cette formalité.

» Art. 39. Ces actes seront signés par l'officier de l'état civil, par les comparants et les témoins; ou mention sera faite de la cause qui empêchera les comparants et témoins de signer.

» Art. 40. Les actes de l'état civil seront inscrits, dans chaque commune, sur un ou plusieurs registres tenus doubles.

» Art. 41. Les registres seront cotés par première et dernière, et parafés sur chaque feuille, par le président du tribunal de première instance ou par le juge qui le remplacera.

» Art. 42. Les actes seront inscrits sur les registres, de suite, sans aucun blanc. Les ratures et les renvois seront approuvés et signés de la même manière que le corps de l'acte. Il n'y sera rien écrit par abréviation, et aucune date ne sera mise en chiffres.

» Art. 43. Les registres seront clos et arrêtés par l'officier de l'état civil à la fin de chaque année; et, dans le mois, l'un des doubles sera déposé aux archives de la commune, l'autre au greffe du tribunal de première instance.

» Art. 44. Les procurations et les autres pièces qui doivent demeurer annexées aux actes de l'état civil, seront déposées, après qu'elles auront été parafées par la personne qui les aura produites, et par l'officier de l'état civil, au greffe du tribunal, avec le double des registres dont le dépôt doit avoir lieu audit greffe.

» Art. 45. Toute personne pourra se faire délivrer, par les dépositaires des registres de l'état civil, des extraits de ces registres. Les extraits délivrés conformes aux registres, et légalisés par le président du tribunal de première instance ou par le juge qui le remplacera, feront foi jusqu'à inscription de faux [1].

---

[1] *Font foi jusqu'à inscription de faux,* c'est-à-dire que tout acte de l'état civil est réputé vrai, et quand une personne prétend établir la fausseté d'un acte de cette nature dressé avec toutes

» Art. 46. Lorsqu'il n'aùra pas existé de registres, ou qu'ils seront perdus, la preuve en sera reçue tant par titres que par témoins; et, dans ces cas, les mariages, naissances et décès pourront être prouvés tant par les registres et papiers émanés des père et mère décédés que par témoins.

» Art. 47. Tout acte de l'état civil des Français et de étrangers, fait en pays étranger, fera foi s'il a été rédigé dans les formes usitées dans ledit pays.

» Art. 48. Tout acte de l'état civil des Français en pays étranger sera valable s'il a été reçu, conformément aux lois françaises, par les agents diplomatiques ou par les consuls.

» Art. 49. Dans tous les cas où la mention d'un acte relatif à l'état civil devra avoir lieu en marge d'un autre acte déjà inscrit, elle sera faite, à la requête des parties intéressées, par l'officier de l'état civil, sur les registres courants ou sur ceux qui auront été déposés aux archives de la commune, et par le greffier du tribunal de première instance sur les registres déposés au greffe, à l'effet de quoi l'officier de l'état civil en donnera avis dans les trois jours au procureur de la république près ledit tribunal, qui veillera à ce que la mention soit faite d'une manière uniforme sur les deux registres.

» Art. 50. Toute contravention aux articles précédents de la part des fonctionnaires y dénommés, sera poursuivie devant le tribunal de première instance, et punie d'une amende qui ne pourra excéder cent francs.

» Art. 51. Tout dépositaire des registres sera civile-

les garanties qu'offre un officier public, elle est obligée d'avoir recours à une procédure particulière qu'on nomme *inscription de faux,* procédure périlleuse pour celui qui l'emploie, car, s'il succombe, il est condamné à une amende dont le minimum est de 300 fr.; il peut, en outre, encourir une condamnation à des dommages et intérêts.

ment responsable des altérations qui y surviendront, sauf son recours, s'il y a lieu, contre les auteurs desdites altérations.

» Art. 52. Toute altération, tout faux dans les actes de l'état civil, toute inscription de ces actes faits sur une feuille volante, et autrement que sur les registres à ce destinés, donneront lieu aux dommages et intérêts des parties, sans préjudice des peines portées au Code pénal.

» Art. 53. Le procureur de la république au tribunal de première instance sera tenu de vérifier l'état des regis- tres lors du dépôt qui en sera fait au greffe ; il dressera un procès-verbal sommaire de la vérification, dénoncera les contraventions ou délits commis par les officiers de l'état civil, et requerra contre eux la condamnation aux amendes.

» Art. 54. Dans tous les cas où un tribunal de première instance connaîtra des actes relatifs à l'état civil, les par- ties intéressées pourront se pourvoir contre le jugement. »

QUATRIÈME LECTURE.
DES ACTES DE L'ÉTAT CIVIL (SUITE).
DES ACTES DE NAISSANCE.

Un pur hasard sans nous règle notre naissance.
CORNEILLE.

Avant de reproduire le chapitre de notre Code qui traite des actes de naissance, il peut être intéressant de dire quelques mots des cérémonies qui accompagnent et ont accompagné, chez les différentes nations, le grand événement de la vie que ces actes ont pour but de constater.

« Au Mexique, les enfants nouveau-nés étaient pré- sentés au temple le jour même de leur naissance ; le prêtre leur adressait une exhortation pour qu'ils se conduisissent dans la vie suivant les préceptes de la morale et les règles de la religion; s'ils étaient issus de parents nobles, on les armait d'une épée et d'un bouclier; s'ils appartenaient à une famille d'artisans, on plaçait dans leurs mains quelque outil de la profession de leur père. Quatre jours après, les enfants étaient ramenés au temple, on les plongeait dans une cuve d'eau, et trois jeunes garçons, faisant office de parrains, proclamaient à haute voix les noms qu'ils devaient porter.

» Les Péruviens célébraient de grandes réjouissances lorsqu'il leur naissait un enfant du sexe masculin. A l'âge de deux ans, cet enfant était sevré, et alors avait lieu une sorte de baptême en présence et avec le concours de toute la famille. Chacun des parents, en commençant par celui qui faisait l'office de parrain, enlevait à l'enfant une mèche de cheveux à l'aide d'un rasoir d'obsidienne (pierre transparente qui chez les anciens remplaçait les vitres), et l'opération continuait jusqu'à ce que la tête fût entièrement rasée; tous ensuite lui imposaient un nom, et lui offraient quelques présents.

» Le grand prêtre du Soleil était le parrain du prince héréditaire de l'empire.

» En Perse, les nouveau-nés étaient portés à l'ateschgâh (temple), après avoir été scrupuleusement lavés, dans le but de purifier leur âme; le mage prenait l'enfant et le passait au-dessus de la flamme de l'autel pour achever de le sanctifier. A sept ans, le mobed lui enseignait quelques prières, lui faisait boire de l'eau et mâcher de l'écorce de grenade; ensuite il le plongeait dans une cuve d'eau pour effacer les dernières traces de la souillure originelle.

» Les peuples de la Polynésie ont un baptême qu'on appelle Toïnga. Cinq jours après sa naissance, l'enfant est placé par sa mère sur une natte que supportent deux monceaux de sable ou de bois. Toutes les femmes, invitées à la cérémonie, trempent l'une après l'autre un rameau vert dans un vase plein d'eau baptismale, et en aspergent le nouveau-né; c'est à ce moment qu'on lui donne un nom qu'il devra porter toute sa vie, à moins qu'il ne se distingue à la guerre par quelque action d'éclat; dans ce cas, on procède à un nouveau baptême et on lui donne un autre nom.

» Il n'y a pas de cérémonie particulière chez les Juifs, le jour de la naissance; mais le huitième jour a lieu la circoncision qui n'est retardée que si le nouveau-né est faible ou maladif. »

Le jour de la naissance était particulièrement fêté chez les Romains. On dressait un autel de gazon sur lequel on immolait un agneau; les amis s'envoyaient des présents à cette occasion.

Le jour de la naissance de chacun des membres d'une famille est encore aujourd'hui célébré chaque année dans les pays du Nord. Les protestants fêtent le jour anniversaire de la naissance, comme le font les catholiques pour la fête patronale.

En France, la naissance d'un prince a toujours été célébrée comme un événement d'un intérêt public; on tire cent un coups de canon pour la naissance d'un prince et vingt et un coups pour celle d'une princesse.

Les dispositions du Code civil relatives aux actes de naissance sont :

« Art. 55. Les déclarations de naissance seront faites, dans les trois jours de l'accouchement, à l'officier de l'état civil du lieu; l'enfant lui sera présenté.

» Art. 56. La naissance de l'enfant sera déclarée par le père, ou, à défaut du père, par les docteurs en médecine ou en chirurgie, sages-femmes, officiers de santé, ou autres personnes qui auront assisté à l'accouchement; et lorsque la mère sera accouchée hors de son domicile, par la personne chez qui elle sera accouchée. — L'acte de naissance sera rédigé de suite, en présence de deux témoins.

» Art. 57. L'acte de naissance énoncera le jour, l'heure et le lieu de la naissance, le sexe de l'enfant, et les prénoms qui lui seront donnés[1]; les prénoms, noms, profession et domicile des père et mère, et ceux des témoins. »

L'officier de l'état civil n'a pas à rechercher les naissances qui se sont produites, afin d'en faire la mention sur le registre qui lui est confié; son rôle est tout passif, sa mission consiste simplement à transcrire les déclarations de naissance, que certaines personnes sont obligées de faire.

Les personnes astreintes par la loi à cette obligation, et qui ne s'y soumettent pas, sont passibles de pénalités ainsi fixées par l'article 346 du Code pénal : « Toute personne qui, ayant assisté à un accouchement, n'aura pas fait la déclaration à elle prescrite par l'article 56 du Code civil, et dans le délai fixé par l'article 55 du même Code, sera punie d'un emprisonnement de six jours à six mois, et d'une amende de seize francs à trois cents francs. »

La loi a voulu que les naissances fussent déclarées le plus promptement possible. Le délai qu'elle accorde est de trois jours, à dater de l'accouchement[2]; si, après l'expiration de ce délai, une déclaration était faite à l'of-

---

[1] D'après la loi du 11 germinal an XII, l'officier de l'état civil ne doit admettre, comme *prénoms*, que les noms en usage dans les différents calendriers, ou qui ont appartenu à des personnages connus dans l'histoire ancienne.

[2] Il faut décider, suivant les termes de la loi, que le jour de l'accouchement ne compte pas.

ficier de l'état civil, celui-ci ne pourrait ni la recevoir ni dresser l'acte; un jugement serait nécessaire, comme s'il s'agissait d'une rectification d'un acte de l'état civil.

L'officier de l'état civil, avant de dresser un acte de naissance, doit exiger que l'enfant lui soit présenté. Il s'assure ainsi par lui-même de quel sexe est cet enfant et s'il vit ou non. En prenant cette précaution, l'officier public évite que des erreurs ne soient commises par le déclarant, en attribuant à l'enfant un sexe qu'il n'a pas, ou même, ce qui est infiniment plus grave, qu'un concert frauduleux ne s'établisse entre le déclarant et les témoins pour annoncer comme vivant un enfant mort-né, ou comme né récemment celui dont la naissance remonte à plusieurs mois. Dans le cas où il y a impossibilité de transporter l'enfant sous peine de mettre sa vie en danger, il est du devoir de l'officier de l'état civil de se rendre près de lui, après s'être muni des registres, afin de rédiger l'acte immédiatement.

Lorsqu'on présente le cadavre d'un enfant à l'officier de l'état civil, cet officier ne doit pas, aux termes d'un décret du 4 juillet 1806, exprimer qu'un tel enfant est décédé; en d'autres termes, il ne doit pas dire que tel enfant est mort-né ou est mort peu de temps après sa naissance, *mais seulement qu'il lui a été présenté sans vie.* Comme la question de savoir si l'enfant est né vivant ou s'il est *mort-né* est des plus importantes, puisque d'elle dépend la capacité de cet enfant d'acquérir des droits, on n'a pas voulu que l'acte dressé par l'officier de l'état civil pût faire préjuger la solution de cette question. Ajoutons que, suivant le même décret, l'officier de l'état civil est tenu, en pareil cas, d'inscrire l'acte à sa date *sur les registres de décès,* en ayant soin de mentionner la déclaration des témoins touchant les noms, prénoms, qualités et demeure des père et mère de l'enfant, et la désignation des an, jour et heure auxquels l'enfant est sorti du sein de sa mère.

Parmi les énonciations que doit contenir un acte de naissance, la loi indique les *prénoms, noms, profession et domicile des père et mère.* L'oubli de cette mention pourrait avoir pour l'enfant les conséquences les plus fâcheuses, car il lui enlèverait un des moyens les plus faciles et les plus sûrs d'établir sa filiation légitime. En effet, c'est surtout au moyen de l'acte de naissance que cette filiation se prouve [1].

S'agit-il de dresser l'acte de naissance d'un enfant naturel ? Si le père ne comparaît pas pour *reconnaître* l'enfant, le déclarant ne doit pas révéler le nom du père ; et, dans tous les cas, l'officier de l'état civil ne peut en faire

---

[1] L'article 259, § 2, du Code pénal, fait comprendre combien il est utile que l'officier de l'état civil, avant de reproduire le nom d'une personne dans son acte de naissance, s'entoure de tous les documents nécessaires, tels qu'acte de naissance du père, actes de mariage…, pour transcrire le *nom* comme il existe en réalité, et éviter ainsi non pas seulement de le reproduire incorrectement (nous verrons plus tard les inconvénients de pareilles erreurs), mais aussi d'y ajouter des distinctions honorifiques ou nobiliaires auxquelles la personne ne saurait prétendre :

Art. 259 : « …..Sera puni d'une amende de cinq cents francs à dix mille francs quiconque, sans droit et en vue de s'attribuer une distinction honorifique, aura publiquement pris un titre, changé, altéré ou modifié le nom *que lui assignent les actes de l'état civil.* — Le tribunal ordonnera la mention du jugement en marge des actes authentiques ou des actes de l'état civil dans lesquels le titre aura été pris indûment ou le nom altéré. — Dans tous les cas prévus par le présent article, le tribunal pourra ordonner l'insertion intégrale ou par extrait du jugement dans les journaux qu'il désignera. Le tout aux frais du condamné. » (Rétabli par la loi du 28 mai 1858.)

Le législateur a voulu mettre un terme aux usurpations de titres ou de noms nobiliaires, usurpations si fréquentes de nos jours. Mais la loi ne peut être appliquée qu'à la condition que les officiers de l'état civil ne décorent pas les noms de *titres* et de *particules* non justifiés : autrement ils arriveraient à sanctionner ce que l'article 259 du Code pénal a pour but d'atteindre et de réprimer.

mention, ni le reproduire dans l'acte. Car la *recherche de la paternité étant interdite* par nos lois, ainsi que nous le verrons plus tard, au père seul appartient le droit de se nommer et de revendiquer sa paternité. Si le déclarant et l'officier de l'état civil méconnaissaient ce droit du père, et venaient à attribuer, dans un acte de naissance, la paternité naturelle à un individu contre son gré, ils s'exposeraient l'un et l'autre à se voir condamner envers lui à des dommages et intérêts.

Si la mère naturelle ne comparaît pas, ce qui arrive ordinairement, mais qu'elle ait donné mission de reconnaître, en son nom, l'enfant, il n'est pas douteux qu'elle doive être dénommée dans l'acte; si, au contraire, elle n'a pas l'intention de se faire connaître et que le déclarant refuse de la nommer, l'officier de l'état civil n'a pas le pouvoir d'exiger la révélation de son nom. Le devoir de cet officier public est, en pareil cas, d'inscrire l'enfant comme né de père et mère inconnus, si le père ne se présente pas. Lorsque le nom de la mère est déclaré, il peut être mentionné dans l'acte, sans qu'il y ait lieu de rechercher si cette révélation a été faite du consentement de la personne intéressée, car la désignation de la mère pourra servir plus tard puissamment à l'enfant pour établir sa filiation maternelle.

Quant aux père et mère adultérins ou incestueux, jamais il ne doit être fait mention de leurs noms dans l'acte de naissance de l'enfant, alors même qu'ils se présenteraient pour se faire connaître, alors même que le déclarant les désignerait. L'officier de l'état civil est tenu, suivant l'esprit de la loi, de taire leur nom dans l'acte. Dans l'intérêt de l'ordre public et des bonnes mœurs, ces révélations immorales et scandaleuses ne doivent pas être admises à figurer dans un acte public.

« Art. 58. Toute personne qui aura trouvé un enfant nouveau-né sera tenue de le remettre à l'officier de l'état civil, ainsi que les vêtements et autres effets trouvés avec l'enfant, et de déclarer toutes les circonstances du temps et du lieu où il aura été trouvé. Il en sera dressé un procès-verbal détaillé, qui énoncera en outre l'âge apparent de l'enfant, son sexe, les noms qui lui seront donnés, l'autorité civile à laquelle il sera remis. Ce procès-verbal sera inscrit sur les registres. »

La loi prend toutes les précautions possibles pour faciliter aux parents le moyen de retrouver un jour leur enfant. M. Siméon disait dans son rapport au Tribunat : «Un simple vêtement, un haillon pourront quelquefois aider à un retour de tendresse ou de remords; ici la loi n'est pas seulement prévoyante, elle est affectueuse et paternelle. »

Aux termes de l'article 347 du Code pénal : « Toute personne qui ayant trouvé un enfant nouveau-né, ne l'aura pas remis à l'officier de l'état civil, sera punie des peines portées au précédent article (art. 346, cité p. 34). La présente disposition n'est point applicable à celui qui aurait consenti à se charger de l'enfant, et qui aurait fait sa déclaration à cet égard devant la municipalité du lieu où l'enfant a été trouvé [1]. »

---

[1] Nous croyons utile de reproduire ici les dispositions du Code pénal relativement à l'exposition et au délaissement des enfants :

« Art. 348. Ceux qui auront porté à un hospice un enfant au-dessous de l'âge de sept ans accomplis, qui leur aurait été confié afin qu'ils en prissent soin, ou pour toute autre cause, seront punis d'un emprisonnement de six semaines à six mois, et d'une amende de seize francs à cinquante francs. Toutefois, aucune peine ne sera prononcée, s'ils n'étaient pas tenus ou ne s'étaient pas obligés de pourvoir gratuitement à la nourriture et à l'entretien de l'enfant, et si personne n'y avait pourvu.

» Art. 349. Ceux qui auront exposé et délaissé en un lieu solitaire un enfant au-dessous de sept ans accomplis, ceux qui auront donné l'ordre de l'exposer ainsi, si cet ordre a été exécuté, seront,

CINQUIÈME LECTURE.

DES ACTES DE L'ÉTAT CIVIL (SUITE).

DES ACTES DE MARIAGE.
(Nous en parlerons dans nos lectures sur le mariage.)

DES ACTES DE DÉCÈS.

Mais c'est la mort surtout dont les touchants tableaux
Placent l'homme au-dessus de tous les animaux.
DELILLE.

« Les peuples, dit Frayssinous, peuvent être opposés de mœurs et de langage, séparés par des mers immenses, divisés par des rivalités sanglantes; mais il est un point sur lequel ils se réunissent tous, la croyance d'un Dieu. Ils pourront bien varier sur l'idée qu'ils s'en forment, les hommages qu'ils lui rendent, les rites sacrés du culte qu'ils pratiquent; mais sous ces formes diverses, le fond de la doctrine reste toujours. »

pour ce seul fait, condamnés à un emprisonnement de six mois à deux ans et à une amende de seize francs à deux cents francs.

» Art. 350. La peine portée au précédent article sera de deux ans à cinq ans, et l'amende de cinquante francs à quatre cents francs, contre les tuteurs ou tutrices, instituteurs ou institutrices de l'enfant exposé et délaissé par eux ou par leur ordre.

» Art. 351. Si, par suite de l'exposition et du délaissement prévus par les articles 349 et 350, l'enfant est demeuré mutilé ou estropié, l'action sera considérée comme blessure volontaire à lui faite par la personne qui l'a exposé et délaissé; et si la mort s'en est suivie, l'action sera considérée comme meurtre : au premier cas, les coupables subiront la peine applicable aux blessures volontaires; et, au second cas, celle du meurtre.

» Art. 352. Ceux qui auront exposé ou délaissé en un lieu non solitaire un enfant au-dessous de l'âge de sept ans accomplis, seront punis d'un emprisonnement de trois mois à un an, et d'une amende de seize francs à cent francs.

» Art. 353. Le délit prévu par le précédent article sera puni d'un emprisonnement de six mois à deux ans, et d'une amende de vingt-cinq francs à deux cents francs, s'il a été commis par les tuteurs ou tutrices, instituteurs ou institutrices de l'enfant. »

C'est cette croyance en Dieu, d'où découle nécessairement la croyance à l'immortalité de l'âme, qui a inspiré dans tous les temps et chez tous les peuples le respect des morts et le culte des tombeaux.

« Dans le brahmanisme, c'est une croyance généralement admise que si un brahmane mourait sur un lit, il serait contraint de le porter ensuite avec lui partout où il irait après son retour à la vie. Aussi, lorsque son agonie commence, on se hâte de le déposer sur le sol; lorsqu'il a cessé de vivre, on lave son cadavre, on l'entoure de fleurs et on l'expose sur un lit de parade jusqu'au moment des funérailles. Lorsque toutes les cérémonies préliminaires ont été accomplies, que le convoi est arrivé au lieu où l'on a coutume de brûler les cadavres, le terrain est consacré par une aspersion d'eau lustrale et par la récitation des prières. Le directeur des funérailles se penche ensuite sur le cadavre, récite des *mantras* consacrés, puis on met dans la bouche du défunt une pièce d'or et du riz.

» Au Mexique, lorsque l'empereur était en danger de mort, les statues des idoles étaient voilées; à peine avait-il rendu le dernier soupir qu'un deuil général était proclamé, des courriers partaient pour tous les points de l'empire avec ordre d'inviter les principaux personnages aux funérailles. Le corps était lavé et parfumé; on le veillait pendant plusieurs nuits; on mettait dans sa bouche une grosse émeraude, puis on lui cachait le visage sous un masque enrichi de pierres précieuses. Le corps, placé au milieu d'un nombreux cortége, était posé avec ses ornements sur un immense bûcher. Une grande quantité d'esclaves et de femmes étaient immolés pour le servir dans l'autre monde, ainsi que plusieurs officiers de sa domesticité.

» Les cendres du bûcher, soigneusement recueillies et

renfermées dans une urne, étaient déposées dans une des tours du temple.

» Dans l'attente de la résurrection, les Perses rassemblaient, pendant leur vie, les rognures de leurs cheveux, de leur barbe et de leurs ongles, afin qu'à la mort on les déposât dans la terre avec leur corps. Aussitôt que l'un d'eux sentait approcher sa fin, il réclamait le ministère d'un *mobed :* ce prêtre s'approchait de son oreille, récitait des prières, recommandait à Dieu le moribond, etc.

» En Égypte, quand un chef de famille mourait, dit Hérodote, toutes les femmes se couvraient de boue le visage, et se répandaient échevelées dans la ville en poussant des cris et des lamentations. Les hommes suivaient le même usage à l'égard des femmes qu'ils avaient perdues. Après ces premières manifestations de la douleur, le corps du défunt était embaumé. Au décès du roi, le peuple entier prenait le deuil, les temples étaient fermés, et le culte ordinaire était interrompu pendant soixante-douze jours; des prières funèbres étaient faites sans interruption. En attendant, on préparait la momie du roi et le cercueil qui devait la renfermer. Le délai expiré, on exposait publiquement la dépouille royale à l'entrée de son tombeau, et là chacun pouvait, avec une entière liberté, accuser le monarque des fautes qu'il avait commises pendant sa vie. La loi donnait ce privilége au peuple. Un prêtre cependant prononçait l'éloge du mort, rappelait ses services et ses vertus. Si les applaudissements de l'assemblée sanctionnaient cette apologie, le tribunal, composé de quarante-deux jurés, prononçait un verdict favorable et accordait au roi les honneurs de la sépulture. Il arriva plusieurs fois que le mécontentement et l'opposition du peuple privèrent de ces honneurs des princes à qui l'on avait à reprocher de coupables actions.

» Dès qu'un Juif a rendu le dernier soupir, les assistants se font une déchirure de quinze centimètres environ au côté gauche de leur habit; si le mort est un père ou une mère de famille, la déchirure se fait du côté droit. Cette première formalité remplie, on répand au dehors toute l'eau que renferme la maison, puis on étend sur le carreau le corps du défunt; on lui couvre le visage et l'on place une bougie allumée près de sa tête; on le lave ensuite avec de l'eau très-chaude, dans laquelle on fait bouillir des fleurs de camomille et des roses sèches, et on le dépose dans le cerceuil. Les parents et amis chargent le cercueil sur leurs épaules et le portent ainsi jusqu'au champ du repos. Un d'entre eux fait l'oraison funèbre du défunt, et tous font sept fois processionnellement le tour de sa dépouille mortelle, en implorant pour son âme la miséricorde de Dieu. Pendant onze mois, les fils du défunt sont tenus d'aller prier, soir et matin, à la synagogue pour le repos de son âme, qui demeure et souffre dans le purgatoire un pareil laps de temps. Les Juifs professent un profond respect pour les morts en général, et, à certains jours marqués, ils vont honorer les tombeaux de leurs proches et de leurs amis.

» Les Grecs attachaient une grande importance à l'ensevelissement des morts; ils croyaient que les âmes ne pouvaient pénétrer dans les Champs-Élysées tant que les corps n'étaient pas sous la terre. Le premier soin que l'on prenait, aussitôt après le décès, était de placer dans la bouche du mort une obole destinée à payer son passage dans la barque de Caron; puis on lavait le corps, on l'arrosait d'huile parfumée, on le couronnait de fleurs. Le corps était ensuite exposé sur un lit, à côté duquel on plaçait des vases en terre cuite qui étaient ensevelis avec le cadavre. Devant la porte on mettait un vase plein d'eau, afin que les personnes qui entraient dans la maison pussent se purifier par une aspersion. Le lendemain de l'exposition, ou le troisième jour après la mort, le corps était porté à sa dernière demeure ; les hommes marchaient devant le corps, et les femmes derrière. Les cadavres étaient soit enterrés, soit brûlés. Les lieux de sépulture étaient situés ordinairement hors de l'enceinte des villes. Ceux qui avaient péri dans une bataille étaient ensevelis aux frais du trésor public. Les tombeaux grecs étaient souvent construits sous la terre ; on élevait dans les cimetières des monuments funéraires sur lesquels on plaçait une inscription contenant le nom du défunt, et se terminant ordinairement par ces mots : *Adieu, bon!* On prononçait quelquefois des discours en l'honneur des morts. Les tombeaux étaient soignés et entretenus par la famille à laquelle ils appartenaient ; on les regardait comme les liens les plus forts qui attachaient l'homme à sa terre natale.

» Quand un Romain était sur son lit de mort, le plus proche parent essayait de recueillir avec sa bouche le dernier soupir du moribond. Aussitôt qu'il avait expiré, on lui fermait les yeux et la bouche, le corps était lavé et parfumé. On plaçait dans la bouche du mort une petite pièce de monnaie, et on exposait son corps sur un lit dans le vestibule de sa maison, les pieds tournés vers la porte. On le revêtait de sa plus belle toge, avec les insignes de sa charge, s'il avait exercé des fonctions publiques ; s'il avait reçu quelque couronne ou autre récompense honorifique, on l'en parait également. L'ordre de la procession était réglé par un maître de cérémonies ; on portait devant le corps les images des ancêtres, et aussi les couronnes et récompenses militaires gagnées par celui que l'on menait à sa dernière demeure. Les parents marchaient derrière le corps.

» La coutume de brûler les cadavres remonte à Rome à

une assez haute antiquité ; mais elle ne devint générale que dans les derniers temps de la république. Marius fut enterré. L'usage de l'incinération ne fut renversé que par les progrès du christianisme, vers le quatrième siècle.

» Les lieux de sépulture étaient publics ou privés. Les tombeaux des riches étaient ordinairement construits en marbre, entourés d'arbres et protégés par un mur ou par une grille. Un sépulcre, et tout endroit où un mort, de quelque qualité qu'il fût, était enseveli, recevait la qualification de religieux. La mort, la déportation ou la condamnation aux mines étaient les peines réservées aux profanateurs des tombeaux. Les Romains, comme les Grecs, étaient dans l'habitude de visiter, à certaines époques, les tombeaux de leurs parents [1]. »

Maintenant parlons de la loi française.

Le Code civil prescrit les règles suivantes relativement aux décès et aux actes qui doivent en être dressés :

« Art. 77. Aucune inhumation ne sera faite sans une autorisation, sur papier libre et sans frais, de l'officier de l'état civil, qui ne pourra la délivrer qu'après s'être transporté auprès de la personne décédée, pour s'assurer

---

[1] Nous venons de retracer à grands traits quelques-unes des cérémonies qui étaient autrefois usitées, principalement chez les anciens, au moment des naissances et des décès. Lorsque nous parlerons de la célébration du mariage, nous ferons également un résumé des cérémonies adoptées par d'autres peuples à cette occasion. L'ensemble de cet examen permettra de constater combien, dans nos usages actuels, nous avons calqué ce qui se pratiquait chez les autres nations de l'antiquité. — Dans certains pays de la Brie, et notamment dans le village de Châteaubleau, construit sur l'emplacement d'une ancienne ville romaine, on retrouve encore de nos jours la coutume de vider tous les vases de la maison qui contiennent de l'eau au moment d'un décès survenu dans cette maison, et de placer une petite pièce de monnaie dans a bouche ou dans la main du mort.

du décès, et que vingt-quatre heures après le décès, hors les cas prévus par les règlements de police. »

Le législateur n'a pas voulu que des inhumations pussent être faites sans une autorisation. Cette autorisation, c'est l'officier de l'état civil qui la délivre, après s'être assuré par lui-même du décès. Cet officier public est donc tenu de se transporter près de la personne décédée, mais, dans la pratique, les décès sont constatés par des médecins délégués à cet effet.

Les personnes [1] qui procéderaient à une inhumation sans s'être munies de cette autorisation seraient passibles des peines suivantes, prononcées par le Code pénal :

« Art. 358. Ceux qui, sans l'autorisation préalable de l'officier public, dans le cas où elle est prescrite, auront fait inhumer un individu décédé, seront punis de six jours à deux mois d'emprisonnement, et d'une amende de seize à cinquante francs, sans préjudice de la poursuite des crimes dont les auteurs de ce délit pourraient être prévenus dans cette circonstance. La même peine aura lieu contre ceux qui auront contrevenu, de quelque manière que ce soit, à la loi et aux règlements relatifs aux inhumations précipitées. »

L'inhumation ne peut avoir lieu avant l'expiration de

---

[1] Une partie encore en vigueur du décret du 4 thermidor an XIII, relatif aux autorisations des officiers de l'état civil pour les inhumations, est ainsi conçue :

« Il est défendu à tous maires, adjoints et membres d'administrations municipales, de souffrir le transport, présentation, dépôt, inhumation des corps, ni l'ouverture des lieux de sépulture ; à toutes fabriques d'églises et consistoires ou autres ayant droit de faire les fournitures requises pour les funérailles, de livrer lesdites fournitures ; à tous curés, desservants et pasteurs d'aller lever aucun corps, ou de les accompagner hors des églises et temples, qu'il ne leur apparaisse de l'autorisation donnée par l'officier de l'état civil pour l'inhumation, à peine d'être poursuivis comme contrevenant aux lois. »

3.

vingt-quatre heures depuis le décès. Toutefois, dans les temps d'épidémie ou dans le cas de putréfaction prématurée, le délai légal de vingt-quatre heures peut être diminué.

« Art. 78. L'acte de décès sera dressé par l'officier de l'état civil, sur la déclaration de deux témoins. Les témoins seront, s'il est possible, les deux plus proches parents ou voisins, ou, lorsqu'une personne sera décédée hors de son domicile, la personne chez laquelle elle sera décédée, et un parent ou autre.

» Art. 79. L'acte de décès contiendra les prénoms, nom, âge, profession et domicile de la personne décédée ; les prénoms et nom de l'autre époux, si la personne était mariée ou veuve ; les prénoms, noms, âge, profession et domicile des déclarants ; et, s'ils sont parents, leur degré de parenté. Le même acte contiendra de plus, autant qu'on pourra le savoir, les prénoms, noms, profession et domicile des père et mère du décédé et le lieu de sa naissance [1]. »

La loi, à l'occasion de la rédaction des actes de naissance, distingue les *déclarants* des *témoins*. Pour ces actes, aucune condition n'est exigée des déclarants ; un mineur, une femme sont aptes à déclarer une naissance ; tandis que les témoins doivent être mâles et âgés de vingt et un ans [2]. Pour les actes de décès, aucune distinction n'est

[1] La loi, et c'est là une omission, n'exige pas la mention du jour et de l'heure du décès, mais il importe essentiellement de les indiquer dans l'acte. En effet, plusieurs personnes, respectivement appelées à la succession l'une de l'autre, peuvent mourir le même jour. Si elles ont succombé dans un même événement sans qu'on puisse reconnaître laquelle est décédée la première, les articles 721 et 722 du Code civil règlent entre elles dans ce cas l'ordre de succession. Mais si l'on peut constater que le décès a eu lieu à des heures différentes, il est évident qu'on n'a pas à recourir à ces présomptions du législateur, le survivant sera tout naturellement appelé à la succession du prédécédé.

[2] Dans les actes notariés les témoins doivent être citoyens français, capables de signer, et domiciliés dans l'arrondissement communal où l'acte est passé. On n'a pas voulu exiger ces conditions

faite entre les déclarants et les témoins, ou du moins leurs rôles se confondent ; par conséquent, il n'y a que les personnes pouvant être témoins, c'est-à-dire âgées de vingt et un ans et du sexe masculin, qui soient admises à faire la déclaration d'un décès. Ajoutons que ceux que la loi invite à déclarer un décès (les deux plus proches parents ou voisins, ou la personne chez laquelle le décès a eu lieu) ne sont frappées d'aucune peine quand ils ont omis d'accomplir ce devoir, contrairement à ce qui se passe quand il s'agit de déclaration de naissance.

Le Code civil règle ensuite de la manière suivante les cas exceptionnels de décès qui peuvent se produire :

« Art. 80. En cas de décès dans les hôpitaux militaires, civils ou autres maisons publiques, les supérieurs, directeurs, administrateurs et maîtres de ces maisons, seront tenus d'en donner avis, dans les vingt-quatre heures, à l'officier de l'état civil, qui s'y transportera pour s'assurer du décès, et en dressera l'acte conformément à l'article précédent, sur les déclarations qui lui auront été faites, et sur les renseignements qu'il aura pris. Il sera tenu en outre, dans lesdits hôpitaux ou maisons, des registres destinés à inscrire ces déclarations et ces renseignements. L'officier de l'état civil enverra l'acte de décès à celui du dernier domicile de la personne décédée, qui l'inscrira sur les registres.

» Art. 81. Lorsqu'il y aura des signes ou indices de mort violente, ou d'autres circonstances qui donneront lieu de le soupçonner, on ne pourra faire l'inhumation qu'après qu'un officier de la police, assisté d'un docteur en médecine ou en chirurgie, aura dressé procès-verbal

pour les témoins d'un acte de l'état civil, car s'ils avaient dû réunir toutes ces qualités, il n'aurait pas toujours été aussi facile d'en trouver.

de l'état du cadavre, et des circonstances y relatives, ainsi que des renseignements qu'il aurait pu recueillir sur les prénoms, noms, âge, profession, lieu de naissance et domicile de la personne décédée [1].

» Art. 82. L'officier de police sera tenu de transmettre de suite à l'officier de l'état civil du lieu où la personne sera décédée, tous les renseignements énoncés dans son procès-verbal, d'après lesquels l'acte de décès sera rédigé. L'officier de l'état civil en enverra une expédition à celui du domicile de la personne décédée, s'il est connu : cette expédition sera inscrite sur les registres.

» Art. 83. Les greffiers criminels seront tenus d'envoyer, dans les vingt-quatre heures de l'exécution des jugements portant peine de mort, à l'officier de l'état civil du lieu où le condamné aura été exécuté, tous les renseignements énoncés en l'article 79, d'après lequel l'acte de décès sera rédigé.

» Art. 84. En cas de décès dans les prisons, maisons de réclusion et de détention, il en sera donné avis, sur-le-champ, par les concierges ou gardiens, à l'officier de l'état civil, qui s'y transportera, comme il est dit en l'article 80, et rédigera l'acte de décès.

» Art. 85. Dans tous les cas de mort violente, ou dans les prisons et maisons de réclusion, ou d'exécution à mort,

[1] Un décret du 3 janvier 1813 sur les mines porte ce qui suit sous l'article 19 : « Lorsqu'il y aura impossibilité de parvenir jusqu'au lieu où se trouvent les corps des ouvriers qui auront péri dans les travaux, les exploitants, directeurs et autres ayants cause seront tenus de faire constater cette circonstance par le maire, ou autre officier public, qui en dressera procès-verbal et le transmettra au parquet, à la diligence duquel, et sur l'autorisation du tribunal, cet acte sera annexé au registre de l'état civil.

Par analogie, on peut étendre les dispositions de ce décret au cas où des individus seraient consumés dans un incendie, ou engloutis dans un tremblement de terre, ou dans les flots, sans qu'on pût retrouver leurs cadavres. Dans ces différents cas, le procès-verbal dûment régularisé tiendrait lieu d'acte de décès.

il ne sera fait sur les registres aucune mention de ces circonstances, et les actes de décès seront simplement rédigés dans les formes prescrites par l'article 79. »

On comprend aisément la raison de cette dernière disposition. Les familles ne peuvent établir sûrement les généalogies qui les intéressent qu'en recourant aux registres de l'état civil. La loi, dans sa sagesse, ne pouvait pas vouloir que l'on mentionnât, dans ces précieuses archives, les cas de mort violente. Les fautes sont personnelles, et s'il était permis de constater, dans un acte de décès, que tel individu est décédé d'une façon infamante, la tache de cette mort rejaillirait, jusqu'à la génération la plus reculée, à la face de l'héritier du nom du supplicié, lorsqu'on ouvrirait la page fatale où les circonstances du décès de son ancêtre se trouveraient mentionnées.....

SIXIÈME LECTURE.

DES ACTES DE L'ÉTAT CIVIL (SUITE).

DE LA RECTIFICATION DES ACTES DE L'ÉTAT CIVIL.

> ..... Mais cette rectitude
> Que vous voulez en tout avec exactitude,
> Cette pleine droiture où vous vous renfermez,
> La trouvez-vous ici!
>
> MOLIÈRE.

Au sujet de la rectification des actes de l'état civil, il est dit dans le Code :

« Art. 99. Lorsque la rectification d'un acte de l'état civil sera demandée, il y sera statué, sauf l'appel par le tribunal compétent, et sur les conclusions du ministère public. Les parties intéressées seront appelées, s'il y a lieu.

» Art. 100. Le jugement de rectification ne pourra, dans aucun temps, être opposé aux parties intéressées qui ne l'auraient point requis, ou qui n'y auraient point été appelées [1].

» Art. 101. Les jugements de rectification seront inscrits sur les registres par l'officier de l'état civil, aussitôt qu'ils lui auront été remis; et mention en sera aite en marge de l'acte réformé. »

En aucun cas, un officier de l'état civil ne peut modifier les actes qu'il a rédigés. Il lui est absolument interdit même de réparer les fautes qu'il a commises dans la rédaction de ces actes. C'est au tribunal seul, au tribunal civil de l'arrondissement, qu'il appartient de rectifier, par un jugement, les actes entachés d'erreur : lorsque, par exemple, le sexe de l'enfant, dans un acte de naissance, a été inexactement déclaré; ou bien lorsqu'un acte contient de fausses désignations de noms et de prénoms [2].

Le jugement qui prononce la rectification peut être poursuivi, soit par les parties intéressées, soit d'office par le ministère public, lorsque, principalement, il s'agit d'actes nécessaires au mariage de personnes légalement reconnues indigentes [3].

Le jugement de rectification obtenu, on ne doit pas plus qu'auparavant modifier le texte de l'acte ; il n'est permis ni de raturer des mots, ni d'en ajouter; l'officier de

---

[1] Cet article fait ici l'application d'un des grands principes de notre droit civil, à savoir que les jugements n'ont d'effet qu'entre les parties, leurs héritiers ou ayants cause; et qu'on ne peut les opposer aux tiers, c'est-à-dire aux personnes qui n'ont pas figuré au procès.

[2] Nous verrons, en parlant des actes de mariage, que la rectification n'est pas toujours nécessaire, quand il y a production, avant de contracter mariage, d'actes de naissance et de décès contenant de fausses désignations de noms et de prénoms.

[3] Art. 3 de la loi du 10 décembre 1850, loi relative au mariage des indigents, que nous aurons certainement occasion de reproduire dans nos lectures sur le mariage.

l'état civil à qui un jugement rectificatif d'un acte est produit est tenu de se borner à l'inscrire immédiatement sur son registre courant, puis d'en faire mention en marge de l'acte rectifié, en indiquant la date du jugement et l'objet sommaire de la rectification. Cette inscription et cette mention doivent être faites sur les deux doubles.

Il nous paraît intéressant de reproduire ici l'ordonnance du 26 novembre 1823, qui a trait à la vérification de ces actes. MM. les secrétaires de mairie, spécialement chargés de la tenue des registres, trouveront résumé là un guide utile à consulter pour la rédaction de leurs actes [1].

(Ordonnance royale du 26 novembre 1823, art. 5.)

. . . .

REGISTRE DES NAISSANCES.

Indiquer :

1° S'ils sont tenus conformément aux articles 40 et 52 du Code civil, et s'ils ne sont pas inscrits sur des registres timbrés, ainsi qu'il est prescrit par les lois du 13 brumaire an VII et 28 avril 1816;

2° Le numéro de l'acte où se trouverait quelque contravention;

3° Si l'inscription des actes a été faite sur une feuille volante et autrement que sur les registres à ce destinés; s'il s'y trouve des indices de faux et d'altération (art. 52 C. civ.);

---

[1] Nous avons laissé de côté, pour ne pas surcharger outre mesure notre étude de détails, toutes les dispositions de la loi relatives : 1° à la naissance d'un enfant durant un voyage en mer (art. 59 à 61, C. civ.); 2° aux décès durant un voyage en mer (art. 86 et 87); 3° aux actes de l'état civil concernant les militaires hors du territoire de la France (art. 88 à 98). Les personnes qui auront besoin de connaître les prescriptions légales sur ces différents sujets pourront se reporter au Code lui-même.

4° Si l'inscription des actes ne s'est pas faite sur les deux registres, ou ne s'y est pas faite d'une manière uniforme (art. 40 C. civ.);

5° Si l'on a laissé des blancs ou des intervalles sur les registres; si les renvois et les ratures n'ont pas été approuvés et signés de la même manière que le corps de l'acte; si l'on s'est servi d'abréviations, de dates en chiffres (art. 41 et 42);

6° Si l'on a omis de parafer et d'annexer les pièces produites, d'en faire mention à la marge (art. 44, 49, 98, 99 et 101 C. civ.), de faire les tables (lois du 20 septembre 1792 et décret du 20 juillet 1807);

7° Si l'on a omis d'énoncer l'année, le jour et l'heure où les actes ont été reçus; les prénoms, noms, âge, profession et domicile de tous ceux qui y sont dénommés (art. 34 et 57 C. civ.);

8° Si la déclaration a été faite tardivement, ou par des personnes non préposées ou non autorisées; si l'on a omis de présenter l'enfant, d'indiquer son sexe; si l'acte renferme des énonciations proscrites et illégales (art. 35, 36, 55, 56 et 57 C. civ.);

9° Si l'acte a été rédigé tardivement, en l'absence du nombre de témoins requis, ou devant des témoins incapables par leur âge ou par leur sexe, ou non choisis par les parties intéressées (art. 37 et 56 C. civ.);

10° S'il n'a pas été fait de lecture et de mention de lecture de l'acte; s'il n'a pas été signé, ou fait mention que tels n'ont pu le signer (art. 38 et 39);

11° S'il n'a pas été dressé de procès-verbal de remise d'un enfant trouvé et de ses vêtements et effets; si l'on n'a pas énoncé les circonstances du temps et du lieu où il a été trouvé, et indiqué l'autorité à laquelle il a été remis (art. 58 C. civ.);

12° Si l'on n'a pas inscrit sur les registres l'acte de

naissance d'un enfant né sur mer ou à l'armée (art. 61, 62, 93 et 98 C. civ.), ou l'arrêt qui aurait confirmé une adoption (art. 359 C. civ.).

REGISTRE DES PUBLICATIONS DE MARIAGE.

(Voyez ci-dessus pour les formalités matérielles et générales des actes).

Indiquer en outre, pour les formalités spéciales :

1° S'il n'y a point eu d'affiches, si les publications étaient anticipées ou surannées, si elles ont été faites un autre jour que le dimanche et ailleurs qu'à la porte de la mairie ; si le mariage a été célébré sur une seule publication, sans preuve qu'on ait obtenu de dispenses (art. 63, 64 et 65 C. civ.) ;

2° S'il n'a pas été fait mention des oppositions des jugements ou actes de mainlevée, d'annexe des pièces requises (art. 66 et 67 C. civ.).

REGISTRE DES MARIAGES.

(Voyez ci-dessus pour les formalités matérielles et générales des actes.)

Indiquer en outre, pour les formalités spéciales, si l'on a omis de faire mention :

1° Des deux publications dans les divers domiciles, ou des dispenses de la deuxième publication (art. 76, 165, 166, 167, 168 et 169) ;

2° De la mainlevée d'opposition ou de l'énonciation qu'il n'y a point eu d'opposition (art. 68, 69 et 76) ;

3° Des dispenses d'âge ou de parenté obtenues (art. 144, 145, 163 et 164) ;

4° De la remise des actes de naissance des futurs, ou des actes de notoriété homologués, d'indication des lieux de naissance et domicile des époux (art. 70, 71, 72, 74, 76 et 147) ;

5° Du consentement soit des ascendants, soit du conseil de famille ou des tuteurs *ad hoc ;* soit, à défaut du consentement obtenu, des actes respectueux qui ont dû être faits (art. 73, 76, 148, 149, 150, 151, 152, 153, 154, 155, 158, 159 et 160);

6° De la célébration publique du mariage à la mairie, ou dans une maison ouverte, le cas échéant, en présence de quatre témoins (art. 73, 75 et 76);

7° De la lecture du chapitre VI du Code civil, au titre du mariage (art. 75);

8° De la déclaration réciproque des futurs (art. 75 et 76);

9° Du prononcé de l'union par l'officier de l'état civil (mêmes articles);

10° De la déclaration de quel côté et à quel degré les témoins produits sont parents ou alliés des parties, pour le cas où ils ne sont pas étrangers (art. 76);

11° De la légitimation d'enfants naturels légalement reconnus, s'il y a lieu (art. 331);

12° Si l'on a omis de transcrire sur les registres un acte de célébration de mariage reçu à l'armée ou à l'étranger (art. 95, 98 et 171).

REGISTRE DES DÉCÈS.

(Voyez ci-dessus pour les formalités matérielles et générales des actes.)

Indiquer, en outre, pour les formalités spéciales :

1° Si les déclarations ont été faites par d'autres personnes que celles qui sont chargées de les faire (art. 77, 78, 80, 82, 83, 84 et 96);

2° Si l'état civil du défunt n'a pas été déclaré; si l'on n'a pas énoncé les nom et prénoms du conjoint, s'il y a lieu; le lieu de sa naissance, les noms des père et mère, la qualité des déclarants, leur degré de parenté (art. 79);

3° Si les actes contiennent quelques mentions illégales et proscrites, relatives au genre de mort (art. 85);

4° Si l'on a omis d'inscrire sur les registres les actes de décès envoyés d'ailleurs (art. 86, 87, 96 et 98 C. civ.).

.   .   .   .

Avant d'en finir avec les actes de l'état civil, nous croyons devoir appeler, une fois de plus, l'attention sur l'article 77 cité dans notre précédente lecture, en faisant observer que les sages prescriptions de cet article de loi sont presque toujours négligées. L'officier de l'état civil ne se transporte jamais auprès de la personne décédée pour s'assurer du décès, et la constatation du décès par le médecin n'est pas toujours faite sérieusement, quand elle est faite.

De nombreuses pétitions ont été adressées aux Chambres dans le but d'obtenir des dispositions légales plus impérieuses et plus complètes que celles inscrites dans notre article 77; ces pétitions, jusqu'ici, n'ont pas été suivies de succès. Il y a quelques années encore, un éminent prélat appuyait de l'autorité de sa parole une de ces pétitions devant le Sénat, en racontant qu'il avait failli lui-même être inhumé vivant; et la haute assemblée, émue par l'éloquent discours de l'orateur, vota.... l'ordre du jour.

Il y a en Angleterre des règlements de police concernant les inhumations, lesquels obligent les vivants à vérifier juridiquement l'état des morts. Aucun cadavre ne doit être mis en terre avant que les experts aient certifié que ni le fer, ni le poison, ni aucun autre moyen criminel n'ont abrégé les jours du défunt. Un crime atroce a, dit-on, donné lieu à cette loi. C'est celui d'une marchande de Londres, qui fit mourir successivement sept maris en leur coulant, pendant leur sommeil, du plomb fondu dans les oreilles. Cette habitude de l'excellente femme fut découverte par un huitième mari au moment où sa tendre moitié se présentait pour lui *en couler* comme aux autres.....

Denisart s'exprimait ainsi, il y a déjà plus d'un siècle, sur le sujet qui nous occupe en ce moment :

« Il serait à souhaiter que l'ouvrage de M. Bruhier, médecin, dont l'objet était de faire différer les enterrements jusqu'à la putréfaction, eût été ou plus connu, ou eût fait plus d'impression sur les magistrats. Le grand nombre d'exemples que cet auteur rapporte de personnes qu'on a cru mortes et qui ne l'étaient pas, mérite assurément l'attention des législateurs. »

A Londres, il est défendu d'enterrer les morts avant trois jours révolus, et sans une visite préalable de personnes commises à l'inspection des corps, constatée par la délivrance d'un certificat.

A Genève, il y a aussi des personnes préposées pour visiter les corps avant de les enterrer : leur mission est d'examiner 1° si la mort est certaine ; 2° si elle est naturelle ou violente.

A Rome, il y avait des personnes qui étaient chargées, non-seulement de la visite des morts, mais de faire des épreuves qui se continuaient plusieurs jours, et de tenir un registre exact de ceux qui mouraient.

Dans le Nord et à Gênes, l'usage est de n'enterrer qu'au bout de trois jours, et on enterre encore plus tard en Hollande.

Le sentiment pénible qui s'empare des vivants en présence d'un mort, fait que beaucoup de personnes n'ont pas le courage de rester auprès des corps inanimés de ceux-là mêmes qu'elles ont le plus aimés ; de s'assurer si la mort de celui ou de celle qu'ils pleurent est apparente ou réelle, et d'insister auprès du médecin pour qu'il constate la mort, après avoir employé, pour se convaincre de sa réalité, les moyens que la science met à sa disposition.

Si la sollicitude d'un parent, d'un ami, ne va pas jusqu'à surmonter l'impression pénible dont nous venons de parler, pour s'assurer de l'état du mort, qu'attendre du gardien chargé, moyennant salaire, de veiller le corps ?...

Convaincus, comme nous le sommes, que la loi que nous venons de citer, outre qu'elle est mal appliquée, est de plus insuffisante, nous nous joignons à ceux qui demandent avec instance que nos législateurs veuillent bien aviser enfin au moyen de remédier d'une manière sérieuse au danger des inhumations précipitées.

Le jour où la loi que nous appelons de nos vœux sera votée, elle apportera des rectifications, et des rectifications plus nombreuses qu'on ne le suppose, aux actes de l'état civil, par ce fait que les officiers chargés de les recevoir seront, à l'avenir, moins exposés à les dresser prématurément ; et, par suite, l'atroce supplice de l'inhumation anticipée sera rendu moins fréquent.

SEPTIÈME LECTURE.

DU MARIAGE.

> Marie-toi jeune, afin que ton fils te succède et que la chaîne des êtres ne soit pas interrompue.
> Tiré du *Zend-Avesta*, livre sacré des Perses.

On peut définir le mariage, dans la langue du droit, l'union de l'homme et de la femme ; et en langage chrétien, le sacrement institué par Jésus-Christ pour bénir l'alliance de l'homme et de la femme. Il n'est point de législateur qui n'ait prescrit des règles détaillées sur ce contrat ; il a été de tous temps, et chez tous les peuples, tenu en honneur, et accompagné de cérémonies publiques.

Presque toutes les nations se sont accordées à flétrir l'adultère; à prohiber le mariage entre le frère et la sœur; à défendre à une femme d'avoir plusieurs maris, de même qu'il est défendu à l'homme, dans les États de l'Occident, d'épouser plusieurs femmes. Chez presque tous les peuples aussi, on regarde comme non avenus les mariages que les enfants contractent sans le consentement de leurs parents.

« La loi hindoue et celle des peuples voisins, font un devoir de la reproduction. Le bonheur des ancêtres dépend de la continuité des sacrifices domestiques; les mérites religieux des enfants profitent aux pères, qui s'élèvent ou s'abaissent sur l'échelle de la félicité, suivant que le culte est observé plus ou moins fidèlement. Quand une famille s'éteint, ou n'a plus d'héritiers légitimes, les sacrifices cessent, et tous les ancêtres se ressentent de ce malheur, qui est pour eux une espèce de mort. »

L'article du Décalogue : *Croissez et multipliez,* imposa à tout Israélite le devoir absolu de se marier. La fille de Jephté, condamnée à mourir par le vœu imprudent de son père, pleurait sa virginité au milieu de ses compagnes. La mort qui allait l'atteindre lui semblait d'autant plus cruelle qu'elle n'avait pas satisfait à la loi de la nature, aussi bien qu'à la loi sacrée de son peuple : elle n'était pas épouse! Elle était donc destinée à mourir tout entière, ne laissant pas d'enfants pour la pleurer et pour la faire revivre dans Israël.

En Grèce, le mariage était considéré tout à la fois comme un objet d'intérêt privé, et comme un objet d'intérêt public. Il en était ainsi surtout à Sparte. D'après la législation de Lycurgue, des accusations criminelles pouvaient être portées contre ceux qui contractaient une union mal assortie, aussi bien que contre ceux qui restaient dans le célibat.

Les célibataires étaient exclus des emplois civils et militaires, ils étaient même soumis tous les ans à une petite cérémonie assez désagréable : les femmes de Lacédémone allaient les prendre chez eux le premier jour du printemps, les conduisaient au temple de Junon en les accablant de plaisanteries, et leur administraient, au pied de la statue de cette déesse, certaine correction qui ne s'administre chez nous qu'aux petits enfants.

Les dispositions de ces lois étaient fondées sur ce principe trop méconnu aujourd'hui, qu'il est du devoir de tout citoyen de donner à l'État une progéniture légitime.

Les lois de Solon admettaient également l'accusation contre les célibataires, et celles de Platon prononçaient des peines pécuniaires contre ceux qui ne se mariaient pas avant la trente-cinquième année. Elles établissaient d'ailleurs expressément que le citoyen, dans le choix de son épouse, devait consulter beaucoup plus les intérêts de l'État que sa propre inclination.

Quand un père mourait sans avoir pris à ce sujet de disposition testamentaire, et sans laisser d'enfants mâles, sa fille devait s'unir à son plus proche parent non marié. Si elle était pauvre, ce parent avait le choix de l'épouser ou de la doter convenablement selon son rang. Il en était de même à Sparte, et aussi chez les Juifs, ainsi que nous l'enseigne l'histoire de la glaneuse Ruth et de son parent Booz.

« Les anciens législateurs de Rome cherchèrent beaucoup à déterminer les citoyens au mariage : le sénat et le peuple firent souvent des règlements à ce sujet. Indépendamment des lois, les censeurs, selon les besoins de la République, engagèrent les citoyens au mariage par la honte et par des peines. César donna des récompenses à ceux qui avaient beaucoup d'enfants ; il attaqua aussi le célibat par la vanité, en défendant aux femmes qui avaient moins de quarante-cinq ans, et qui n'avaient ni maris ni enfants, de porter des pierreries et de se servir de litières. Auguste fit encore contre le célibat des lois plus sévères, en imposant de nouvelles peines à ceux qui n'étaient point mariés, et en augmentant les récompenses de ceux qui l'étaient.

Les célibataires n'étaient pas reçus à tester, ni à rendre témoignage. Avez-vous une femme? telle était la première question que faisait le censeur à celui qui se présentait pour prêter serment[1]. »

A Rome, le mariage était précédé d'un contrat dans lequel on stipulait les conventions civiles du mariage, et spécialement la constitution de dot.

La dot, ainsi que nous le verrons plus tard, est, d'après la loi française, le bien que la femme apporte au mari pour supporter les charges du mariage. Chez les peuples anciens, c'était le mari qui constituait une dot à la femme, ou qui payait une somme convenue aux parents de celle-ci; il en est encore ainsi aujourd'hui en Chine et chez plusieurs autres peuples de l'Orient.

[1] Parmi les pétitions de toutes sortes que l'on adresse aux Chambres, il en est plusieurs (émanant sans doute de gens mariés) qui demandent l'impôt sur le célibat! Le célibat peut-il être assimilé à une matière imposable? C'est à nos législateurs de le décider. Quant à nous, qui ne sommes pas célibataire, nous ne voyons pas qu'il y aurait lieu de critiquer l'impôt demandé, s'il devait se produire sous une forme comme celle-ci, par exemple :

« A partir du 1er janvier 1873, tous les fonctionnaires publics, et tous les employés qui relèvent des administrations de l'État, ne toucheront que la moitié du traitement ou des émoluments attachés à la place qu'ils occupent, s'ils sont dans une des catégories suivantes : ou célibataires, ou veufs sans enfants, à moins qu'ils n'aient atteint l'âge de quarante-cinq ans. »

Les conséquences de cette loi seraient celles-ci : beaucoup d'hommes jeunes encore renonceraient au célibat; quelques rares adeptes renonceraient à leur place; d'autres, s'entêtant à conserver leur position sans recourir au *conjungo*, se contenteraient de la demi-solde... L'État et la famille n'auraient, dans tous les cas, qu'à y gagner.

Solon défendit de donner aucune dot aux filles, afin que leurs vertus et leurs charmes pussent compter pour quelque chose dans la recherche que les hommes en feraient.

Chez les Assyriens, toutes les filles nubiles étaient réunies dans un même lieu et mises à l'encan ; on commençait par les plus belles ; l'argent qu'on tirait de cette vente était donné en dot à celles qui étaient moins favorisées de la nature.

Les Samnites, dit Montesquieu, avaient une coutume qui, dans une petite république, devait produire d'admirables effets. On assemblait tous les jeunes gens, et on les jugeait : celui qui était déclaré le meilleur de tous prenait pour sa femme la fille qu'il voulait ; celui qui avait les suffrages après lui choisissait encore, et ainsi de suite.... Il était admirable de ne regarder entre les biens des garçons que les belles qualités et les services rendus à la patrie. Celui qui était le plus riche de ces sortes de biens choisissait une fille dans toute la nation. L'amour, la beauté, la chasteté, la vertu, la naissance, les richesses même, tout cela était pour ainsi dire la dot de la vertu.

Il serait difficile d'imaginer une récompense plus noble, plus grande, moins à charge à un petit État, plus capable d'agir sur l'un ou sur l'autre sexe.

Au contrat de mariage du poëte Scarron avec mademoiselle d'Aubigné (depuis madame de Maintenon), le futur reconnut et déclara au notaire que la future lui apportait en dot : 1° deux grands yeux fort mutins ; 2° un très-beau corsage ; 3° une paire de belles mains ; 4° beaucoup d'esprit.

Combien peu de prétendus sauraient se contenter aujourd'hui de la dot qu'apportait au poëte celle qui partagea plus tard la couche du grand Roi ! Les qualités physiques et morales sont reléguées au second plan ; il importe peu que la fille à marier ait un peu plus ou un peu moins de mérite, dès l'instant qu'on est assuré qu'elle a beaucoup d'écus.

Disons cependant que si les chercheurs de grosse dot ne trouvent en général que ce qu'ils ont avant tout recherché, il arrive souvent aussi qu'ils n'ont pas même trouvé ce qu'ils cherchaient. Telle femme, en effet, sera plus riche et fera régner plus de véritable aisance dans sa maison avec un revenu modeste, que telle autre ne saurait le faire avec un revenu cinq et dix fois supérieur. *Sapiens mulier œdificat domum* (la femme sage fait prospérer la maison), a dit Salomon ; méditons sur cette vérité proclamée par le plus sage des rois, sans perdre de vue le conseil donné par un roi des Sages (Thalès de Milet) : « Jeune homme, considère s'il n'est pas trop » tôt pour te marier ; vieillard, considère s'il n'est pas » trop tard. »

Si le mariage n'est pas toujours, et pour tous, une garantie suffisante contre le débordement des mœurs, c'est incontestablement la digue la plus sûre et la plus forte qu'on puisse lui opposer.

La jeune fille élevée dans de sévères principes, fera presque toujours une épouse vertueuse ; tandis que la fille qui, selon les expressions imagées de Chateaubriand, a ouvert à l'amour le sanctuaire de la virginité, ouvrira plus tard à l'adultère le tabernacle du mariage.

Il y a, dit encore Montesquieu, tant d'imperfections attachées à la perte de la vertu dans les femmes, toute leur âme en est si fort dégradée, ce point principal ôté en fait tomber tant d'autres, que l'on peut regarder dans un État populaire l'incontinence publique comme le dernier des malheurs, et la certitude d'un changement dans la constitution.

Aussi les bons législateurs y ont-ils exigé des femmes une certaine gravité de mœurs ; ils ont proscrit de leurs républiques non-seulement le vice, mais l'apparence même du vice...

Ah ! si le changement de constitution que la France subit en ce moment a été provoqué par l'incontinence publique, que le grand écrivain que nous citons considère, avec raison, comme le plus grand des malheurs, faisons des vœux pour que les institutions naissantes régénèrent nos mœurs, pour que le luxe malsain qui avait insensiblement envahi toutes les classes de notre société disparaisse ; et que, partant avec lui, la corruption et les vices, qui ont engendré les maux de notre pays, s'effacent à jamais ; faisons des vœux pour que l'homme sache trouver enfin dans les liens sacrés du mariage, dans les doux épanchements de la famille, le bonheur qu'il poursuit vainement ailleurs.

Cela dit, arrivons à la loi.

Suivant ses desseins, le Créateur jugeait l'homme trop faible pour supporter à lui seul le fardeau de la vie. « Il n'est pas bon que l'homme soit seul, est-il dit dans l'Écriture ; créons-lui un être à son image, qui lui soit un soutien. » Telle a été la pensée de la Divinité en créant la femme ; c'est ce que le mariage a pour but de réaliser... Son double objet est donc la propagation de l'espèce humaine et l'assistance mutuelle des époux.

Avant la révolution de 1789, les ministres de la religion catholique n'unissaient pas seulement les époux devant Dieu en leur conférant le sacrement du mariage, ils les unissaient aussi devant la loi. C'étaient eux, et eux seuls, qui présidaient à la célébration du mariage et en consacraient à la fois les effets religieux et les effets civils. Les législateurs qui survinrent après 1789 séparèrent les actes de la vie civile des actes religieux ; ils proclamèrent leur entière indépendance. Aussi la constitution de 1791 disposait que « la loi ne considère le mariage que comme un contrat civil ».

C'est ce qui a été également consacré par les auteurs du Code civil.

Aujourd'hui, les personnes qui veulent contracter mariage doivent se présenter devant un officier de l'état civil, ministre de la loi, officier public, seul et à l'exclusion de tous les autres, chargé de recevoir et de consacrer leurs engagements.

Aucun ministre du culte ne peut célébrer religieusement un mariage, s'il ne lui est préalablement justifié de l'accomplissement de l'union civile; et s'il enfreint ces prescriptions, il est passible des pénalités prévues dans ce cas par le Code pénal (art. 199 et 200).

Nous allons successivement passer en revue les prescriptions édictées par la loi pour qu'un mariage puisse être, au point de vue civil, valablement contracté.

HUITIÈME LECTURE.

DU MARIAGE (SUITE).

DES CONDITIONS A REMPLIR POUR CONTRACTER MARIAGE.

La première condition, c'est d'avoir l'âge fixé par la loi. Suivant le Code civil :

« Art. 144. L'homme avant dix-huit ans révolus, la femme avant quinze ans révolus, ne peuvent contracter mariage. »

Ce mot *révolus* veut dire qu'il faut que l'homme ait atteint le premier jour de sa dix-neuvième année, et la femme le premier jour de sa seizième.

Toutefois, comme il peut y avoir, pour certaines personnes, les raisons les plus valables de contracter mariage avant cet âge, la loi autorise ainsi les dispenses :

» Art. 145. Néanmoins il est loisible au chef de l'État d'accorder des dispenses d'âge pour des motifs graves. »

Ces motifs graves doivent généralement se rattacher à l'intérêt et à la tranquillité des familles ou à l'honneur des personnes... Nous reviendrons sur ce sujet lorsque nous parlerons des dispenses de parenté et d'alliance, qui sont d'une application beaucoup plus fréquente que les dispenses d'âge.

La seconde condition, c'est que l'un des futurs ne soit pas engagé dans les liens d'un précédent mariage.

« Art. 147. On ne peut contracter un second mariage avant la dissolution du premier. »

Ce que la loi entend prohiber, c'est la bigamie, punie avec rigueur par notre Code pénal. Aux termes de l'article 340 : « Quiconque étant engagé dans les liens du mariage en aura contracté un autre avant la dissolution du précédent, sera puni des travaux forcés à temps. L'officier public qui aura prêté son ministère à ce mariage avec connaissance, sera puni de la même peine. »

C'est qu'en effet rien n'est plus contraire que la bigamie à l'institution de la famille, telle qu'elle est constituée par la religion et par nos lois.

Quoique la bigamie ne soit permise dans aucun pays de la chrétienté, M. Darnaud en cite un exemple, le seul sans doute qu'ait jamais autorisé le Souverain Pontife :

« Le comte de Gleichen, pendant une des croisades, fut fait prisonnier par Méledin, soudan d'Égypte, qui le chargea du soin de son jardin. Zélide, fille du soudan, prodige de beauté, se sentit émue de compassion pour lui ; de la compassion elle passa bientôt à des sentiments plus tendres. La réunion de ces circonstances faisant espérer au comte la délivrance des autres prisonniers, ceux-ci l'obligèrent à cacher à la jeune princesse qu'il ne pouvait répondre à son amour. Zélide lui proposa de prendre avec lui, la fuite sous la seule condition de devenir son épouse. Elle abjura le mahométisme; le jour fut pris; ils s'embarquèrent; mais il fallait bien dire enfin à Zélide. qu'il était marié. Accoutumée aux mœurs des Sarrasins, Zélide ne regarda cette union comme un obstacle invincible à ses désirs que lorsqu'on lui apprit que les Chrétiens ne pouvaient avoir en même temps deux femmes sans se rendre coupables de bigamie. Arrivée en Allemagne, dans le château du comte, elle faillit succomber à sa douleur. La comtesse de Gleichen, qui avait été instruite qu'elle ne devait qu'à Zélide la liberté de son mari, prend à son sort le plus vif intérêt, et forme une résolution qui n'a pas d'exemple. Elle leur propose de faire en Italie un voyage qui peut rétablir la santé de Zélide. Cette offre est acceptée, et lorsqu'ils sont arrivés à Rome, elle se jette aux pieds du Pape pour qu'il permette à son mari de prendre une seconde femme; elle-même fait valoir les raisons qui peuvent déterminer le Souverain Pontife. C'est, en un mot, comme épouse qu'elle cru suivre le comte... Le Saint-Père se rend à ses raisons, et fait en faveur de Zélide exception à la loi qui défend la bigamie. Voilà donc le comte bigame, c'est-à-dire possesseur de deux femmes. Cependant la jeune princesse ne le cède pas en générosité à sa rivale. Elle refuse absolument de partager avec elle les droits d'épouse; ainsi la permission du Pape ne la parait que d'un vain titre! La comtesse ne tarde pas à s'apercevoir du penchant de son mari pour Zélide, tombe malade, et meurt victime de l'effort généreux qu'elle avait fait sur elle-même. La princesse et le comte sont désormais libres de s'unir; mais il vient encore un scrupule de délicatesse à l'esprit de Zélide: elle ne veut pas remplir la place d'une amie qu'elle a entraînée au tombeau par l'amour qu'elle a inspiré à son mari. Il faut que le comte tombe dangereusement malade à son tour pour qu'elle consente enfin à succéder réellement à la comtesse. »

La troisième condition pour contracter mariage, c'est que les futurs ne soient pas unis, soit par parenté, soit par alliance, au degré prohibé par la loi.

On appelle parenté le lien qui unit deux ou plusieurs personnes qui descendent l'une de l'autre ou d'un auteur commun. La parenté est légitime ou naturelle, suivant qu'elle résulte ou non de mariages légitimes.

Les parents d'une personne en ligne directe ascendante sont : le père, la mère, les aïeuls et aïeules ; en ligne descendante : les enfants et petits-enfants ; en ligne collatérale : les frères et sœurs, les oncles et tantes, les neveux et nièces, cousins et cousines [1].

L'alliance est le lien civil que le mariage établit entre chacun des époux et les parents de l'autre. Ainsi, le mari est l'allié de chacun des parents de sa femme et réciproquement.

Les prohibitions de mariage qui résultent de la parenté ou de l'alliance sont ainsi conçues :

« Art. 161. En ligne directe, le mariage est prohibé entre tous les ascendants et descendants légitimes ou naturels et les alliés dans la même ligne.

» Art. 162. En ligne collatérale, le mariage est prohibé entre le frère et la sœur légitimes ou naturels, et les alliés au même degré.

» Art. 163. Le mariage est encore prohibé entre l'oncle et la nièce, la tante et le neveu.

» Art. 164. Néanmoins, il est loisible au chef de l'État

[1] Nous verrons plus complétement, en parlant des successions dans la famille (deuxième partie de notre travail), ce qu'il faut entendre par ligne, degré.....

de lever, pour des causes graves, les prohibitions portées par l'article 162 aux mariages entre beaux-frères et
belles-sœurs, et par l'article 163, aux mariages entre
l'oncle et la nièce, la tante et le neveu. »

De même que les demandes en dispense d'âge, les
demandes en dispense de parenté ou d'alliance doivent
être adressées au chef de l'État, qui les accorde ou les
refuse selon les circonstances.

Des causes graves peuvent seules faire obtenir aux parties les dispenses qu'elles sollicitent. Ces causes graves,
aucun texte de loi ne les précise; mais l'administration de la justice s'est fixé, à cet égard, des règles dont
elle ne se départit jamais, et qui sont contenues dans de
nombreuses instructions ministérielles.

Les circonstances le plus généralement prises en considération sont celles qui rendent le mariage projeté
désirable pour certaines personnes, pour les enfants
notamment nés d'un premier mariage, appelés à retrouver près d'un parent plus d'affection, plus de protection,
plus de soins.

On se préoccupe également de savoir « si l'union projetée aurait pour résultat de conserver un établissement
ou une exploitation dont la ruine blesserait gravement
les intérêts de la famille en cause, ou bien si l'union pro-
hibée aurait pour effet de procurer des moyens d'existence.
à l'un des époux dans la gêne, ou faciliterait des par-
tages, arrangements de famille. » Mais il faut bien se
garder de croire que la prohibition sera plus facilement
levée s'il y a eu entre les futurs un commerce scanda-
leux, s'ils ont eu des enfants..... Ce serait plutôt un motif pour que la demande en dispense fût rejetée; et, en
effet, en agissant autrement, le gouvernement tendrait à
encourager la corruption, à accorder un privilége au vice.

Toute personne qui désire obtenir des dispenses soit

d'âge, soit de parenté ou d'alliance, peut déposer sa demande au parquet du tribunal de son domicile, où connaissance lui est donnée des pièces qu'elle doit fournir à l'appui.

Pour obtenir les lettres patentes qui lèvent une prohibition de mariage, les parties intéressées doivent acquitter des droits de sceau, dont elles peuvent être déchargées, en totalité ou en partie, suivant leur état de fortune.

Le Pape seul peut accorder les dispenses religieuses qui lui sont demandées par l'intermédiaire de l'évêque du diocèse. On exige, en général, des contractants le payement d'une somme, qui varie aussi suivant leur fortune, sous le nom de droits de *componende*. Les pauvres en sont exempts.

NEUVIÈME LECTURE.

DU MARIAGE (SUITE).

CONDITIONS A REMPLIR POUR CONTRACTER MARIAGE (SUITE).

La quatrième condition à remplir pour contracter mariage d'une façon valable, c'est qu'il y ait *consentement* des deux futurs époux.

Le mariage est un contrat, mais un contrat d'une nature exceptionnelle, puisqu'il a pour effet de lier l'une à l'autre deux personnes pour toute leur vie. La loi a donc dû impérieusement exiger que les époux qui s'unissent par une convention aussi grave comprissent l'importance de leurs engagements. Elle a voulu qu'ils jouissent de leur entière raison, de leur pleine liberté pour se marier valablement.

C'est ce qu'il faut entendre des termes de l'article 146 du Code civil, ainsi conçu :

« Il n'y a pas de mariage lorsqu'il n'y a point de consentement. »

Ainsi le mariage contracté par une personne qui n'a pas toute sa raison, par un fou..., est nul.

La cinquième condition à remplir, c'est d'avoir le consentement des personnes sous l'autorité desquelles les futurs se trouvent placés ; ou, lorsque ce consentement n'est plus nécessaire, de demander le conseil de ces mêmes personnes.

Voici comment est déterminée l'obligation, pour les enfants, d'obtenir le consentement de leurs ascendants.

« Art. 148. Le fils qui n'a pas atteint l'âge de vingt-cinq ans accomplis, la fille qui n'a pas atteint l'âge de vingt et un ans accomplis, ne peuvent contracter mariage sans le consentement de leurs père et mère : en cas de dissentiment, le consentement du père suffit.

» Art. 149. Si l'un des deux est mort, ou s'il est dans l'impossibilité de manifester sa volonté, le consentement de l'autre suffit.

» Art. 150. Si le père et la mère sont morts, ou s'ils sont dans l'impossibilité de manifester leur volonté, les aïeuls et aïeules les remplacent : s'il y a dissentiment entre l'aïeul et l'aïeule de la même ligne, il suffit du consentement de l'aïeul. — S'il y a dissentiment entre les deux lignes, ce partage emportera consentement. »

On voit que, jusqu'à vingt-cinq ans accomplis pour les fils, et jusqu'à vingt et un ans accomplis pour les filles, la loi, suivant les distinctions qu'elle établit, met les enfants qui veulent se marier sous une sorte de tutelle non-seulement à l'égard de leurs père et mère, mais aussi à l'égard de leurs aïeuls et aïcules, et, ajoutons-le, parce que cela résulte de l'esprit de la loi, de leurs bisaïeuls et bisaïeules, s'ils existent seuls.

Cette disposition légale est principalement basée sur l'autorité paternelle, en vertu de laquelle les enfants doivent honneur et respect aussi bien à leurs aïeuls et aïeules qu'à leurs père et mère.

Chez quelques peuples modernes, et notamment en Angleterre, la législation n'exige pas le consentement des parents pour le mariage des enfants. Si l'on doit voir dans ce fait la négation de la puissance paternelle, ne peut-on pas dire, d'un autre côté, que, trop soucieuse de la conserver dans l'économie de la loi, le législateur français a dépassé le but en reculant à l'âge de vingt-cinq ans la majorité du fils relativement au mariage?

Et n'y a-t-il pas contradiction dans notre monument législatif, de ne point permettre à l'homme avant l'âge de vingt-cinq ans de donner en se mariant librement des enfants à la patrie, et de l'autoriser à abandonner, dès l'âge de vingt ans (loi du 21 mars 1832), la maison paternelle, à priver son vieux père, ou sa mère veuve, pauvre ou infirme, de son unique soutien, en s'enrôlant volontairement pour aller se faire uer sur un champ de bataille? Qu'on nous pardonne cette critique, mais il est, croyons-nous, difficile de ne pas être choqué du rapprochement de ces différents textes de la loi.

Ainsi donc, l'homme, qui est pubère dans nos climats dès l'âge de quinze à seize ans, dont la vie moyenne ne dépasse pas trente-deux ans, d'après les tables de Déparcieux, cet homme ne pourra acquérir sa liberté d'action pour se marier qu'après avoir non-seulement atteint, mais dépassé, comme nous le verrons bientôt, de quelques mois l'âge de vingt-cinq ans.

Sans doute, si les père et mère sont encore là, il y a tout lieu de croire que leur consentement ne fera jamais défaut à l'enfant, lorsque son projet d'union sera conforme à ses intérêts sainement entendus; mais, si les père et mère sont décédés, ou s'ils sont dans l'impossibilité de manifester leur volonté [1], le consentement exigé pourra dépendre d'un aïeul, voire même d'un bisaïeul, d'un vieillard arrivé aux limites extrêmes de la vie, soumis lui-même à l'influence d'une volonté étrangère, celle d'un parent intéressé ou d'un domestique despote, et alors ce vieillard circonvenu opposera, si on l'exige de lui, un *veto* obstiné à une union qui aurait fait le bonheur de deux êtres nés l'un pour l'autre, et dont l'existence sera brisée par suite de ce refus....

Qu'on nous permette, à ce propos, de reproduire ici, dans les termes où elle fut contée à l'un de nous, il y a bien longtemps, une anecdote que nous intitulerons, si vous le voulez bien : *le Perroquet de la grand'mère et l'article* 150 *du Code civil.*

« Il était vert et rouge ; il boitait de la patte gauche depuis le jour néfaste où il avait voulu s'emparer d'un morceau de sucre destiné à Médor. Il ne voyait plus de l'œil droit depuis la nuit fatale où il avait cherché à s'introduire clandestinement dans le panier qui contenait la progéniture de Minette. Mais il ne boitait pas sans élégance, et cette infirmité donnait à sa démarche un je ne sais quoi de grave, de composé qui ne lui messeyait pas. Élevé, comme on le voit, à l'école du malheur, Signor (c'était son nom) avait acquis de bonne heure, à ses dépens, l'expérience qui ne vient aux autres qu'avec les années. Il comptait au plus quinze printemps : or, pour les ornithologistes, qui accordent aux perroquets plus d'un siècle d'existence, Signor, on le voit, n'était encore, à l'époque où commence notre anecdote, qu'un jeune adolescent.

» Comme tout perroquet de bonne maison, l'oiseau

---

[1] Il y a impossibilité de manifester sa volonté pour une personne lorsqu'elle est, par exemple, en état d'interdiction....

était en possession d'un perchoir et d'une cage; le perchoir était en ébène; la cage, grillagée en fer, ressemblait par sa forme au dôme du Panthéon, ou, pour me servir d'une comparaison moins ambitieuse, à un gros biscuit de Savoie. Le volatile ne hantait guère la cage, et si l'on voyait appendue au perchoir une légère chaîne de métal, cet emblème de la servitude n'entravait, à vrai dire, la liberté de Signor qu'à l'heure où le vieux médecin du bourg venait avec sa petite-fille rendre visite à ma grand'mère. L'oiseau ayant, Dieu sait pourquoi, pris en aversion le bon docteur et la charmante jeune fille, ne cessait de les poursuivre l'un et l'autre, en appelant celui-ci *carabin* et celle-là *péronnelle*. Qui avait pu enseigner à Signor ces vilains mots? Je l'ignore; il est permis de supposer qu'avant d'appartenir à ma grand'mère il avait, comme le Vert-Vert des Visitandines, fréquenté dans son enfance la mauvaise compagnie.

» Signor, qui peut sonder les aberrations du cœur d'un perroquet? Signor, dont l'œil flamboyait de colère, dont les plumes se hérissaient, dont le gosier se desséchait à force de pousser des cris rauques et aigus à la vue de la plus belle, de la plus gracieuse jeune fille, Signor avait l'œil caressant, le plumage lisse, la voix douce, quand Marcot s'approchait de son perchoir. Il n'appelait celle-ci que des noms d'amie, mignonne et de bonne Marcot; or Marcot, la vieille servante de ma grand'mère, était maussade, bourrue et laide, mais laide surtout, oh! laide comme on ne l'est pas, ou comme il ne devrait pas être permis de l'être. Mais, chose étrange, Marcot, comme Signor, boitait du côté gauche; et, comme Signor aussi, Marcot avait perdu l'œil droit; là peut-être était le secret des vives sympathies du bipède ailé pour le bipède humain. On les voyait toujours et partout ensemble, l'une portant l'autre, ou bien l'un suivant l'autre. Tantôt perché sur l'épaule de la cuisinière, l'oiseau présidait à la confection des mets dont il savait qu'il aurait sa part (Marcot avait scrupuleusement banni le persil de sa cuisine); tantôt réglant ses pas sur ceux de sa mignonne amie, il la suivait de chambre en chambre, pendant que celle-ci vaquait aux soins du ménage.

» Quand Marcot, son fuseau inactif à la main (je me la rappellerai toujours ainsi), s'approchait le soir du perchoir, Signor, posé sur la plus haute traverse, approchait son bec de la tête de sa maîtresse, le regard fixe et persistant de l'œil unique de l'oiseau semblait allumer dans la prunelle de la borgne un feu magnétique, fascinateur, qui donnait à la physionomie de celle-ci une expression indéfinissable. L'oiseau lui-même alors paraissait transformé ; on ne voyait que sa prunelle ardente qui semblait refléter tout un monde de pensées... pensées que Marcot seule, après Dieu, aurait pu traduire...

» Puis, aussitôt que le dixième coup de l'heure avait fini de vibrer dans la longue boîte de sapin qui contenait l'horloge de la cuisine, la vieille fille, son bougeoir à la main, se dirigeait lentement, de son pas alourdi par la claudication et par les travaux du jour, vers sa modeste chambre. Dès le premier tintement de l'heure, Signor, en s'aidant de son bec, descendait une à une les traverses de son perchoir, et emboîtait majestueusement le pas derrière la mignonne amie en inclinant, comme elle, la tête du côté de son œil éteint, en faisant, comme elle, à chaque pas, un grave salut de gauche à droite.

» Maintenant que j'ai esquissé de mémoire, aussi fidèlement que possible, la silhouette des deux êtres qui ont exercé la plus grande influence sur ma vie, je vais vous dire comment Signor, que je n'accuse pas cependant d'avoir médité sur la loi, a fait intervenir contre moi l'article 150 de notre Code civil.

» Orphelin depuis ma plus tendre enfance, j'avais été élevé par les soins de ma grand'mère dans une petite ville de Bourgogne. Un vieux médecin, qui avait été l'ami de mon grand-père, était le visiteur le plus assidu de la maison; il venait régulièrement tous les soirs, à six heures, faire la partie de ma grand'mère ; le bon docteur était toujours accompagné de sa petite-fille Jenny. Occupés de leur jeu de cartes, les vieillards nous laissaient causer en liberté, la jeune fille et moi, l'hiver, dans le petit salon où l'on se tenait d'habitude, l'été, sous la charmille du jardin. Orphelins l'un et l'autre, ne possédant rien dans le présent, destinés à recueillir plus tard les héritages de nos grands parents, fiancés par eux pour ainsi dire dès l'enfance, nous avions grandi ensemble, habitués à l'idée -d'être unis un jour par les liens sacrés du mariage, comme nous l'étions déjà par ceux d'une profonde estime, par ceux de l'amour le plus tendre et le plus pur. Jenny venait d'atteindre sa dix-huitième année; à peine avais-je alors moi-même vingt et un ans. Nous étions à la veille de voir se réaliser nos vœux les plus ardents et les plus chers, quand Signor vint renverser d'un coup de bec tous nos projets de bonheur. C'était par un beau soir d'avril 18.., à l'heure où le vieux médecin avait l'habitude de venir chez nous; son coup de sonnette se fit entendre. Marcot étant alors au fond du jardin, je m'empressai d'aller ouvrir. A ce moment Signor, que l'on avait oublié d'enchaîner à son perchoir, et qui se tenait sur un tabouret près de la porte du vestibule, allongea le cou et mordit cruellement Jenny à la main. Au cri que poussa la jeune fille, je saisis le méchant oiseau, et le lançai avec force aux pieds de la vieille bonne qui rentrait à ce moment. Vous dire ce que l'œil de la borgne exprima de douleur, de colère et de haine, lorsque ayant ramassé son protégé elle s'aperçut qu'il avait cessé de vivre, je ne l'essayerai pas..... « Je me vengerai ! » furent les seuls mots qu'elle prononça. Elle se vengea cruellement. Marcot, qui était au service de ma grand'mère depuis plus de quarante années, avait pris insensiblement sur l'esprit de sa maîtresse un empire absolu. Elle savait, la vindicative borgne, que tout mon bonheur reposait sur mon union projetée avec la petite-fille du docteur; elle savait que, pour contracter cette union, le consentement de ma grand'mère m'était indispensable; elle jura, elle vivante, que ce consentement ne me serait pas accordé, et agit de telle sorte que la vieille dame, qui s'était toujours montrée bonne pour moi, changea bien vite à mon égard. Elle me fit comprendre que je lui étais à charge, et me mit bientôt dans la nécessité de quitter le toit sous lequel j'avais vécu jusque-là; et, lorsqu'elle fut pressée par le vieux médecin, et par moi, de donner son consentement à l'union depuis si longtemps désirée, elle refusa péremptoirement, et se montra inébranlable dans son refus, en dépit de toutes mes supplications et de toutes les démarches qui furent faites auprès d'elle. Marcot avait fait de ce refus une question de portefeuille : sachant qu'elle était devenue indispensable à sa vieille maîtresse, elle lui avait signifié qu'elle quitterait son service le jour où le consentement sollicité me serait donné.

» A quelques mois de là, atteint par la conscription, je quittais désolé le pays qui m'avait vu naître. Le vieux docteur venait de mourir subitement. Celle dont j'aurais dû être le protecteur ici-bas entra bientôt après dans une communauté religieuse; elle y mourut dix ans plus tard, sous l'habit de Sœur de charité, victime de son dévouement, en soignant des malades atteints d'une maladie contagieuse, pendant que, de mon côté, je versais mon sang sur les champs de bataille de l'Empire, où je parvins à conquérir le grade de capitaine.

» J'aurais pu, peut-être, en m'adressant aux tribunaux, faire décider que ma grand'mère, en refusant son consentement à mon mariage, n'agissait que sous la domination d'une volonté étrangère, mais, en le faisant, j'aurais manqué au respect que je devais à la mère de mon père; je ne l'ai pas voulu... [1]. La pauvre femme est morte en déplorant les funestes conséquences de sa rigueur. Marcot, qui a atteint aujourd'hui les extrêmes limites de l'âge, disait le bon capitaine en terminant son récit, vit du produit d'une petite pension que je lui sers annuellement.

» Je lui ai pardonné tout le mal qu'elle m'a fait, comme je désire qu'il me soit pardonné un jour celui que j'ai pu faire aux autres. »

Revenons maintenant à l'exposé rapide que nous faisions, avant cette digression, des dispositions légales relatives aux autorisations nécessaires aux futurs pour se marier valablement.

Lorsque le fils a vingt-cinq ans et la fille vingt et un ans accomplis, ils acquièrent l'un et l'autre le droit de contracter mariage librement. Toutefois, ils sont tenus de demander le conseil de leurs père et mère, ou, à leur défaut, de leurs aïeuls et aïeules, c'est-à-dire que si les ascendants refusent de consentir à leur union, ils ne peuvent la faire célébrer avant d'avoir adressé à ces derniers des sommations appelées actes respectueux, suivant les formes et conditions déterminées par la loi.

[1] Le capitaine, s'il eût donné suite à son idée, aurait eu peu de chances de la voir accueillir par les tribunaux. En effet, on s'accorde généralement à reconnaître que la volonté exprimée par un ascendant de consentir au mariage ou de refuser son consentement, que cette volonté est souveraine, et que personne ne peut être admis à l'attaquer, pour parvenir à faire briser par la justice une décision prise en vertu des droits absolus que confère la puissance paternelle.

Cette disposition concilie avec sagesse la liberté de l'enfant, devenu majeur, avec le respect dû aux ascendants. La nécessité de recourir à l'acte respectueux peut aussi empêcher celui qui avait été tout d'abord entraîné par la passion, de donner suite à un projet inconsidéré.

Et, après ce que nous avons dit précédemment, ne pourrait-on pas exprimer le regret qu'à la nécessité d'obtenir le consentement des aïeuls et aïeules, le législateur n'ait pas cru devoir substituer au moins pour tous les enfants majeurs de vingt et un ans, fils ou filles, la simple obligation de demander conseil à ces ascendants? Restreint à ces limites, le devoir de soumission, justement imposé aux enfants vis-à-vis de leurs aïeuls et aïeules, aurait reçu une consécration suffisante, sans qu'on s'exposât à entraver outre mesure la liberté du fils de famille, et à compromettre ses intérêts et son avenir.

Quoi qu'il en soit, la loi est autrement faite, et il faut l'observer telle qu'elle est. Sur ce sujet, la loi civile contient les dispositions suivantes :

« Art. 151. Les enfants de famille ayant atteint la majorité fixée par l'article 148, sont tenus, avant de contracter mariage, de demander, par un acte respectueux et formel, le conseil de leur père et de leur mère, ou celui de leurs aïeuls et aïeules, lorsque leur père et leur mère sont décédés ou dans l'impossibilité de manifester leur volonté.

» Art. 152. Depuis la majorité fixée par l'article 148 jusqu'à l'âge de trente ans accomplis pour les fils, et jusqu'à l'âge de vingt-cinq ans accomplis pour les filles, l'acte respectueux prescrit par l'article précédent, et sur lequel il n'y aurait pas de consentement au mariage, sera renouvelé deux autres fois, de mois en mois; et un mois après le troisième acte, il pourra être passé outre à la célébration du mariage.

» Art. 153. Après l'âge de trente ans, il pourra être, à défaut de consentement sur un acte respectueux, passé outre, un mois après, à la célébration du mariage.

» Art. 154. L'acte respectueux sera notifié à celui ou à ceux des ascendants désignés en l'article 151, par deux notaires, ou par un notaire et deux témoins; et, dans le procès-verbal qui doit en être dressé, il sera fait mention de la réponse.

» Art. 155. En cas d'absence de l'ascendant auquel eût dû être fait l'acte respectueux, il sera passé outre à la célébration du mariage, en représentant le jugement qui aurait été rendu pour déclarer l'absence, ou, à défaut de ce jugement, celui qui aurait ordonné l'enquête, ou, s'il n'y a point encore eu de jugement, un acte de notoriété délivré par le juge de paix du lieu où l'ascendant a eu son dernier domicile connu. Cet acte contiendra la déclaration des quatre témoins appelés d'office par ce juge de paix. »

Si tous les ascendants sont décédés, ou s'ils sont tous dans l'impossibilité de manifester leur volonté, parce que les survivants sont, par exemple, absents ou interdits, à vingt et un ans, le fils et la fille recouvrent leur pleine et entière liberté de contracter mariage, sans avoir même à prendre conseil de qui que ce soit. Mais s'ils sont mineurs de vingt et un ans, ils doivent obtenir le consentement de leur conseil de famille, c'est-à-dire de la réunion des parents et amis de leurs père et mère, qui remplaceront les ascendants, et seront ainsi momentanément investis d'un des attributs de la puissance paternelle. En effet, suivant le Code civil :

« Art. 160. S'il n'y a ni père, ni mère, ni aïeuls, ni aïeules, ou s'ils se trouvent tous dans l'impossibilité de manifester leur volonté, les fils ou filles mineurs de vingt et un ans ne peuvent contracter mariage sans le consentement du conseil de famille. »

Au point de vue des autorisations nécessaires pour se marier, la loi assimile les enfants naturels reconnus aux enfants légitimes. Toutefois, on remarquera qu'il n'est point fait mention, au sujet des premiers, de leurs aïeuls et aïeules; nous verrons, en effet, lorsque nous parlerons des enfants naturels, qu'ils n'ont d'autres ascendants, d'autres parents que le père et la mère qui les ont reconnus.

Voici la disposition de la loi à leur égard :

« Art. 158. Les dispositions contenues aux articles 148 et 149, et les dispositions des articles 151, 152, 153, 154 et 155, relatives à l'acte respectueux qui doit être fait aux père et mère dans le cas prévu par ces articles, sont applicables aux enfants naturels légalement reconnus.

» Art. 159. L'enfant naturel qui n'a point été reconnu, et celui qui, après l'avoir été, a perdu ses père et mère, ou dont les père et mère ne peuvent manifester leur volonté, ne pourra, avant l'âge de vingt et un ans révolus, se marier qu'après avoir obtenu le consentement d'un tuteur *ad hoc* qui lui sera nommé. »

Nous venons de passer en revue les cinq conditions que doit nécessairement remplir toute personne qui veut contracter mariage. A côté de ces conditions générales, applicables à tout le monde, il en est d'autres, qu'on pourrait. appeler spéciales, auxquelles sont assujetties par le Code civil certaines personnes se trouvant dans des situations déterminées.

C'est ainsi que la femme qui a l'intention de convoler à un second mariage, ne peut le faire que lorsqu'il s'est écoulé dix mois depuis la mort de son premier mari.

« Art. 228. La femme ne peut contracter un nouveau mariage qu'après dix mois révolus depuis la dissolution du mariage précédent [1]. »

---

[1] L'article 194 du Code pénal punit de seize francs à trois cents

L'adoption crée, en outre, les prohibitions du mariage suivantes :

« Art. 348. L'adopté restera dans sa famille naturelle, et y conservera tous ses droits; néanmoins le mariage est prohibé : — entre l'adopté, l'adoptant et ses descendants; — entre les enfants adoptifs du même individu; — entre l'adopté et les enfants qui pourraient survenir à l'adoptant; — entre l'adopté èt le conjoint de l'adoptant, et réciproquement entre l'adoptant et le conjoint de l'adopté. »

On s'est souvent demandé si l'engagement dans les ordres sacrés constitue un empêchement au mariage civil. Ce serait sortir du cadre que nous nous sommes tracé que de discuter ici cette grave question du mariage des prêtres, question qui divise depuis si longtemps les auteurs et la jurisprudence. Nous dirons seulement à l'officier de l'état civil devant lequel un prêtre osera se présenter pour contracter mariage, qu'une ligne de conduite, satisfaisante pour les sentiments de devoir et sa conscience, lui est nettement tracée, à ce sujet, par les dernières instructions ministérielles, qui peuvent ainsi se résumer : « Lorsque des individus engagés dans les ordres sacrés demandent à contracter mariage, les officiers de l'état civil doivent laisser déférer la question aux tribunaux. » (Circulaire du ministre de la justice du 27 janvier 1831.)

francs d'amende l'officier de l'état civil qui ne s'est pas conformé à cette disposition.

DIXIÈME LECTURE.

DU MARIAGE (SUITE).

DES FORMALITÉS A REMPLIR AVANT LA CÉLÉBRATION DU MARIAGE.

> Je ne vois aucun intérêt pour les nations de renon-
> cer aux formes anciennes qui sont analogues à des
> sentiments religieux, lorsque ces formes ne peuvent
> avoir de mauvaises conséquences.
>
> MIRABEAU, à l'Assemblée constituante.

La première formalité à remplir avant de contracter mariage, c'est de faire des publications.

Les publications, ou bans, sont les annonces qui sont faites, en public, d'un projet de mariage entre deux personnes.

L'usage de faire précéder le mariage de publications est très-ancien en France; il en est fait mention dans le commencement du treizième siècle, dans l'épître décrétale d'Innocent III à l'évêque de Beauvais. Les conciles de Latran et de Trente avaient consacré cet usage dans l'Église. La loi du 20 septembre 1792 en consacra la nécessité, que le Code civil a reproduite.

Le but des publications est de donner la plus grande notoriété possible au projet de mariage, afin que les personnes qui connaissent quelque empêchement puissent le révéler assez à temps pour mettre obstacle à une union qui serait la violation d'un des principes de la loi. Aussi le devoir de tout citoyen qui sait que les futurs ne remplissent pas toutes les conditions exigées pour se marier valablement, est-il de porter à la connaissance de l'officier de l'état civil, soit par lettre, soit verbalement, les faits qui doivent entraver nécessairement la conclusion du mariage.

Voici à quelles règles le Code civil a soumis la formalité des publications :

« Art. 63. Avant la célébration du mariage, l'officier de l'état civil fera deux publications, à huit jours d'intervalle, un jour de dimanche, devant la porte de la maison commune. Ces publications et l'acte qui en sera dressé énonceront les prénoms, noms, professions et domiciles des futurs époux, leur qualité de majeurs ou de mineurs, et les prénoms, noms, professions et domiciles de leurs pères et mères. Cet acte énoncera, en outre, les jours, lieux et heures où les publications auront été faites ; il sera inscrit sur un seul registre, qui sera coté et parafé, comme il est dit en l'article 41 (*v.* p. 29), et déposé à la fin de chaque année au greffe du tribunal de l'arrondissement.

» Art. 64. Un extrait de l'acte de publication sera et restera affiché à la porte de la maison commune, pendant les huit jours d'intervalle de l'une à l'autre publication. Le mariage ne pourra être célébré avant le troisième jour, depuis et non compris celui de la seconde publication.

» Art. 65. Si le mariage n'a pas été célébré dans l'année, à compter de l'expiration du délai des publications, il ne pourra plus être célébré qu'après que de nouvelles publications auront été faites dans la forme ci-dessus prescrite.

» Art. 169. Il est loisible au chef de l'État ou aux officiers qu'il préposera à cet effet [1], de dispenser, pour des causes graves [2], de la seconde publication.

» Art. 192. Si le mariage n'a point été précédé des

[1] C'est au procureur de la République du lieu où le mariage doit être célébré qu'il faut s'adresser pour obtenir des dispenses de seconde publication. Si ces dispenses sont obtenues, le mariage ne peut être célébré avant le troisième jour depuis et non compris celui de la première et unique publication.

[2] Il y a cause grave lorsque, par exemple, une des parties se trouve en danger de mort par suite de maladie.

deux publications requises, ou s'il n'a pas été obtenu des dispenses permises par la loi, ou si les intervalles prescrits dans les publications et célébrations n'ont pas été observés, le procureur de la République fera prononcer contre l'officier public une amende qui ne pourra excéder trois cents francs; et contre les parties contractantes, ou ceux sous la puissance desquels elles ont agi, une amende proportionnée à leur fortune. »

Où les publications doivent-elles être faites? Les articles suivants répondent à cette question :

« Art. 166. Les deux publications ordonnées par l'article 63, au titre des *Actes de l'état civil*, seront faites à la municipalité du lieu où chacune des parties contractantes aura son domicile.

» Art. 167. Néanmoins, si le domicile actuel n'est établi que par six mois de résidence, les publications seront faites en outre à la municipalité du dernier domicile [1].

» Art. 168. Si les parties contractantes, ou l'une d'elles, sont, relativement au mariage, sous la puissance d'autrui, les publications seront encore faites à la municipalité du domicile de ceux sous la puissance desquels elles se trouvent. »

L'officier de l'état civil doit, avant de procéder à la célébration d'un mariage, s'assurer si les prescriptions de la loi, au sujet des publications, ont été observées. Il pourra s'en assurer par la remise qui lui sera faite, comme nous allons le voir, de certificats délivrés par les officiers publics des différentes communes où le projet de mariage a dû être publié, certificats constatant à la fois et que les publications ont été faites, et qu'il n'y a point d'opposition au mariage.

Une deuxième formalité, en effet, à remplir avant le

---

[1] Ce qui veut dire, à la municipalité du domicile réel où les parties ne résident pas.

mariage, c'est de remettre à l'officier de l'état civil appelé à faire la célébration autant de certificats de non-opposition qu'il y a de communes où des publications ont eu lieu, ou bien de produire les mainlevées des oppositions qui ont été formées.

Nous verrons plus tard ce que c'est qu'une opposition et quelles sont les personnes qui peuvent la former. Nous ne nous occupons ici que des formalités qui doivent accompagner ces sortes d'actes, et des obligations que ces actes imposent à l'officier public qui les reçoit.

Les dispositions de la loi à cet égard sont :

« Art. 66. Les actes d'opposition au mariage seront signés sur l'original et sur la copie par les opposants ou par leurs fondés de procuration spéciale et authentique ; ils seront signifiés, avec la copie de la procuration, à la personne ou au domicile des parties, et à l'officier de l'état civil qui mettra son visa sur l'original.

» Art. 67. L'officier de l'état civil fera, sans délai, une mention sommaire des oppositions sur le registre des publications ; il fera aussi mention, en marge de l'inscription desdites oppositions, des jugements ou des actes de mainlevée dont expédition lui aura été remise [1].

» Art. 68. En cas d'opposition, l'officier de l'état civil ne pourra célébrer le mariage avant qu'on lui en ait remis la mainlevée, sous peine de trois cents francs d'amende et de tous dommages et intérêts.

» Art. 69. S'il n'y a point d'opposition, il en sera fait mention dans l'acte de mariage ; et si les publications ont été faites dans plusieurs communes, les parties remettront un certificat délivré par l'officier de l'état civil de chaque commune constatant qu'il n'existe point d'opposition. »

---

[1] Cette mention est très-utile, car elle empêche l'officier de l'état civil de perdre de vue l'acte d'opposition qui lui a été signifié.

Une autre formalité qui doit nécessairement précéder le mariage, c'est la remise entre les mains de l'officier de l'état civil des actes de naissance des futurs.

Ces pièces font connaître l'âge des parties, leur origine; on conçoit que l'officier public chargé de procéder à la célébration du mariage soit impérieusement obligé de se renseigner sur l'aptitude des futurs à s'unir légitimement, et sur les noms de leurs père et mère qui figurent le plus ordinairement dans ces actes. Aussi le Code civil prescrit-il :

« Art. 70. L'officier de l'état civil se fera remettre l'acte de naissance de chacun des futurs époux. Celui des époux qui serait dans l'impossibilité de se le procurer pourra le suppléer, en rapportant un acte de notoriété délivré par le juge de paix du lieu de sa naissance, ou par celui de son domicile.

» Art. 71. L'acte de notoriété contiendra la déclaration faite par sept témoins de l'un ou de l'autre sexe, parents ou non parents, des prénoms, nom, profession et domicile du futur époux, et de ceux de ses père et mère, s'ils sont connus; le lieu, et, autant que possible, l'époque de sa naissance, et les causes qui empêchent d'en rapporter l'acte. Les témoins signeront l'acte de notoriété avec le juge de paix ; et s'il en est qui ne puissent ou ne sachent signer, il en sera fait mention.

» Art. 72. L'acte de notoriété sera présenté au tribunal de première instance du lieu où doit se célébrer le mariage.

» Le tribunal, après avoir entendu le procureur de la République, donnera ou refusera son homologation, selon qu'il trouvera suffisantes ou insuffisantes les déclarations des témoins, et les causes qui empêchent de rapporter l'acte de sa naissance. »

En règle générale, les futurs doivent se procurer une

expédition de leur acte de naissance au greffe du tribunal du lieu où ils sont nés. Toutefois il est admis que, lorsque les futurs sont nés dans la commune où se célèbre le mariage, et que leurs actes de naissance existent sur les registres de cette commune, ils sont dispensés d'en produire une expédition. Mais il faut alors que l'officier public mentionne, dans l'acte de mariage, qu'il s'est reporté aux textes des actes inscrits sur les registres déposés dans ses archives, et qu'il y a puisé les indications qu'il énonce.

Une des premières préoccupations de l'officier de l'état civil entre les mains duquel se trouvent les diverses pièces nécessaires au mariage, telles que les actes de naissance des futurs, les actes de décès des père et mère ou des aïeuls, ... doit être de rechercher si ces actes sont réguliers : de comparer, par exemple, les noms et prénoms des mêmes personnes sur ces différents actes. Si cette comparaison révèle des divergences importantes, — le père du futur n'est pas désigné sous le même prénom dans l'acte de naissance de celui-ci et dans son propre acte de décès; dans le premier, il est appelé *Pierre,* et dans le second *Jacques,* supposons-le, — comme il peut y avoir doute sur l'identité de la personne, l'officier de l'état civil ne doit pas procéder à la célébration du mariage avant que l'acte entaché d'erreur (si tant est qu'il y ait eu erreur) ait été rectifié en vertu d'un jugement du tribunal.

Mais si l'erreur est purement matérielle; si un nom a été mal orthographié, ou l'un des prénoms simplement omis, un avis du conseil d'État du 30 mars 1808 autorise alors les parties à ne pas recourir à une procédure de rectification, qui peut être longue et dispendieuse; et il trace ainsi les règles à suivre dans les différentes hypothèses qu'il prend soin de déterminer :

« Dans le cas où le nom d'un des futurs ne serait pas orthographié dans son acte de naissance comme celui de son père, et dans celui où l'on aurait omis quelqu'un des prénoms de ses parents, le témoignage des pères et mères ou aïeux assistant au mariage et attestant l'identité, doit suffire pour procéder à la célébration du mariage.

» Il doit en être de même dans le cas d'absence des pères et mères ou aïeux, s'ils attestent l'identité dans leur consentement donné en la forme légale.

» En cas de décès des pères, mères ou aïeux, l'identité est valablement attestée, pour les mineurs, par le conseil de famille ou par le tuteur *ad hoc;* et pour les majeurs, par les quatre témoins de l'acte de mariage.

» Enfin, dans le cas où les omissions d'une lettre ou d'un prénom se trouvent dans l'acte de décès des pères, mères ou aïeuls, la déclaration à serment des personnes dont le consentement est nécessaire pour les mineurs, et celle des parties et des témoins pour les majeurs, doivent aussi être suffisantes, sans qu'il soit nécessaire, dans tous les cas, de toucher aux registres de l'état civil, qui ne peuvent jamais être rectifiés qu'en vertu d'un jugement. »

L'officier de l'état civil, ne doit pas omettre lorsqu'il fait l'application de ces règles, de mentionner dans l'acte de mariage que toutes les formalités obligatoires de cet avis du conseil d'État ont été remplies, en spécifiant les attestations, ou déclarations à serment, qui ont été faites suivant les cas.

Le plus ordinairement, les ascendants, dont le consentement est nécessaire au mariage, assistent à la célébration ; et alors il suffit de constater dans l'acte de mariage, qu'ils sont présents et consentants, pour que les obligations imposées aux futurs vis-à-vis d'eux soient régulièrement remplies.

Si les ascendants ne sont pas présents à la cérémonie, les futurs doivent remettre à l'officier de l'état civil, ou l'acte notarié constatant leur consentement, ou les procès-verbaux des actes respectueux qui leur ont été signifiés.

Lorsque les ascendants appelés à consentir au mariage sont dans l'impossibilité de le faire, parce qu'ils sont interdits ou bien déclarés absents..., il faut en justifier par la production du jugement qui a prononcé, soit l'interdiction, soit la déclaration de l'absence.

Si les ascendants sont décédés, on doit, en principe, produire l'expédition de leur acte de décès. Toutefois, un avis du conseil d'État, du 4 thermidor an XIII, dispense de cette production les futurs majeurs lorsqu'ils remplissent les conditions ainsi déterminées.

Il porte : 1° qu'il n'est pas nécessaire de produire les actes de décès des père et mère des futurs mariés, lorsque les aïeul ou aïeule attestent ce décès; et, dans ce cas, il doit être fait mention de leur attestation dans l'acte de mariage; 2° que si les père, mère, aïeul ou aïeule, dont le consentement ou conseil est requis, sont décédés, et si l'on est dans l'impossibilité de produire l'acte de leur décès ou la preuve de leur absence, faute de connaître leur dernier domicile, il peut être procédé à la célébration du mariage des majeurs, sur leur déclaration à serment que le lieu du décès et celui du dernier domicile de leurs ascendants leur sont inconnus. Cette déclaration doit être certifiée aussi par serment des quatre témoins de l'acte de mariage, lesquels affirment que, quoiqu'ils connaissent les futurs époux, ils ignorent le lieu du décès de leurs ascendants et leur dernier domicile. Les officiers de l'état civil doivent faire mention, dans l'acte de mariage, desdites déclarations.

Les enfants mineurs de vingt et un ans, qui n'ont plus

d'ascendants, sont obligés de remettre entre les mains de l'officier de l'état civil un extrait de la délibération du conseil de famille qui les a autorisés à se marier.

L'officier de l'état civil qui ne s'est pas assuré avant la célébration du mariage de l'existence des consentements prescrits par la loi ou des actes respectueux qui en tiennent lieu, et même qui a simplement omis de faire mention de ces consentements dans l'acte de mariage, encourt les pénalités suivantes :

« Art. 193 (Code pénal). Lorsque, pour la validité d'un mariage, la loi prescrit le consentement des pères, mères ou autres personnes, et que l'officier de l'état civil ne se sera pas assuré de l'existence de ce consentement, il sera puni d'une amende de seize francs à trois mille francs et d'un emprisonnement de six mois au moins et d'un an au plus. »

« Art. 156 (Code civil). Les officiers de l'état civil qui auraient procédé à la célébration des mariages contractés par des fils n'ayant pas atteint l'âge de vingt-cinq ans accomplis, ou par des filles n'ayant pas atteint l'âge de vingt et un ans accomplis, sans que le consentement des pères et mères, celui des aïeuls et aïeules, et celui de la famille, dans le cas où ils sont requis, soient énoncés dans l'acte de mariage, seront, à la diligence des parties intéressées et du procureur de la République au tribunal de première instance du lieu où le mariage aura été célébré, condamnés à l'amende portée par l'article 192 (V. p. 83), et, en outre, à un emprisonnement dont la durée ne pourra être moindre de six mois.

» Art. 157. Lorsqu'il n'y aura pas eu d'actes respectueux, dans les cas où ils sont prescrits, l'officier de l'état civil qui aurait célébré le mariage sera condamné à la même amende, et à un emprisonnement qui ne pourra être moindre d'un mois. »

Si l'un des futurs a déjà été marié, il est obligé de produire l'acte de décès de son premier conjoint ; mais si cet acte a été inscrit sur les registres de la commune où le mariage est célébré, il ne sera pas nécessaire d'en lever une expédition ; il suffira que l'officier de l'état civil s'y reporte et en fasse mention dans l'acte de mariage.

Si les futurs ont dû obtenir, soit des dispenses d'âge, soit des dispenses de parenté ou d'alliance, il est nécessaire d'en produire une expédition authentique.

Le futur ayant moins de trente ans accomplis est tenu, avant la célébration, de remettre un certificat de libération du service militaire. Cette formalité a pour objet de faire constater qu'il a satisfait à la loi du recrutement (art. 8 et 9 de la loi du 21 mars 1832). L'officier de l'état civil s'assure ainsi, d'un autre côté, que le futur époux n'a aucune obligation à remplir en qualité de militaire.

Lorsque le futur est militaire, il doit produire une autorisation de mariage suivant les distinctions suivantes : 1° les officiers de tous grades, qu'ils soient en activité, en disponibilité ou en non-activité, ne peuvent se marier sans produire une permission du ministre de la' guerre (décret du 16 juin 1808, circulaire du 25 janvier 1844) ; 2° les sous-officiers et soldats sont obligés de produire la permission du conseil d'administration de leur régiment (décret de 1808) ; 3° les soldats en disponibilité, ou en congé renouvelable, ou dans la réserve, doivent avoir la permission du général commandant le département (décision du 30 décembre 1820).

- Les mêmes règles sont applicables aux marins provenant du recrutement et non libérés (décret du 3 août 1808 et circulaire du 4 juin 1808).

Dans l'intérêt du bon ordre et de la discipline de l'armée, l'État devait intervenir dans les projets de mariage des militaires. Aussi le décret du 16 juin 1808 frappe-t-il de destitution et de perte (tant pour eux que pour leurs veuves et leurs enfants) de tous droits à une pension ou récompense militaire, ceux qui se sont mariés sans s'être préalablement munis de l'autorisation nécessaire. Le même décret fait encourir la *révocation* à l'officier de l'état civil qui a célébré le mariage d'un militaire sans s'être fait représenter cette autorisation [1].

Cette pièce, comme toutes celles dont nous avons donné précédemment l'énumération, doit être annexée à l'acte du mariage, après avoir été parafée par la personne qui l'a produite et par l'officier de l'état civil (art. 44, C. civ.).

D'après ce que nous venons de voir, les pièces à produire pour contracter mariage peuvent être nombreuses, et, par suite, entraîner les parties à d'assez grands frais; s'il y a des irrégularités dans les actes de l'état civil, il faut, avons-nous dit, en règle générale, que les rectifications soient faites par un jugement; or, une procédure en justice est toujours coûteuse.

Le législateur s'était préoccupé, à différentes époques, lorsque l'indigence des futurs était constatée, d'affranchir de tous frais la délivrance des pièces indispensables pour qu'on pût procéder à la célébration de leur mariage. Mais ces améliorations successives n'avaient pas encore suffi à donner toute facilité à la classe pauvre de s'unir librement d'une façon légitime. Trop souvent, la seule difficulté de se procurer les pièces exigées avait empêché les indigents de légitimer des unions illicites, donnant nais-

---

[1] D'après une circulaire du ministre de la guerre du 25 janvier 1844, les permissions de se marier ne sont accordées aux officiers que lorsqu'ils justifient d'un apport, en dot de la part de la future, d'un revenu non viager de douze cents francs au moins.

sance à nombre d'enfants sans état civil régulier. La charité, sous la forme des Sociétés Saint-Régis, s'était ingéniée à panser cette plaie sociale. Dans plusieurs grandes villes, les membres de ces sociétés, par le zèle et l'activité qu'ils déployaient à réunir les pièces nécessaires au mariage, étaient parvenus à retirer du désordre et à relever moralement une quantité de ménages, en y substituant des liens légitimes à des relations coupables [1].

Toutefois, un progrès plus considérable que tous les précédents restait à faire; la loi du 10 décembre 1850 l'a réalisé.

En effet, les Sociétés Saint-Régis étaient impuissantes à secourir tout le monde, et elles ne pouvaient guère étendre leur action bienfaisante au delà des grandes villes; et dès lors, l'indigent des petites villes et des campagnes, forcément abandonné à lui-même, était trop souvent dans l'impuissance de faire toutes les démarches nécessaires pour réunir les pièces qui lui étaient réclamées. Pour permettre à l'indigent qui veut se marier de profiter réellement de toutes les dispositions législatives introduites en sa faveur, il fallait donc lui donner en même temps une assistance, un conseil officiel qui ne lui indiquât pas seulement ce qu'il devait faire, mais qui se substituât à lui, qui agît en son lieu et place; il fallait, de plus, que ce conseil fût connu de lui, constamment à sa portée et à sa disposition. Tels sont les immenses avantages particulièrement créés par la loi du 10 décembre 1850 au profit des indigents; loi ayant pour objet de faciliter, outre le mariage des indigents, la légitimation de leurs enfants

----

[1] En 1845, par exemple, à Paris, par les soins de cette Société, 1300 mariages furent validés, et 11,000 enfants se trouvèrent par ce fait légitimés.

Dans cette même année, à Lyon, 864 personnes furent unies et 153 enfants légitimés.

naturels et le retrait de ces enfants déposés dans les hospices. Nous la reproduisons ci-dessous sans autres commentaires.

« 1. Les pièces nécessaires au mariage des indigents, à la légitimation de leurs enfants naturels et au retrait de ces enfants déposés dans les hospices, seront réclamées et réunies par les soins de l'officier de l'état civil de la commune dans laquelle les parties auront déclaré vouloir se marier. Les expéditions de ces pièces pourront, sur la demande du maire, être réclamées et transmises par les procureurs de la République.

» 2. Les procureurs de la République pourront, dans les mêmes cas, agir d'office et procéder à tous les actes d'instruction préalables à la célébration du mariage.

» 3. Tous jugements de rectification ou d'inscription des actes de l'état civil, toutes homologations d'actes de notoriété, et généralement tous actes judiciaires ou procédures nécessaires au mariage des indigents, seront poursuivis et exécutés d'office par le ministère public.

» 4. Les extraits des registres de l'état civil, les actes de notoriété, de consentement, de publications; les délibérations de conseils de famille, les certificats de libération de service militaire, les dispenses pour cause de parenté, d'alliance ou d'âge, les actes de reconnaissance des enfants naturels, les actes de procédure, les jugements et arrêts dont la production sera nécessaire, dans les cas prévus par l'article 1er, seront visés pour timbre et enregistrés gratis, lorsqu'il y aura lieu à enregistrement. Il ne sera perçu aucun droit de greffe ni aucun droit de sceau, au profit du Trésor, sur les minutes et originaux, ainsi que sur les copies ou expéditions qui en seraient passibles. L'obligation du visa pour timbre n'est pas applicable aux publications civiles ni au certificat constatant la célébration civile du mariage.

» 5. La taxe des expéditions des actes de l'état civil requises pour le mariage des indigents est réduite, quels que soient les détenteurs de ces pièces, à trente centimes lorsqu'il n'y aura pas lieu à légalisation, à cinquante centimes lorsque cette dernière formalité devra être accomplie. Le droit de recherche alloué aux greffiers par l'article 14 de la loi du 21 ventôse an VII, les droits de légalisation perçus au ministère des affaires étrangères ou dans les chancelleries de France à l'étranger, sont supprimés en ce qui concerne l'application de la présente loi.

» 6. Seront admises au bénéfice de la loi les personnes qui justifieront d'un certificat d'indigence à elles délivré par le commissaire de police, ou par le maire dans les communes où il n'existe pas de commissaire de police, sur le vu d'un extrait du rôle des contributions constatant que les parties intéressées payent moins de dix francs, ou d'un certificat du percepteur de leur commune portant qu'elles ne sont pas imposées. Le certificat d'indigence sera visé et approuvé par le juge de paix du canton. Il sera fait mention dans le visa de l'extrait des rôles ou du certificat négatif du percepteur.

» 7. Les actes, extraits, copies ou expéditions ainsi délivrés mentionneront expressément qu'ils sont destinés à servir à la célébration d'un mariage entre indigents, à la légitimation ou au retrait de leurs enfants naturels déposés dans les hospices. Ils ne pourront servir à autres fins, sous peine de vingt-cinq francs d'amende, outre le payement des droits, contre ceux qui en auront fait usage, ou qui les auront indûment délivrés ou reçus. Le recouvrement des droits et des amendes de contravention sera poursuivi par voie de contrainte, comme en matière d'enregistrement.

» 8. Le certificat prescrit par l'article 6 sera délivré en plusieurs originaux lorsqu'il devra être produit à divers bureaux d'enregistrement. Il sera remis au bureau de l'enregistrement, où les actes, extraits, copies ou expéditions devront être visés pour timbre et enregistrés gratis. Le receveur en fera mention dans le visa pour timbre et dans la relation de l'enregistrement. Néanmoins, les réquisitions des procureurs de la République tiendront lieu des originaux ci-dessus prescrits, pourvu qu'elles mentionnent le dépôt du certificat d'indigence à leur parquet. L'extrait du rôle ou le certificat négatif du percepteur sera annexé aux pièces déposées pour la célébration du mariage.

» 9. La présente loi est applicable au mariage entre Français et étrangers. Elle sera exécutoire aux colonies.

» 10. L'article 8 de la loi du 3 juillet 1846, l'ordonnance du 30 décembre 1846, et toutes dispositions contraires à la présente loi, sont abrogés.

ONZIÈME LECTURE.

DU MARIAGE (SUITE).

DE LA CÉLÉBRATION DU MARIAGE.

Dans toutes les nations, le mariage a été entouré de cérémonies qui ont varié selon les mœurs et les usages.

Chez les peuples de l'Asie occidentale, le mariage est précédé de cérémonies qui diffèrent dans leurs formes, suivant les localités et le rang qu'occupent les époux. La plus importante est la remise du *toli* (le toli est une petite plaque d'or ronde avec ou sans empreinte). L'acte d'attacher cet ornement constitue le mariage. Les brahmanes, placés sur une estrade, consacrent le toli ainsi que le ruban qui le supporte, et le remettent à l'époux, qui le suspend au cou de sa femme.

« En Grèce, la plus importante des cérémonies était autrefois celle des fiançailles. Le tuteur de l'épouse y présidait, et les parents des deux parties contractantes y assistaient comme témoins. Cette formalité constituait la validité du mariage et la légitimité des enfants qui en provenaient. D'autres cérémonies s'accomplissaient le jour même ou la veille du mariage : la première se passait en sacrifices offerts aux dieux ; une autre consistait à baigner les époux dans une eau puisée à quelque fontaine particulière. L'épousée, couverte d'un long voile et revêtue de ses plus beaux habits, était conduite, à la chute du jour, de la demeure paternelle à la maison de son époux, dans un char traîné par des bœufs. A ses côtés se tenaient l'époux et l'un de ses plus proches parents, ou son amie la plus intime. Ils recevaient en chemin les compliments et les félicitations de tous ceux qui les rencontraient. Lorsqu'on était entré dans la maison nuptiale, on répandait sur les époux des parfums comme un emblème du bonheur. Ensuite venait le festin des noces, qui avait lieu dans la famille du mari.

» Chez les Romains, le mariage qui était tenu le plus en honneur se passait à peu près ainsi : quand l'union avait été convenue et consentie par les tuteurs légaux des contractants, une assemblée des membres et des amis des deux familles avait lieu dans la maison de la jeune fille pour y libeller le contrat, qui était écrit sur des tablettes et signé par les deux parties. Le fiancé passait alors un anneau au doigt de sa fiancée comme un gage de sa fidélité. Le jour du mariage, l'épousée était revêtue d'une longue robe blanche bordée d'une frange de pourpre et ornée de rubans. Cette robe était retenue autour de la taille par une ceinture. Le voile nuptial était d'une couleur jaune éclatante et la chaussure de même; ses cheveux étaient séparés avec la pointe d'une lance.

» Un gâteau, préparé par les vestales, était porté devant l'épousée quand on la conduisait le soir à la maison de son mari, après avoir été arrachée, avec quelque apparence de violence, des bras de sa mère ou de la personne qui remplaçait celle-ci. En chemin, elle était accompagnée par des enfants portant des torches et divers ustensiles; enfin, le cortége était fermé par un grand nombre d'amis.

» Lorsque ce cortége arrivait à la maison de l'époux, dont la porte était ornée de guirlandes, de feuillages et de fleurs, la mariée était enlevée et portée par-dessus le seuil, de peur qu'en le heurtant, elle ne donnât lieu à un présage funeste. L'époux la recevait, et lui présentait du feu et de l'eau qu'elle devait toucher; c'était un symbole de purification ou une expression symbolique de bienvenue. Elle le saluait en lui disant ces mots consacrés : *Ubi tu Caius, ego Caia* (où tu seras le maître, je serai la maîtresse). Puis elle s'asseyait sur une peau de mouton, et là on lui remettait les clefs de la maison. Un repas, offert aux parents et amis qui avaient formé le cortége, terminait ordinairement la cérémonie. »

Du reste, comme l'a dit un savant auteur [1], à Rome, ces formes gracieuses et symboliques n'étaient nullement exigées par les lois. Elles n'étaient pas plus nécessaires à la validité du mariage que ne le sont, de nos jours, le voile blanc qui cache les traits de la mariée, la couronne de fleurs d'oranger qui pare ses cheveux, la fête et le bal qui suivent son hyménée.

Il en était en droit romain, comme il en est aujourd'hui dans notre droit français, suivant lequel un mariage est valablement contracté au point de vue civil quand les futurs

[1] M. Ortolan.

époux se sont conformés aux règles prescrites à ce sujet par la loi.

Examinons comment, dans notre législation actuelle, s'opère la célébration du mariage.

Les futurs, aptes à contracter mariage, doivent se présenter, pour conclure ce contrat solennel, devant l'officier de l'état civil.

Les majeurs, et les mineurs émancipés, ont la faculté de faire célébrer leur mariage soit par l'officier de l'état civil de leur domicile, soit par celui de leur lieu de résidence, pourvu toutefois que cette résidence soit au moins de six mois.

Voici ce que prescrit à ce sujet le Code civil :

« Art. 74. Le mariage sera célébré dans la commune où l'un des deux époux aura son domicile. Ce domicile, quant au mariage, s'établira par six mois d'habitation continue dans la même commune.

« Art. 165. Le mariage sera célébré publiquement, devant l'officier civil du domicile de l'une des deux parties.

« Art. 193. Les peines prononcées par l'article précédent (*v.* p. 83, art. 192) seront encourues par les personnes qui y sont désignées, pour toute contravention aux règles prescrites par l'art. 165, lors même que ces contraventions ne seraient pas jugées suffisantes pour faire prononcer la nullité du mariage. »

Il résulte de l'ensemble des prescriptions légales en cette matière, que le mariage pourra être valablement célébré soit au domicile du futur, soit au domicile de la future, soit au lieu de résidence de six mois de l'un et de l'autre. Ce lieu de résidence de six mois constitue un domicile spécial, créé par le législateur en vue de faciliter les mariages.

Quant aux mineurs non émancipés, n'ayant pas, comme nous l'avons dit précédemment, de domicile distinct de celui de leurs père, mère ou tuteur, c'est au domicile ordinaire ou au lieu de résidence de ces derniers, que leur mariage devra être célébré.

La loi veut que la célébration du mariage ait lieu avec oute la publicité, toute la solennité possibles ; dans ce but, elle prescrit l'intervention d'un officier public, la célébration dans la maison commune du lieu où les parties sont présumées être le plus connues, la présence de quatre témoins, enfin elle veut que tout le monde puisse assister à la cérémonie.

Voici comment, suivant les articles 75 et 76, il doit être procédé au mariage :

« Art. 75. Le jour désigné par les parties, après les délais des publications, l'officier de l'état civil, dans la maison commune, en présence de quatre témoins, parents ou non parents, fera lecture aux parties des pièces ci-dessus mentionnées, relatives à leur état et aux formalités du mariage, et du chapitre VI du titre du *Mariage,* sur *les droits et les devoirs respectifs des époux.* — Il interpellera les futurs époux, ainsi que les personnes qui autorisent le mariage, si elles sont présentes, d'avoir à déclarer s'il a été fait un contrat de mariage, et, dans le cas de l'affir-mative, la date de ce contrat, ainsi que les nom et lieu de résidence du notaire qui l'aura reçu. (Loi du 10 juillet 1850.) [1] — Il recevra de chaque partie, l'une après l'autre,

---

[1] Il ne faut pas confondre l'acte de mariage avec le contrat de mariage. Ce dernier est fait devant notaire et avant la célébration. Il a pour objet de régler les intérêts pécuniaires des époux, ainsi que nous le constaterons bientôt.

Le régime adopté par les époux pouvant modifier la capacité de contracter de la femme, il était utile de divulguer si un contrat de mariage a été fait, à quelle date et devant quel notaire.

Du reste, tout notaire qui reçoit un contrat de mariage doit délivrer aux parties, sur papier libre et sans frais, un certificat énonçant son nom, sa résidence, les noms, prénoms, qualités et

la déclaration qu'elles veulent se prendre pour mari et femme; il prononcera, au nom de la loi, qu'elles sont unies par le mariage, et il en dressera acte sur-le-champ.

» Art. 76. On énoncera dans l'acte de mariage : 1º les prénoms, noms, professions, âge, lieux de naissance et domiciles des époux; 2º s'ils sont majeurs ou mineurs; 3º les prénoms, noms, professions et domiciles des pères et mères; 4º le consentement des pères et mères, aïeuls et aïeules, et celui de la famille, dans les cas où ils sont requis; 5º les actes respectueux, s'il en a été fait; 6º les publications dans les divers domiciles; 7º les oppositions, s'il y en a eu; leur mainlevée, ou la mention qu'il n'y a point eu d'opposition; 8º la déclaration des contractants de se prendre pour époux, et le prononcé de leur union par l'officier public; 9º les prénoms, noms, âge, professions et domiciles des témoins, et leur déclaration s'ils sont parents ou alliés des parties, de quel côté et à quel degré; 10º La déclaration sera sur l'interpellation prescrite par l'article précédent, qu'il a été ou qu'il n'a pas été fait de contrat de mariage, et, autant que possible, la date du contrat, s'il existe, ainsi que les noms et lieu de résidence du notaire qui l'aura reçu; le tout à peine contre l'officier de l'état civil de l'amende fixée par l'art. 50. — Dans le cas où la déclaration aurait été omise ou serait erronée, la rectification de l'acte, en ce qui touche l'omission ou l'erreur, pourra être demandée par le procureur de la République, sans préjudice du droit des parties intéressées, conformément à l'article 99. »

En édictant toutes les prescriptions que nous venons de voir au sujet de la célébration du mariage, le législateur a voulu d'abord que les futurs ne donnassent leur

demeures des époux, la date du contrat, et portant indication que ce certificat doit être remis à l'officier de l'état civil avant la célébration du mariage.

consentement à un contrat aussi important qu'en pleine connaissance de cause ... connaissance de leur situation mutuelle, connaissance des obligations qu'ils contractent et des devoirs qu'ils auront à remplir à l'avenir. Tel est l'objet de la recommandation faite à l'officier de l'état civil de donner lecture aux parties de toutes les pièces relatives à leur état et aux formalités du mariage, et du chapitre du Code civil traitant des droits et des devoirs respectifs des époux.

Le législateur a voulu ensuite que le consentement des futurs fût clairement manifesté, dégagé autant que possible de toute contrainte physique ou morale; de là la nécessité pour l'officier public d'interroger séparément les futurs époux sur leur volonté de se prendre pour mari et femme, au grand jour de la publicité.

Ajoutons que ce qui forme irrévocablement le mariage, c'est le consentement des époux et la prononciation de leur union par l'officier de l'état civil, et que l'acte de mariage n'a d'autre objet que de prouver la célébration. Aussi, si, par suite de circonstances exceptionnelles et extraordinaires, cet acte n'avait pas été rédigé ou venait à disparaître, il pourrait y être suppléé suivant les règles tracées par le législateur (art. 194 à 200, C. civ.). Nous n'entrerons pas dans l'examen de ces principes, d'une application peu pratique.

DES OPPOSITIONS AU MARIAGE.

L'opposition au mariage est la défense faite, par ministère d'huissier, à un officier de l'état civil de célébrer un mariage.

Dans notre ancien droit français, il était permis à toute personne, et pour quelque motif que ce fût, d'empêcher la célébration d'un mariage au moyen de l'opposition. Mais on reconnut que ce droit, admis d'une façon aussi générale et étendue, donnait prise à des abus très-préjudiciables aux parties; car trop souvent les projets de mariage excitant des rivalités, des jalousies, l'opposition devenait, dans la main de gens mal intentionnés, un moyen infaillible d'entraver l'union de deux personnes.

Les rédacteurs du Code civil ont mis fin à ces abus, en réglementant le droit d'opposition de telle sorte qu'il n'est plus reconnu qu'à certaines personnes, ne pouvant d'ailleurs, en général, l'exercer que pour des causes déterminées :

« Art. 172. Le droit de former opposition à la célébration du mariage, appartient à la personne engagée par mariage avec l'une des deux parties contractantes.

» Art. 173. Le père, et à défaut du père, la mère, et à défaut de père et mère, les aïeuls et aïeules, peuvent former opposition au mariage de leurs enfants et descendants, encore que ceux-ci aient vingt-cinq ans accomplis [1].

» Art. 174. A défaut d'aucun ascendant, le frère et la sœur, l'oncle ou la tante, le cousin ou la cousine germains, majeurs, ne peuvent former aucune opposition que dans les deux cas suivants : 1° Lorsque le consentement du conseil de famille, requis par l'article 160, n'a pas été obtenu; 2° lorsque l'opposition est fondée sur l'état de démence du futur époux : cette opposition, dont le tribunal pourra prononcer mainlevée pure et simple, ne sera jamais reçue qu'à la charge, par l'opposant, de provoquer l'interdiction et d'y faire statuer dans le délai qui sera fixé par le jugement.

---

[1] Le droit absolu d'opposition réservé aux ascendants a cet effet, lorsqu'il n'y a pas d'empêchements légaux au mariage, d'entraver l'union projetée, d'en faire reculer la réalisation. L'opposition peut ainsi devenir pour un père, qui refuse son consentement à son fils majeur de vingt-cinq ans, une suprême ressource pour amener ce dernier à renoncer à un mariage de nature peut-être à jeter le déshonneur sur sa famille.

» Art. 175. Dans les deux cas prévus par le précédent article, le tuteur ou curateur ne pourra, pendant la durée de la tutelle ou curatelle, former opposition qu'autant qu'il y aura été autorisé par un conseil de famille, qu'il pourra convoquer.

» Art. 176. Tout acte d'opposition énoncera la qualité qui donne à l'opposant le droit de la former ; il contiendra élection de domicile dans le lieu où le mariage devra être célébré ; il devra également, à moins qu'il ne soit fait à la requête d'un ascendant, contenir les motifs de l'opposition : le tout à peine de nullité, et de l'interdiction de l'officier ministériel qui aurait signé l'acte contenant opposition.

» Art. 177. Le tribunal de première instance prononcera dans les dix jours sur la demande en mainlevée.

» Art. 178. S'il y a appel, il y sera statué dans les dix jours de la citation.

» Art. 179. Si l'opposition est rejetée, les opposants, autres néanmoins que les ascendants, pourront être condamnés à des dommages et intérêts. »

Nous avons vu, par la reproduction des articles 66 à 69 du Code civil, quelles sont les obligations imposées à l'officier de l'état civil auquel une opposition a été signifiée. Si ce n'est pas à l'officier qui doit célébrer le mariage, mais à celui d'une des communes où les publications ont eu lieu, que la signification a été faite, l'opposition n'en produit pas moins ses effets puisque le premier ne peut procéder au mariage avant d'avoir entre les mains autant de certificats de non-opposition qu'il y a de communes où les publications étaient nécessaires. Si cet officier public, chargé de célébrer l'union, ne tenait aucun compte d'une opposition signifiée à lui personnellement ou à ses collègues, il serait passible de trois cents francs d'amende et de tous dommages et intérêts (art. 68). Mais si cependant l'opposition était faite en violation de la loi : par exemple, par des personnes n'ayant pas qualité pour la former, alors l'officier public ne devrait pas s'y arrêter ; et en procédant malgré elle au mariage, non-seulement il n'encourrait aucune pénalité, mais il ne ferait qu'accomplir son devoir.

DOUZIÈME LECTURE.

DU MARIAGE (SUITE).

DES DEMANDES EN NULLITÉ DE MARIAGE.

Après avoir posé les conditions indispensables à remplir pour pouvoir contracter mariage, le législateur devait garantir la stricte observation de ses prescriptions, en laissant la faculté à certaines personnes, suivant les cas, de faire rompre toute union célébrée en dehors de la loi. Le Code civil, au chapitre des *Demandes en nullité de mariage,* porte d'abord :

« Art. 180. Le mariage qui a été contracté sans le consentement libre des deux époux, ou de l'un d'eux, ne peut être attaqué que par les époux, ou par celui des deux dont le consentement n'a pas été libre. — Lorsqu'il y a eu erreur dans la personne, le mariage ne peut êtr attaqué que par celui des deux époux qui a été induit en erreur.

» Art. 181. Dans le cas de l'article précédent, la demande en nullité n'est plus recevable, toutes les fois qu'il y a eu cohabitation continuée pendant six mois depuis que l'époux a acquis sa pleine liberté ou que l'erreur a été par lui reconnue. »

La loi suppose ici qu'il y a eu consentement des deux époux à s'unir par les liens du mariage [1], mais que leur

---

[1] Il est bien évident que s'il n'y avait eu aucun consentement,

consentement mutuel, ou celui de l'un d'eux, a été vicié, soit par un défaut de liberté dans sa manifestation, soit par suite d'une erreur dans la personne.

Il y a défaut de liberté lorsque le consentement n'est donné que sous l'empire d'une contrainte physique ou morale; tel serait le cas d'une jeune fille qui, amenée malgré elle devant un officier de l'état civil, ne consentirait à s'unir avec un individu qu'elle repousse que sous la menace de son père, ou des siens.

Lorsque la loi indique l'erreur dans la personne comme un vice du consentement de nature à faire annuler le mariage, elle n'entend pas uniquement parler de la personne physique; car il faudrait supposer que, durant la cérémonie du mariage, une personne a été substituée à une autre; qu'une femme, par exemple, autre que celle que le futur entend épouser, serait venue, dissimulée par le voile nuptial, prendre la place de la véritable fiancée. Cette supposition, qui, comme on l'a dit, serait tout au plus possible au théâtre, n'a pu entrer seule dans l'esprit du législateur [1].

---

par suite de l'état de folie d'un des futurs, le mariage serait alors complétement nul, sans ratification possible, puisqu'il n'y a point de mariage sans consentement.

[1] L'histoire des temps bibliques nous donne seule un exemple de cette erreur sur la personne physique, et il est permis de se demander s'il pourrait jamais se représenter chez nous, avec nos mœurs et notre législation.....

Voici ce que la Genèse nous raconte :

« Laban avait deux filles, dont l'aînée s'appelait Lia, et la plus jeune Rachel.

» Mais Lia avait les yeux chassieux, au lieu que Rachel était belle et très-agréable.

» Jacob ayant donc conçu de l'affection pour elle, dit à Laban : Je vous servirai sept ans pour Rachel, votre seconde fille.

» Laban lui répondit : Il vaut mieux que je vous la donne qu'à un autre; demeurez avec moi.

» Jacob le servit donc sept ans pour Rachel; et ce temps ne lui

Il faut interpréter les expressions *erreur dans la personne,* surtout en ce sens qu'il y a eu erreur sur *les qualités de la personne.* Est-ce à dire que si l'un des époux a été trompé sur la moindre qualité de son conjoint, il y aura lieu d'annuler le mariage ? Non, évidemment ! Le bon sens suffit à l'indiquer ; autrement l'institution du mariage ne serait le plus souvent qu'un jeu. Si vous avez épousé une personne pauvre, la croyant riche ; une personne de mœurs dissolues, la croyant pure et pieuse, le mariage n'en est pas moins parfaitement valable. Mais si la personne avec laquelle vous êtes uni, se trouve, par suite d'un état ou d'une situation habilement et traîtreusement dissimulés, tellement différente de celle que vous croyiez épouser qu'elle n'a pour ainsi dire plus la même *personnalité,* alors vous pouvez faire briser votre union : il y a bien eu de votre part *erreur dans la personne.*

C'est à cette solution qu'il faudrait s'arrêter, dans l'hypothèse où une femme aurait épousé un individu qu'elle croyait libre de tout engagement, et qu'elle saurait plus tard être revêtu du caractère de prêtre... Pourrait-on,

paraissait que peu de jours, tant l'affection qu'il avait pour elle était grande.

» Après cela, il dit à Laban : Donnez-moi ma femme, puisque le temps auquel je dois l'épouser est accompli.

» Alors Laban fit les noces, ayant invité au festin ses amis, qu étaient en fort grand nombre.

» Et le soir, il fit entrer Lia, sa fille, dans la chambre de Jacob.

» Jacob, l'ayant prise pour sa femme, reconnut le matin que c'était Lia.

» Et il dit à son beau-père : D'où vient que vous m'avez traité de la sorte? Ne vous avais-je point servi pour Rachel? Pourquoi m'avez-vous trompé? Laban répondit : Ce n'est pas la coutume de ce pays-ci de marier les filles les plus jeunes avant les aînées! Passez la semaine avec celle-ci, et je vous donnerai l'autre ensuite pour le temps de sept années que vous me servirez de nouveau.

» Jacob consentit à ce qu'il voulait, et, au bout de sept jours, il épousa Rachel. »

en effet, contraindre cette femme à rester légalement
unie à un homme que ses sentiments intimes, et ses
croyances religieuses, porteraient invinciblement à mépri-
ser et à délaisser?

Il en devrait être de même dans le cas où une femme
honnête, mariée jeune à un homme dont elle se croyait
en droit de porter fièrement le nom, viendrait à reconnaître que son mari est un misérable flétri par la justice,
un forçat libéré !

Vers la fin de 1830, plusieurs journaux ont reproduit
le fait que voici :

« Mademoiselle B., appartenant à une famille des plus
honorables d'un département voisin de Paris, était mariée
depuis deux ou trois ans déjà à un M. de S., originaire du
midi de la France. Elle était heureuse dans son ménage,
et très-fière de la particule qui précédait son nom. Une
chose la préoccupait cependant. Le soin exagéré que prenait son mari de ne se dévêtir jamais devant elle lui faisait supposer qu'il ne voulait pas laisser voir quelque
secrète infirmité... Hélas ! le cœur humain est ainsi fait
qu'il ne désire rien tant connaître que la chose défendue.
Un jour elle put, d'un cabinet où elle s'était cachée,
assister, spectatrice invisible, à la toilette de son mari, et
au moment où celui-ci venait de retirer son dernier vêtement, elle poussa un cri affreux, et tomba sans connaissance sur le parquet ; comme Psyché, elle avait voulu
voir, et elle avait vu... elle avait vu, non l'épaule d'un
dieu atteinte par une goutte d'huile brûlante, mais l'épaule
d'un homme portant un stigmate infamant, la lettre F
marquée au fer chaud. Elle était la femme d'un faussaire !
elle portait le nom d'un forçat libéré [1]. »

---

[1] Dans la législation pénale, la marque était autrefois une empreinte ineffaçable laissée sur la personne d'un condamné, et ordinairement appliquée sur son épaule avec un fer chaud par la main

Grâce à l'institution des casiers judiciaires, les familles peuvent éviter aujourd'hui l'affreux malheur dont la pauvre jeune femme était victime.

L'établissement des casiers judiciaires, avons-nous dit dans nos *Petites lectures sur la loi pénale,* est une des plus importantes améliorations qui, depuis longtemps, aient été introduites dans l'administration de la justice criminelle.

Un autre cas d'annulation de mariage est celui où l'union a été contractée sans le consentement des personnes appelées à le donner.

« Art. 182. Le mariage contracté sans le consentement des père et mère, des ascendants, ou du conseil de famille, dans les cas où le consentement était nécessaire, ne peut être attaqué que par ceux dont le consentement était requis, ou par celui des deux époux qui avait besoin de ce consentement.

» Art. 183. L'action en nullité de mariage ne peut plus être intentée ni par les époux, ni par les parents dont le consentement était requis, toutes les fois que le mariage a été approuvé expressément ou tacitement par ceux dont le consentement était nécessaire, ou lorsqu'il s'est écoulé une année sans réclamation de leur part, depuis qu'ils ont eu connaissance du mariage. Elle ne peut être intentée non plus par l'époux, lorsqu'il s'est écoulé une année sans réclamation de sa part, depuis qu'il a atteint l'âge compétent pour consentir par lui-même au mariage. »

du bourreau. En France, on marquait d'abord avec un fer portant pour empreinte des fleurs de lis. Plus tard on se servit d'un V pour les voleurs, et des lettres G A L pour les galériens. Abolie en 1791, la marque fut rétablie en 1806. A cette époque, T P désigna les condamnés aux travaux forcés à perpétuité; T ceux qui étaient condamnés à temps; F les faussaires. La marque a été abolie par la loi du 28 avril 1832.

Les causes de nullité de mariage que nous venons de passer en revue, ne peuvent être invoquées que par certaines personnes et pendant un temps déterminé; aussi dit-on qu'elles sont *relatives* et *temporaires*, d'où il suit que si ces nullités ne sont pas proposées, en temps opportun, par ceux-là qui seuls avaient qualité pour le faire, le mariage devient valable et désormais inattaquable. Les vices dont il était atteint ne l'avaient donc rendu qu'imparfait et *annulable*.

Nous allons voir maintenant quelles sont les violations de la loi qui rendent un mariage entièrement *nul*, c'est-à-dire qui le vicient de telle sorte qu'il n'existe pas, et que toute personne (pourvu qu'elle y ait intérêt) puisse, en tout temps, l'attaquer devant la justice et le faire briser. Car, de même que dans les hypothèses précédentes, les tribunaux seuls sont appelés à prononcer la nullité du mariage et à lui enlever tout effet civil, bien que la nullité soit manifeste, absolue, irréparable.

Voici les dispositions relatives aux nullités radicales de mariage :

« Art. 184. Tout mariage contracté en contravention aux dispositions contenues aux articles 144, 147, 161, 162 et 163 (voir p. 64, 65 et 67), peut être attaqué soit par les époux eux-mêmes, soit par tous ceux qui y ont intérêt, soit par le ministère public.

» Art. 185. Néanmoins, le mariage contracté par des époux qui n'avaient point encore l'âge requis, ou dont l'un des deux n'avait point atteint cet âge, ne peut plus être attaqué : 1° lorsqu'il s'est écoulé six mois depuis que cet époux ou les époux ont atteint l'âge compétent ; 2° lorsque la femme qui n'avait point cet âge a conçu avant l'échéance de six mois.

» Art. 186. Le père, la mère, les ascendants et la famille qui ont consenti au mariage contracté dans le cas de l'article précédent, ne sont point recevables à en demander la nullité [1].

» Art. 187. Dans tous les cas où, conformément à l'article 184, l'action en nullité peut être intentée par tous ceux qui y ont intérêt, elle ne peut l'être par les parents collatéraux, ou par les enfants nés d'un autre mariage, du vivant des deux époux, mais seulement lorsqu'ils y ont un intérêt né et actuel.

» Art. 188. L'époux au préjudice duquel a été contracté un second mariage, peut en demander la nullité, du vivant même de l'époux qui était engagé avec lui.

» Art. 189. Si les nouveaux époux opposent la nullité du premier mariage, la validité ou la nullité de ce mariage doit être jugée préalablement.

» Art. 190. Le procureur de la République, dans tous les cas auxquels s'applique l'article 184, et sous les modifications portées en l'article 185, peut et doit demander la nullité du mariage, du vivant des deux époux, et les faire condamner à se séparer.

» Art. 191. Tout mariage qui n'a point été contracté publiquement, et qui n'a point été célébré devant l'officier public compétent, peut être attaqué par les époux eux-mêmes, par les père et mère, par les ascendants, et par tous ceux qui y ont un intérêt né et actuel, ainsi que par le ministère public. »

Lorsqu'un mariage est déclaré nul, il est réputé n'avoir jamais existé, suivant les règles du droit; par conséquent,

---

[1] On remarquera que, contrairement au principe qu'une nullité absolue ne peut jamais être couverte, celle qui résulte de l'impuberté ou du défaut d'âge ne peut plus être invoquée après un certain espace de temps; et que de plus, les ascendants de la famille qui ont consenti au mariage ne sont pas aptes à en demander la nullité, bien que toute autre personne intéressée puisse le faire. Les motifs de cette double exception sont faciles à concevoir.

tous ses effets se trouvent anéantis depuis le jour de la célébration. Mais le législateur, après avoir posé les règles que nous venons de voir en matière de nullité de mariage, a apporté un tempérament équitable à la rigueur de ce principe, en déclarant valable, tant à l'égard des époux qu'à l'égard des enfants, l'union qui a été brisée après avoir été contractée de bonne foi.

Ce mariage, qui est nul, mais qui a été contracté de bonne foi par les deux époux ou par l'un d'eux, est appelé, en droit, mariage *putatif*. Un pareil mariage produit, soit vis-à-vis des deux époux, soit vis-à-vis de l'un d'eux, si un seul a été de bonne foi, mais toujours à l'égard des enfants, tous les effets civils d'une union régulièrement contractée, sauf qu'au lieu d'être seulement dissous par la mort de l'un des conjoints[1], il le sera par le jugement qui le déclarera nul.

« Art. 201. Le mariage qui a été déclaré nul produit néanmoins les effets civils, tant à l'égard des époux qu'à l'égard des enfants, lorsqu'il a été contracté de bonne foi.

» Art. 202. Si la bonne foi n'existe que de la part de l'un des deux époux, le mariage ne produit les effets civils qu'en faveur de cet époux et des enfants issus du mariage. »

[1] Le Code civil (art. 227) indiquait trois causes de dissolution de mariage : 1° la mort de l'un des époux ; 2° le divorce légalement prononcé ; 3° la condamnation devenue définitive de l'un des époux à une peine emportant mort civile.

Le divorce ayant été aboli par la loi du 8 mai 1816, et la mort civile par celle du 31 mai 1854, il ne reste plus qu'une seule cause de dissolution d'un mariage régulièrement contracté, la mort de l'un des époux.

TREIZIÈME LECTURE.

DES DROITS ET DES DEVOIRS RESPECTIFS DES ÉPOUX
RELATIVEMENT A LA PERSONNE.

Le Code civil règle ainsi les principaux droits et devoirs entre époux :

« Art. 212. Les époux se doivent mutuellement fidélité, secours, assistance.

« Art. 213. Le mari doit protection à sa femme, la femme obéissance à son mari.

« Art. 214. La femme est obligée d'habiter avec le mari, et de le suivre partout où il juge à propos de résider; le mari est obligé de la recevoir, et de lui fournir tout ce qui est nécessaire pour les besoins de la vie, selon ses facultés et son état [1]. »

[1] Sous ce titre : *Devoirs des mariez*, Charron, dans son vieux français, s'exprime ainsi :

« Selon les deux considérations diverses, qui sont au mariage, sçavoir équalité et inéqualité, aussi sont de deux sortes les devoirs et offices des mariez; les uns mesmes et communs à tous deux, esgalement réciproques et de pareille obligation, encores que selon l'usage du monde ne soient de pareille peine, reproche, inconvénient, sçavoir une entière loyauté, fidélité, communauté et communication de toutes choses, puis un soing, authorité sur la famille et tout le bien de la maison.

» Les autres sont particuliers et différūs selon l'inéqualité qui est entre eux; car ceux du mari sont, instruire sa femme, l'enseigner avec douceur de toutes choses, qui est de son devoir, honeur et bie, et dont elle est capable. La nourrir, soit qu'elle aye apporté doüaire ou non, la vestir, l'aymer et la défendre... Voya les principaux. Ceux-cy viennent après, la penser malade, la délivrer captive, l'ensevelir morte, la nourrir demeurant vefve, et les enfans qu'il a eu d'elle par provision testamentaire.

» Les devoirs de la femme sont, rendre honneur, révérence et respect à son mary comme à son maistre et bō seigneur; ainsi ont appellé leurs maris les sages fēmes, et le mot hébreu Baal signifie tout les deux mary et seigneur. Celle qui s'aquitte de ce devoir fait plus pour soy et son honneur que pour son mary; et fai-

Le premier devoir réciproque imposé aux époux, c'est la fidélité. Les rédacteurs du Code civil n'ont pas fait seulement de l'adultère de l'un ou de l'autre époux une cause de séparation de corps, ils ont frappé l'adultère de la femme d'une pénalité, ainsi que nous le verrons lorsque nous reproduirons le chapitre relatif à la séparation de corps.

Le Code pénal a rangé parmi les délits l'adultère de la femme et celui du mari. Voici ses prescriptions à ce sujet :

« Art. 336. L'adultère de la femme ne pourra être dénoncé que par le mari ; cette faculté même cessera s'il est dans le cas prévu par l'art. 339.

» Art. 337. La femme convaincue d'adultère subira la peine de l'emprisonnement pendant trois mois au moins et deux ans au plus. — Le mari restera le maître d'arrêter

sant autremēt ne fait tort qu'à elle. Obeyssance en toutes chóses, justes et licites, s'accommodant et se ployant aux mœurs et humeurs de son mary, comme le bon miroir qui représente fidèlement la face, n'ayant aucun dessein, amour, pensément particulier. Mais comme les dīmensiós et accidés, qui n'ont aucune action ou mouvemet propre et ne se remuent qu'avec le corps, elles se tiennent en tout et partout au mary. Service, cōme luy appareiller par soy ou par autruy ses vivres, luy laver ses pieds. Garder la maison, dḗt est comparée à la tortue, et est peinte ayāt les pieds nuds et principalement le mary absent. Car esloignée du mary elle doit estre comme invisible, et, au rebours de la lune, ne paroistre point et près de son soleil paroistre. Demeurer en silence et ne parler qu'avec son mary ou par son mary ; et pour ce que c'est chose rare et difficile que la femme silencieuse, elle est dite un do de Dieu précieux. Vacquer et estudier à la mesnagerie, c'est la plus utile et honorable science et occupation de la femme, c'est sa maistresse qualité, et qu'on doit en mariage chercher principalement en moyenne fortune. C'est le seul doüaire qui sert à ruiner ou à sauver les maisōs, mais elle est rare. Il y en a d'avaricieuses, mais des mesnagères peu. Or, il y a bien à dire des deux. »

Cet exposé des mœurs de nos ancêtres nous a paru mériter d'être reproduit ici.

l'effet de cette condamnation en consentant à reprendre sa femme.

» Art. 338. Le complice de la femme adultère sera puni de l'emprisonnement pendant le même espace de temps, et, en outre, d'une amende de cent francs à deux mille francs. — Les seules preuves qui pourront être admises contre le prévenu de complicité seront, outre le flagrant délit, celles résultant de lettres ou autres pièces écrites par le prévenu.

. » Art. 339. Le mari qui aura entretenu une concubine dans la maison conjugale, et qui aura été convaincu sur la plainte de la femme, sera puni d'une amende de cent francs à deux mille francs. »

Arrêtons-nous un instant sur ce mot *adultère*, et stigmatisons l'adultère, si commun aujourd'hui dans toutes les classes de la société, comme une des causes principales de l'abaissement dans lequel notre pays est tombé.

En lisant dans nos Codes les peines disproportionnées qui atteignent ici l'homme et là la femme, pour le même crime, on sent que la loi, qui punit l'adultère, a été faite par l'homme, par l'homme jaloux de conserver la fidélité de sa femme, et peu soucieux de lui rester fidèle lui-même. Quoi! cet homme a des maîtresses; il mène avec elles la vie la plus licencieuse, la plus scandaleuse; cela est notoire pour tous : sa femme en a la preuve, la preuve, hélas! indubitable. Cette preuve, elle peut la fournir; à quoi bon? Si son mari n'a pas entretenu l'une de ses concubines dans la maison conjugale; ou si, l'ayant fait, l'épouse trompée ne peut pas en convaincre l'infidèle, il échappe à la pénalité de la loi. Si, au contraire, elle peut prouver ce fait de l'entretien d'une concubine dans la maison conjugale, le mari sera condamné à une amende de cent à deux mille francs! Quel heureux résultat pour la femme, surtout si, comme cela arrive souvent, le mari a déjà réduit outre mesure, par les dépenses faites avec ses maîtresses, les ressources de la communauté, après avoir épuisé ses ressources personnelles.

Mais que cette femme trahie, délaissée par un indigne libertin, faillisse à ses devoirs d'épouse, si le mari peut l'en convaincre, elle subira la peine de trois mois à deux ans d'emprisonnement, et dès lors elle sera perdue, déshonorée à tout jamais... [1].

---

[1] Une erreur généralement répandue dans le monde, c'est que le mari a toujours *le droit* de tuer sa femme, ou le complice de celle-ci, surpris en adultère.

Telle n'est pas la loi. Le Code pénal *excuse* ce meurtre, c'est-à-dire qu'il ne le punit que comme un simple délit, mais sous ces deux conditions : 1° si l'époux l'a commis au même instant où il a surpris l'adultère; — car, plus tard, il a eu le temps de la réflexion, et il a dû penser qu'il n'est permis à personne de se faire justice à soi-même; 2° s'il a surpris l'adultère dans sa propre maison. — Cette deuxième restriction a paru nécessaire; on a craint que, si ce meurtre, commis dans tout autre lieu, était également excusable, la tranquillité des familles ne fût troublée par des époux méfiants et injustes qu'aveuglerait l'espoir de se venger des prétendus égarements de leurs épouses. (Exposé des motifs de la loi.)

Les articles 324 et 326 du Code pénal portent, en effet :

« Art. 324. Le meurtre commis par l'époux sur l'épouse, ou par celle-ci sur son époux, n'est pas excusable si la vie de l'époux ou de l'épouse n'a pas été mise en péril dans le moment même où le meurtre a eu lieu. — Néanmoins, dans le cas d'adultère prévu par l'article 336, le meurtre commis par l'époux sur l'épouse, ainsi que sur le complice, *à l'instant où il les surprend en flagrant délit dans la maison conjugale,* est excusable.

» Art. 326. Lorsque le fait d'excuse sera prouvé, — s'il s'agit d'un crime emportant la peine de mort, ou celle des travaux forcés à perpétuité, ou celle de la déportation, la peine sera réduite à un emprisonnement d'un an à cinq ans; — s'il s'agit de tout autre crime, elle sera réduite à un emprisonnement de six mois à deux ans; — dans les deux premiers cas, les coupables pourront de plus être mis par l'arrêt ou le jugement sous la surveillance de la haute police pendant cinq ans au moins et dix ans au plus; — s'il s'agit d'un délit, la peine sera réduite à un emprisonnement de six jours à six mois. »

On remarquera que la loi ne parle que du mari dans le deuxième

Si ce livre n'était pas destiné à être lu par tous, si nous pouvions écrire, pour ne les ouvrir que devant des hommes d'un âge mûr, des pages contenant une peinture, une esquisse des mœurs de notre époque, il nous serait facile de dévoiler ici les monstrueuses turpitudes qui rappellent les abominations de Babylone et de Rome, à l'époque de la décadence de ces grandes cités.

Que nos législateurs veuillent bien y songer, et y songer sérieusement, celles de nos lois qui punissent les attentats aux mœurs ont besoin d'être profondément modifiées. Les anciens avaient compris autrement que nous la gravité de l'adultère.

Suivant la loi de Moïse, l'adultère était puni de mort. Les Romains n'eurent point de lois formelles contre l'adultère jusqu'au règne d'Auguste. Cet empereur fut le premier qui porta une loi contre ce crime : ce fut la loi *Julia*, qui punissait de la peine de la confiscation d'une partie des biens la femme et son complice, et prononçait leur relégation chacun dans une île différente. Sous Constantin, l'adultère fut puni de la peine de mort.

Lycurgue punissait l'adultère comme le parricide ; Edmond, roi d'Angleterre, comme l'homicide. Le roi Canut II se contenta de faire bannir l'homme, et de faire couper à la femme le nez et les oreilles. En Espagne, on faisait autrefois subir à l'homme une mutilation. En Pologne, on l'obligeait à se mutiler lui-même. Les anciens Saxons brûlaient la femme, et dressaient sur ses cendres un gibet où l'homme était pendu. En Languedoc, dans les treizième, quatorzième et quinzième siècles, l'adultère, homme ou

---

paragraphe de l'article 324 ; lui seul peut être déclaré excusable. Il y a évidemment un oubli du législateur en ce qui concerne la femme, car l'injure qui est faite à celle-ci, en pareil cas, est aussi grave que celle que reçoit le mari... Nous trouvons là un nouvel exemple d'inégalité choquante entre l'époux et l'épouse.

7.

femme, était condamné à courir tout nu, à l'heure de midi, d'un bout de la ville à l'autre.

Ce mot *adultère* signifiait chez les Latins altération, adultération, chose bonne changée en une mauvaise, crime de fausses clefs, faux contrats, faux seings; de là, fausse union, union illégitime, adultère.

Un étranger demandait à un Spartiate quel supplice on faisait subir dans son pays à un homme, ou à une femme, convaincus d'adultère? — On les condamne, dit le Spartiate, à fournir un taureau qui, du sommet du mont Taygète, puisse boire dans le fleuve Eurotas. — Et comment, reprit l'étranger, pourrait-on trouver un taureau de cette grandeur? — Ce serait moins difficile, reprit le Spartiate, que de trouver à Sparte un adultère.

D'après l'Évangile, celui ou celle qui voit une personne d'un autre sexe avec un œil de concupiscence, a déjà commis l'adultère dans son cœur.

Autrefois, en France, les attentats aux mœurs étaient arithmétiquement taxés. L'amende était proportionnée à la gravité des cas.

De l'adultère au meurtre il n'est souvent qu'un pas.

Que d'exemples ne pourrait-on pas citer à l'appui de cette assertion renfermée dans ce vers de Voltaire, sans remonter à l'histoire de ce grand seigneur qui, dans les derniers temps du règne de Louis-Philippe, se fit l'assassin de sa femme!...

Avant d'en finir sur ces réflexions, trop longues déjà, nous ne pouvons résister au désir de reproduire ici, sur l'amour illicite, quelques lignes attribuées à Diderot : « Je vous aime : que signifie ce mot si frivolement interprété? Le voici : si vous voulez me sacrifier votre innocence et vos mœurs, perdre le respect que vous vous portez à vous-même et que vous obtenez des autres, marcher les yeux baissés dans la société jusqu'à ce que, par l'habitude du libertinage, vous en ayez acquis l'effronterie, renoncer à tout état honnête, faire mourir vos parents de douleur et m'accorder un moment de plaisir..., je vous en serai infiniment obligé. »

Les autres devoirs mutuels, prescrits aux époux par l'art. 212, et qui dérivent plus particulièrement des sentiments d'affection que la qualité de conjoint leur impose, sont le *secours* et l'*assistance*.

Ainsi, il y a entre les époux obligation réciproque de se secourir, c'est-à-dire de ne pas se laisser mutuellement dans le besoin. Quelles qu'aient été leurs conventions matrimoniales, quand bien même ils vivraient séparés et pour ainsi dire étrangers l'un à l'autre, les époux se doivent mutuellement de pourvoir aux choses nécessaires, indispensables à l'existence de celui qui est dans le dénûment. En un mot, à l'époux malheureux appartient le droit de réclamer des aliments à son conjoint plus favorisé de la fortune.

Outre ces secours pécuniaires, les époux se doivent encore ce que la loi appelle l'*assistance*, c'est-à-dire les soins, les consolations que peuvent réclamer le mari ou la femme en proie aux souffrances, aux infirmités, aux misères de la vie. Chaque époux a le droit d'exiger, en toutes circonstances, que son conjoint fasse tous ses efforts pour adoucir ses maux : c'est là une obligation morale d'où découle cette obligation civile imposée aux époux de s'assister mutuellement [1].

---

[1] L'époux qui refuse l'assistance à son conjoint, peut se voir contraindre par la justice à l'accomplissement de ce devoir, c'est-à-dire que s'il persiste à refuser ses soins et ses bons offices, il sera exposé à être condamné à des dommages-intérêts envers son conjoint illégalement délaissé par lui.

Deux autres devoirs entre époux sont : la *protection* que le mari doit à sa femme, et l'*obéissance* que la femme doit à son mari. Par ces principes, le législateur règle la hiérarchie de la famille : le mari est le chef de l'association conjugale; comme chef, il a l'autorité, sa femme doit lui obéir; comme homme, il a la force, généralement plus d'expérience; à ces titres, il est tenu de protéger sa compagne, de la mettre en garde contre ses propres faiblesses, contre les embûches du monde.

L'autorité maritale, avec la puissance paternelle dont nous parlerons bientôt, constitue la discipline intérieure de la famille, qui, comme toute association, ne saurait vivre et prospérer sans un chef, sans une volonté suprême qui ordonne et dirige [1].

Par suite de son devoir de soumission et d'obéissance envers son mari, la femme est obligée d'habiter avec lui, de résider sous son toit. Elle n'a pas d'autre domicile légal que celui de son époux, avons-nous dit précédemment; elle ne peut pas avoir d'autre résidence que celle que ce dernier a choisie; elle doit le suivre partout où il lui plaît d'aller se fixer. Et si elle méconnaissait ce devoir, si elle abandonnait la maison conjugale, le mari pourrait la contraindre, même par la force, à venir habiter avec lui. Pour arriver à ce but, il n'aurait qu'à s'adresser à la justice, qui mettrait à sa disposition les moyens de coërcition dont elle dispose.

Si cette cohabitation des époux est un devoir pour la femme, c'est aussi pour elle un droit. Le mari ne peut refuser à sa femme l'entrée de sa maison sans manquer à

---

[1] L'autorité maritale ne dure pas seulement, en principe, durant tout le mariage, elle survit en quelque sorte au décès de la femme, car il a été décidé récemment qu'elle comporte le droit pour l'époux de choisir le lieu de sépulture de sa femme, quelle que soit la volonté contraire des ascendants de celle-ci (cour de Nancy, arrêt du 14 août 1869).

ses obligations maritales. Il doit de plus, comme dit la loi, « lui fournir tout ce qui est nécessaire pour les besoins de la vie, selon ses facultés et son état », ce qui veut dire que le mari est contraint de mettre à la disposition de sa femme un logement convenable et décent en rapport avec leur position sociale.

Ajoutons que la femme doit porter le nom de son mari, dont elle a le droit de prendre les titres comme d'être associée à ses honneurs. Si les époux ont pour devoir de s'aider mutuellement à supporter les mauvais jours, il est juste qu'ils prennent l'un et l'autre, autant que possible, une part égale des dons de la fortune.

QUATORZIÈME LECTURE.

DES DROITS ET DES DEVOIRS RESPECTIFS DES ÉPOUX RELATIVEMENT A LA PERSONNE (SUITE).

DE LA SÉPARATION DE CORPS.

La séparation de corps est l'état en vertu duquel deux époux peuvent, avec l'autorisation de la justice, vivre séparément, c'est-à-dire ne sont plus tenus légalement d'avoir une seule et même habitation.

Ainsi, la séparation de corps modifie les obligations entre époux, en ce sens qu'elle met fin aux droits et devoirs résultant de la vie commune ; mais elle laisse subsister toutes les autres obligations dérivant du mariage, telles que, notamment, le devoir de fidélité, l'obligation de se donner réciproquement des secours pécuniaires, même celle de se prêter assistance ; car le devoir d'assistance, s'il est atténué par le jugement de séparation, n'est pas détruit, en tant qu'il peut être rempli sans qu'il y ait nécessité de cohabitation entre les époux.

Le Code civil avait primitivement admis le divorce,

qui, lorsqu'il était prononcé en justice, avait pour effet de briser entièrement le lien du mariage, et de rendre l'un et l'autre époux libres de contracter une autre union. La loi du 8 mai 1816 a aboli le divorce, institution contraire au principe, proclamé par la religion catholique, de l'indissolubilité du mariage.

Depuis cette époque, la séparation de corps a seule subsisté dans nos lois. Mais comme elle n'avait été autorisée, au moment de la rédaction du Code civil, que concurremment avec le divorce et par une sorte de concession faite alors aux croyances catholiques, les dispositions qui la réglementent sont incomplètes et insuffisantes; aussi est-on forcé, pour en faire l'application, d'emprunter quelques-unes des règles édictées pour le divorce, dont le texte des dispositions a été pour cette raison maintenu en entier dans nos lois.

Le Code civil porte sous ce titre, *De la séparation de corps* :

« Art. 306. Dans les cas où il y a lieu à la demande en divorce pour cause déterminée, il sera libre aux époux de former demande en séparation de corps.

» Art. 307. Elle sera intentée, instruite et jugée de la même manière que toute autre action civile; elle ne pourra avoir lieu par le consentement mutuel des époux.

» Art. 308. La femme contre laquelle la séparation de corps sera prononcée pour cause d'adultère, sera condamnée par le même jugement, et sur la réquisition du ministère public, à la réclusion dans une maison de correction pendant un temps déterminé, qui ne pourra être moindre de trois mois ni excéder deux années.

» Art. 309. Le mari restera le maître d'arrêter l'effet de cette condamnation, en consentant à reprendre sa femme.

» Art. 310. Lorsque la séparation de corps, prononcée

pour toute autre cause que pour l'adultère de la femme, aura duré trois ans ; l'époux qui est originairement défendeur, pourra demander le divorce au tribunal, qui l'admettra, si le demandeur originaire, présent ou dûment appelé, ne consent pas immédiatement à faire cesser la séparation.

» Art. 311. La séparation de corps emportera toujours séparation de biens. »

Les dispositions qui règlent les cas où le divorce aurait pu être demandé pour cause déterminée, et auxquelles renvoie l'article 306, sont les suivantes :

« Art. 229. Le mari pourra demander le divorce pour cause d'adultère de sa femme.

» Art. 230. La femme pourra demander le divorce pour cause d'adultère de son mari, lorsqu'il aura tenu sa concubine dans la maison commune.

» Art. 231. Les époux pourront réciproquement demander le divorce pour excès, sévices ou injures graves, de l'un d'eux envers l'autre.

» Art. 232. La condamnation de l'un des époux à une peine infamante sera pour l'autre époux une cause de divorce. »

Trois causes seulement peuvent donc servir de fondement à une demande en séparation de corps : 1° l'adultère ; 2° les excès, sévices, injures graves ; 3° la condamnation de l'un des époux à une peine infamante.

Adultère. — Pour que le mari puisse être frappé d'un jugement de séparation de corps pour cause d'adultère, il faut que le fait soit délictueux, c'est-à-dire qu'il y ait eu de sa part entretien d'une concubine dans la maison conjugale ou commune.

L'adultère de la femme, au contraire, est une cause de séparation dans tous les cas, quel que soit le lieu où il a été commis. Lorsque la femme encourt un jugement de séparation motivé sur l'adultère, elle peut être condamnée par le même jugement à une peine d'emprisonnement. Ainsi, le mari dont la femme est convaincue d'adultère a deux moyens de la faire frapper par la justice d'une pénalité. Il peut, soit intenter contre elle une demande en séparation de corps, et alors c'est le tribunal civil saisi de cette demande qui est appelé à prononcer, en même temps que la séparation contre la femme reconnue coupable, une peine d'emprisonnement (trois mois à deux ans); soit porter plainte contre elle et la faire condamner par le tribunal correctionnel, qui lui appliquera la même peine, ainsi que nous l'avons vu précédemment. Cette dernière juridiction est, au contraire, seule compétente pour réprimer l'adultère du mari dénoncé par la femme.

Excès, sévices et injures graves. — Les excès sont les actes de violence de nature à compromettre la vie de la personne qui en est victime.

Les sévices sont les actes de brutalité, les mauvais traitements, les voies de fait.

Les injures graves sont les mille faits, non dépourvus d'importance, dont peut se rendre coupable un époux vis-à-vis de son conjoint, faits de nature à profondément blesser la personne, ou bien à compromettre sa considération et son honneur.

Il est difficile de déterminer à l'avance, d'une façon exacte et précise, ce qui constitue des excès, des sévices ou des injures graves de la part d'un époux envers l'autre. Ce sont là des questions qui ne peuvent être appréciées et résolues que d'après les circonstances, la position sociale des époux, leur éducation.... En ces matières délicates, les magistrats ont une liberté entière d'appréciation, et ils rendent les décisions que leur conscience leur inspire.

Condamnation de l'un des époux à une peine infamante. — Il faut comprendre, sous cette dénomination, les peines que le Code pénal qualifie d'*afflictives* et *infamantes,* et celles déclarées simplement *infamantes.* Ce sont : la mort, les travaux forcés à perpétuité, la déportation, les travaux forcés à temps, la détention, la réclusion, le bannissement, la dégradation civique (art. 7 et 8 C. pén.).

Un savant auteur [1] justifie ainsi cette disposition légale : « On peut dire, en effet, que l'époux qui se rend coupable d'un fait que la loi atteint d'une telle peine, viole non-seulement tous ses devoirs de religion et de morale, mais aussi ses devoirs envers son conjoint. La solidarité de considération et d'honneur qui les unit ne peut être méconnue par l'un sans blesser très-justement l'autre, et il était impossible de forcer le conjoint probe à vivre encore dans la société de son conjoint déshonoré. »

En ne permettant aux tribunaux de prononcer la séparation de corps que pour l'une des causes que nous venons d'énumérer, le législateur a voulu que les époux ne fussent autorisés à vivre séparément que pour des motifs vraiment sérieux, seulement alors qu'il est manifeste que l'existence commune est devenue impossible ou insupportable [2].

---

[1] M. Demolombe.

[2] Les actes de nature à faire prononcer une séparation de corps ne peuvent plus être invoqués par l'époux offensé, et justifier de sa part une demande en séparation, lorsqu'il y a eu réconciliation entre les époux, c'est-à-dire lorsqu'on peut induire de certains faits que l'injure a été pardonnée par celui qui en avait été l'objet.

Mais si de nouvelles causes survenaient depuis la réconciliation, l'époux outragé pourrait alors, en demandant sa séparation, faire usage des anciennes causes pour appuyer sa demande. (Art. 272 à 274, C. civ.)

La loi a, en même temps, prohibé la séparation de corps par le consentement mutuel des époux, ce qui signifie qu'en aucun cas, contrairement à ce qui avait été admis pour le divorce, les tribunaux ne pourraient prononcer une séparation de corps dont la demande ne serait pas motivée par une des causes déterminées:

Il est inutile de dire qu'une séparation, amiablement consentie entre deux époux, n'aurait aucun effet légal. En effet, on conçoit aisément que la justice seule puisse dispenser les époux de demeurer ensemble, et par suite les affranchir d'une partie de leurs obligations dérivant du mariage.

Nous n'entrerons pas ici dans l'exposé de la procédure spéciale qui doit être suivie, lorsqu'une demande en séparation de corps est produite. Les époux, contraints d'engager une pareille instance, seront mis au courant par leurs avoués des dispositions de la loi à cet égard.

Nous dirons seulement que, durant le procès en séparation, la femme peut obtenir du président du tribunal l'autorisation de quitter provisoirement la maison commune, et de se retirer dans telle maison dont les parties conviendront, ou que ce magistrat désignera d'office. Dans ce cas, faculté est donnée à la femme d'emporter les effets à son usage journalier (art. 878 du Code de procédure civile) [1].

La loi réserve ensuite à la femme le droit de demander à son mari, si elle n'a pas de ressources personnelles, une pension alimentaire pour subvenir à ses besoins durant l'instance, et les fonds nécessaires pour soutenir le procès.

[1] Si la femme venait à quitter la maison qui a été fixée pour sa résidence, et qu'elle fût demanderesse en séparation, elle pourrait être déclarée non recevable à continuer ses poursuites (art. 269, C. civ.).

Elle doit porter cette demande devant le tribunal, qui est aussi appelé à statuer sur la garde et l'administration provisoire des enfants. En principe, cette administration provisoire reste au mari ; toutefois, il peut en être ordonné autrement par le tribunal, sur la demande, soit de la mère, soit de la famille, soit du ministère public, pour le plus grand avantage des enfants (art. 267 du Code civil). Au reste, les décisions de la justice en pareil cas sont essentiellement temporaires, et peuvent être modifiées lorsque les situations ont changé.

Si la séparation est prononcée, les enfants sont confiés à l'époux qui a obtenu la séparation de corps, à moins que le tribunal, sur la demande de la famille ou du ministère public, n'ordonne, pour le plus grand avantage des enfants, que tous ou quelques-uns d'eux soient confiés aux soins soit de l'autre époux, soit d'une tierce personne. — Quelle que soit la personne à laquelle les enfants sont confiés, les père et mère conservent respectivement le droit de surveiller l'entretien et l'éducation de leurs enfants, et sont tenus d'y contribuer à proportion de leurs facultés (art. 302 et 303 du Code civil).

Lorsque les époux sont séparés de corps, la séparation de corps emportant toujours séparation de biens, toute communauté de biens cesse entre eux ; la femme reprend la jouissance et l'administration de sa fortune. Mais elle ne reconquiert pas pour cela toute sa liberté d'action relativement à ses biens. Le jugement qui prononce la séparation, ayant seulement pour effet de relâcher les liens du mariage, laisse subsister, avons-nous déjà dit, tous les droits et devoirs, toutes les obligations qui ne dérivent pas de la vie commune[1]. Aussi la femme

---

[1] On s'accorde, toutefois, généralement à appliquer à la sépara-

reste-t-elle soumise à l'autorité maritale pour tous les actes qui ne sont pas des actes d'administration de son patrimoine : elle ne pourra ester en jugement, donner, aliéner, hypothéquer, acquérir à titre gratuit ou onéreux, sans l'autorisation de son mari, ou si celui-ci refuse, sans l'autorisation de la justice.

L'article 1449 du Code civil est ainsi conçu :

« La femme séparée soit de corps et de biens, soit de biens seulement (nous verrons plus tard quand la femme est seulement séparée de biens), en reprend la libre administration. — Elle peut disposer de son mobilier, et l'aliéner. — Elle ne peut aliéner ses immeubles sans le consentement du mari, ou sans être autorisée en justice à son refus. »

Ajoutons, en terminant, qu'un jugement de séparation de corps n'a pas pour effet nécessaire de séparer à tout jamais deux époux. En prononçant leur séparation, la justice confère à l'un ou à l'autre conjoint la faculté de ne plus vivre ensemble; mais ils peuvent faire cesser, quand bon leur semble, cette séparation par leur *réconciliation,* en se réunissant d'un commun accord. La réunion volontaire des époux fait disparaître le jugement de séparation et tous ses effets. Cependant, en pareil cas, la séparation de biens subsiste jusqu'à ce que le rétablissement des anciennes conventions matrimoniales ait eu lieu conformément aux dispositions de l'article suivant :

tion de corps les dispositions suivantes du Code civil, relatives au divorce :

« Art. 299. Pour quelque cause que le divorce ait lieu, hors le cas du consentement mutuel, l'époux contre lequel le divorce aura été admis, perdra tous les avantages que l'autre époux lui avait faits, soit par leur contrat de mariage, soit depuis le mariage contracté.

» Art. 300. L'époux qui aura obtenu le divorce, conservera les avantages à lui faits par l'autre époux, encore qu'ils aient été stipulés réciproques et que la réciprocité n'ait pas lieu. »

« Art. 1451. La communauté dissoute par la séparation soit de corps et de biens, soit de biens seulement, peut être rétablie du consentement des deux parties. — Elle ne peut l'être que par un acte passé devant notaires et avec minute, dont une expédition doit être affichée dans la forme de l'art. 1445 [1]. — En ce cas, la communauté rétablie reprend son effet du jour du mariage ; les choses sont remises au même état que s'il n'y avait point eu de séparation, sans préjudice néanmoins de l'exécution des actes qui, dans cet intervalle, ont pu être faits par la femme en conformité de l'art. 1449. — Toute convention par laquelle les époux rétabliraient leur communauté sous des conditions différentes de celles qui la réglaient antérieurement est nulle. »

DE L'ASSISTANCE JUDICIAIRE.

Une lacune existait dans la loi relativement à la séparation de corps. Autrefois, l'époux qui avait à se prévaloir des motifs les plus graves, des raisons les mieux fondées pour provoquer une demande en séparation, ne le pouvait que dans le cas où sa position de fortune lui permettait d'avancer les frais, ou tout au moins une notable partie des frais nécessités par une instance de cette nature.

Cette lacune regrettable a été comblée par la loi sur l'assistance judiciaire dont nous allons analyser les principales dispositions.

L'*assistance judiciaire* a pour but de permettre aux indigents de faire valoir leurs droits en justice, sans aucune

---

[1] « Art. 1445. Toute séparation de biens doit, avant son exécution, être rendue publique par l'affiche sur un tableau à ce destiné, dans la principale salle du tribunal de première instance ; et de plus, si le mari est marchand, banquier ou commerçant, dans celle du tribunal de commerce du lieu de son domicile ; et ce, à peine de nullité de l'exécution. »

avance ni déboursés immédiats. L'assistance judiciaire a été réglée par la loi du 30 janvier 1851.

Aux termes de cette loi, toute personne qui réclame l'assistance judiciaire doit adresser sa demande, sur papier libre, au procureur de la République du tribunal de son domicile. Ce magistrat en fait la remise au bureau établi près de ce tribunal, lequel bureau a mission d'accorder ou de refuser l'assistance.

Quiconque demande à être admis à l'assistance judiciaire, doit fournir : 1° un extrait du rôle de ses contributions ou un certificat du percepteur de son domicile, constatant qu'il n'est pas imposé ; 2° une déclaration attestant qu'il est, à raison de son indigence, dans l'impossibilité d'exercer ses droits en justice, et contenant l'énumération détaillée de ses moyens d'existence quels qu'ils soient. — Le réclamant affirme la sincérité de sa déclaration devant le maire de la commune de son domicile ; le maire lui en donne acte au bas de la déclaration.

Le bureau prend toutes les informations nécessaires pour s'éclairer sur l'indigence du demandeur. — Il donne avis à la partie adverse qu'elle peut se présenter devant lui, soit pour contester l'indigence, soit pour fournir des explications sur le fond. — Si elle comparaît, le bureau emploie ses bons offices pour opérer un arrangement amiable.

Le bureau ne doit pas faire connaître les motifs de la décision qu'il prend d'accorder ou de refuser l'assistance. Ses décisions ne sont susceptibles d'aucun recours de la part de la partie adverse.

On peut être admis au bénéfice de l'assistance judiciaire devant les tribunaux civils, les tribunaux de commerce et les justices de paix. La personne qui a obtenu l'assistance devant une de ces premières juridictions, continue à jouir de ce privilége sur l'appel interjeté contre elle, et même sur le pourvoi en cassation formé contre elle. Mais si c'est la personne assistée qui veut elle-même saisir une juridiction supérieure, elle ne peut sur son appel, ou son pourvoi, jouir de l'assistance qu'autant qu'elle y est admise par une décision nouvelle; et pour y parvenir, elle doit adresser sa demande, savoir :

S'il s'agit d'un appel à porter devant le tribunal civil, au procureur près ce tribunal;

S'il s'agit d'un appel à porter devant la cour d'appel, au procureur général près cette cour;

S'il s'agit enfin d'un pourvoi en cassation, au procureur général près la cour de cassation.

L'assisté est dispensé provisoirement du payement des sommes dues au Trésor pour droits de timbre, d'enregistrement et de greffe, ainsi que de toute consignation d'amende. Il est aussi provisoirement dispensé du payement des sommes dues aux greffiers, aux officiers ministériels et aux avocats pour droits, émoluments et honoraires.

La loi n'admet de répétition, de la part du Trésor et des officiers ministériels, qu'en cas de retrait de l'assistance. Toutefois, si le Trésor a fait l'avance des taxes des témoins ou des honoraires des experts, il doit être admis à en répéter le montant quand l'assisté perd son procès. De telles avances ont le caractère d'un prêt fait à l'assisté, et celui-ci doit employer ses ressources, quelque faibles qu'elles soient, à désintéresser le Trésor.

Devant toutes les juridictions, le bénéfice de l'assistance peut être retiré en tout état de cause, soit avant, soit même après le jugement : 1° s'il survient à l'assisté des ressources reconnues suffisantes; 2° s'il a surpris la décision du bureau par une déclaration frauduleuse, relativement à son indigence, ou par un exposé mensonger des faits de la cause.

Dans le cas de retrait de l'assistance pour déclaration frauduleuse de l'assisté, relativement à son indigence, celui-ci peut, sur l'avis du bureau, être traduit devant le tribunal de police correctionnelle et condamné, indépendamment des droits et frais de toute nature dont il avait été dispensé, à une amende égale au montant de ces droits et frais, sans que cette amende puisse être au-dessous de cent francs, et à un emprisonnement de huit jours au moins et de six mois au plus.

De la loi du 10 décembre 1850 (voir p. 94) découle celle du 30 janvier 1851 : l'une était, pour ainsi dire, la conséquence de l'autre.

La première permet aux indigents de se marier sans frais; la seconde leur facilite le moyen de rompre l'association conjugale, quand des motifs graves les poussent à solliciter une demande en séparation de corps; elle leur offre, en outre, la possibilité de faire valoir, *en toute autre matière*, leurs droits devant les tribunaux sans avoir à débourser préalablement aucuns frais.

Ces deux lois ont leur source dans le grand principe au nom duquel a été faite notre première révolution, l'égalité devant la loi.

Autant l'égalité ainsi comprise est bonne, juste et libérale, autant l'égalité que rêvent certaines gens serait mauvaise, inique et oppressive.

Vouloir

> Quand rien, rien, n'est égal dans l'humaine nature,
> Pour tous les appétits une même pâture,
> Même part au travail, même à l'oisiveté;
> Au grand génie autant qu'à l'imbécillité...

ce serait tout simplement absurde. Il en serait de cette égalité comme de la liberté qui consiste à faire tout ce qui nous plaît, sans respect pour les droits et la liberté des autres... Malheureusement, en France, lorsque les cris de liberté et d'égalité dominent les bruits de la rue, ces cris sont presque toujours poussés par ceux qui cherchent à provoquer le désordre, la révolte et l'anarchie.

> Son pouvoir malheureux n'allant qu'à le gêner,
> Pour rendre l'homme libre, il le faut enchaîner.
> C'est ainsi que souvent la main de Dieu l'assiste.

Notre grand poëte satirique a renfermé, dans ces trois vers, une vérité que peuvent méditer ceux qui ne veulent que des libertés bien entendues, et une égalité réellement possible ; en d'autres termes, des libertés et une égalité compatibles avec le maintien de l'ordre social.

« Liberté ! liberté ! en toute chose, justice, et ce sera assez de liberté.

Égalité ! égalité ! les mêmes droits pour tous ceux qui sont capables et méritants au même titre, et ce sera assez d'égalité. »

QUINZIÈME LECTURE.

DES DROITS ET DES DEVOIRS RESPECTIFS DES ÉPOUX RELATIVEMENT AUX BIENS.

Du principe que le mari doit protection à sa femme, la femme obéissance à son mari, découle la nécessité pour la femme de ne procéder à aucun acte civil important au sujet de la disposition de ses biens, sans y être autorisée par son mari.

En effet, le mari, chef de la famille, devait présider à la direction des intérêts pécuniaires de la société conjugale. D'un autre côté, il était juste et naturel d'imposer au mari, protecteur de sa femme, le devoir de la diriger, et de la conseiller dans la gestion de ses affaires personnelles.

La nécessité de l'autorisation maritale, pour certains

8

actes de la femme, dérive du mariage lui-même; elle en est un des effets; par conséquent elle subsiste tant que le mariage n'est pas dissous. Aussi la femme a-t-elle besoin de cette autorisation, même dans le cas d'une séparation de corps judiciairement prononcée entre les époux, et quel que soit le régime matrimonial adopté par eux dans leur contrat de mariage.

Cependant, hâtons-nous d'ajouter que l'incapacité pour la femme mariée, de disposer librement de ses biens, n'est pas absolue; et que, si elle a conservé par ses conventions matrimoniales l'administration de la totalité ou d'une partie de ses biens, en adoptant, par exemple, le régime de la séparation de biens ou le régime dotal; ou bien, si elle a acquis cette administration durant le mariage, par une séparation de biens judiciaire; dans ces différents cas, elle peut faire tout acte d'administration sans l'autorisation de son mari, c'est-à-dire qu'elle peut seule disposer de son mobilier et l'aliéner, et contracter valablement toutes obligations qui ne sont que la conséquence de son droit d'administrer.

Les dispositions du Code civil, qui imposent à la femme l'autorisation de son mari ou de la justice dans la plupart des actes de la vie civile, sont :

« Art. 215. La femme ne peut ester en jugement sans l'autorisation de son mari, quand même elle serait marchande publique, ou non commune, ou séparée de biens.

» Art. 216. L'autorisation du mari n'est pas nécessaire lorsque la femme est poursuivie en matière criminelle ou de police.

» Art. 217. La femme, même non commune ou séparée de biens, ne peut donner, aliéner, hypothéquer, acquérir à titre gratuit ou onéreux sans le concours du mari dans l'acte, ou son consentement par écrit [1].

[1] L'autorisation du mari peut être expresse ou tacite. Elle est

» Art. 218. Si le mari refuse d'autoriser sa femme à ester en jugement, le juge peut donner l'autorisation.

» Art. 219. Si le mari refuse d'autoriser sa femme à passer un acte, la femme peut faire citer son mari directement devant le tribunal de première instance de l'arrondissement du domicile commun, qui peut donner ou refuser son autorisation, après que le mari aura été entendu ou dûment appelé en la chambre du conseil.

» Art. 220. La femme, si elle est marchande publique, peut, sans l'autorisation de son mari, s'obliger pour ce qui concerne son négoce; et, audit cas, elle oblige aussi son mari, s'il y a communauté entre eux. — Elle n'est pas réputée marchande publique, si elle ne fait que détailler les marchandises du commerce de son mari, mais seulement quand elle fait un commerce séparé¹.

» Art. 221. Lorsque le mari est frappé d'une condam-

tacite, lorsqu'il y a concours du mari dans l'acte ainsi que la loi prend soin de nous le dire. Ainsi, lorsque le mari et la femme figurent ensemble dans un même contrat, pour emprunter, par exemple, conjointement une somme d'argent, il est bien clair que la femme se trouve par là même autorisée, bien qu'il n'en ait pas été fait une mention spéciale, car elle n'a évidemment figuré à l'acte qu'avec l'approbation de son mari.

Il n'est pas nécessaire que l'autorisation du mari soit écrite pour être valable, elle peut être verbale; seulement, dans ce cas, il faut en faire la preuve par l'un des moyens admis par la loi.

¹ L'article 4 du Code de commerce est ainsi conçu :

« La femme ne peut être marchande publique sans le consentement de son mari. »

Il résulte de cette disposition que, lorsque le mari refuse d'autoriser sa femme à faire le commerce, celle-ci ne peut faire suppléer l'autorisation maritale par celle de la justice. On conçoit les motifs de cette exception aux règles du droit commun : entreprendre un commerce est toujours une chose grave, car la non-réussite peut entraîner la ruine du commerçant; il était donc juste et nécessaire de laisser le mari seul juge des aptitudes de sa femme à faire le commerce, et de l'opportunité de la laisser se livrer à un métier parfois périlleux.

nation emportant peine afflictive et infamante, encore qu'elle n'ait été prononcée que par contumace, la femme, même majeure, ne peut, pendant la durée de sa peine, ester en jugement, ni contracter, qu'après s'être fait autoriser par le juge, qui peut, en ce cas, donner l'autorisation, sans que le mari ait été entendu ou appelé.

» Art. 222. Si le mari est interdit ou absent, le juge peut, en connaissance de cause, autoriser la femme, soit pour ester en jugement, soit pour contracter.

» Art. 223. Toute autorisation générale, même stipulée par contrat de mariage, n'est valable que quant à l'administration des biens de la femme.

» Art. 224. Si le mari est mineur, l'autorisation du juge est nécessaire à la femme, soit pour ester en jugement, soit pour contracter[1].

» Art. 225. La nullité fondée sur le défaut d'autorisation ne peut être opposée que par la femme, par le mari, ou par leurs héritiers.

» Art. 226. La femme peut tester sans l'autorisation du mari. »

DU CONTRAT DE MARIAGE.

Le contrat de mariage est l'acte authentique[2] en vertu

---

[1] Indépendamment de ces différents cas prévus par les articles 221 à 224, dans lesquels l'autorisation de justice devait nécessairement suppléer celle du mari, la loi a voulu que la justice autorisât valablement la femme à agir même en présence de son mari, capable de donner son autorisation, lorsque celui-ci refuse cette autorisation sans motifs valables, par originalité ou par passion, et compromet ainsi les intérêts de son épouse; c'est ce qui résulte des articles 218 et 219.

[2] L'acte authentique est, suivant la définition de la loi (art. 1317, C. civ.), celui qui a été reçu par officiers publics, ayant le droit d'instrumenter dans le lieu où l'acte a été rédigé, et avec les solennités requises.

Les notaires, maires, greffiers, huissiers sont des officiers publics ayant pouvoir de rédiger des actes authentiques.

Les notaires sont, en général, tenus de garder minute des actes duquel les futurs époux règlent les conditions pécuniaires de leur union.

Ce contrat doit être fait devant notaire. En exigeant qu'il soit revêtu du caractère d'authenticité, la loi a entendu, d'une part, que les parties comprissent bien toute l'importance de l'acte qu'elles allaient faire; et, d'autre part assurer l'irrévocablité du contrat. Car, le contrat de mariage ne peut plus être modifié ni révoqué par les époux lorsqu'il a été procédé à la célébration du mariage; du jour de cette célébration, il devient à leur égard irrévocable comme le mariage lui-même.

Le Code civil a déterminé divers *régimes*, c'est-à-dire plusieurs séries de principes, que les époux peuvent adopter à leur choix, pour régler leurs intérêts pécuniaires.

Ces régimes, au nombre de cinq, sont : la communauté légale, la communauté conventionnelle, l'exclusion de communauté ou le régime sans communauté, la séparation de biens, le régime dotal.

Ce serait sortir des limites que nous nous sommes tracées, que de reproduire tous les principes sur lesquels reposent ces divers régimes. Nous nous bornerons à exposer succinctement les règles principales qui régissent la communauté légale, la séparation de biens et le régime dotal; nous dirons ensuite quelques mots de la communauté conventionnelle.

I. *Communauté légale.* — La communauté légale est une société de biens entre époux.

qu'ils rédigent. La *minute,* ainsi appelée parce qu'elle est rédigée en petits caractères, est l'acte qui contient la signature du notaire, des parties et des témoins. Cet acte doit toujours rester dans les archives du notaire; les parties peuvent s'en faire délivrer une ou plusieurs copies ou expéditions. La copie, revêtue de la formule exécutoire, s'appelle spécialement *grosse* parce qu'elle est écrite en grosses lettres.

8.

L'actif de la communauté se compose de tout le mobilier, c'est-à-dire des meubles meublants, argent comptant, titres de créances, rentes, actions et autres objets de même nature que possèdent les époux au moment de la célébration du mariage, et de celui qui leur échoit pendant le cours du mariage, même par succession; des fruits et revenus de leurs immeubles, enfin des immeubles qu'ils acquièrent pendant le mariage. Mais les immeubles, qui appartenaient à chacun d'eux au moment du mariage, ou qui leur adviennent respectivement pendant son cours, par succession ou donation, en sont exclus.

Ces biens qui demeurent la propriété personnelle des époux, et dont la jouissance seulement entre en communauté, sont appelés *propres;* on les distingue ainsi des biens de communauté dont la propriété et la jouissance sont communes aux deux époux.

Les meubles et immeubles, acquis durant le mariage, qui tombent en communauté, reçoivent le nom spécial d'*acquêts.*

La communauté se compose passivement de toutes les dettes des époux au moment de la célébration, et de celles dont sont grevées les successions qui leur échoient pendant le mariage; des dettes contractées par le mari pendant la communauté; des arrérages de rentes ou dettes personnelles aux époux; des réparations usufructuaires des immeubles personnels; des aliments des époux; de l'entretien et l'instruction des enfants, et de toutes les charges du ménage.

L'administration de la communauté appartient au mari. Les droits que lui reconnaît la loi sur les biens communs sont très-étendus et dépassent de beaucoup ceux d'un administrateur ordinaire, car il peut vendre ces biens, les hypothéquer sans le concours de la femme. Toutefois, il lui est interdit de disposer entre-vifs, à titre gratuit, des immeubles de la communauté, et de l'universalité ou d'une quotité du mobilier, si ce n'est pour l'établissement des enfants communs ; faculté seule lui est laissée de disposer des effets mobiliers, à titre gratuit et particulier, au profit de toutes personnes, pourvu qu'il ne s'en réserve pas l'usufruit. Il ne peut pas donner, par une disposition testamentaire, au delà de sa part dans la communauté ; et, en effet, en lui accordant ce droit, on l'eût par là même autorisé à enlever à sa femme tout ou partie de ce qui lui est dû au moment du partage.

Le mari a l'administration de tous les biens personnels de sa femme, c'est-à-dire qu'il peut toucher les revenus, faire les baux, exercer les actions mobilières qui appartiennent à sa femme... mais il ne peut aliéner les immeubles personnels de celle-ci sans son consentement. Elle-même, avons-nous vu précédemment, ne peut en disposer sans l'autorisation de son mari ou de justice.

II. *Séparation de biens.* — Sous le régime de la séparation de biens, la femme conserve l'entière administration de ses biens meubles et immeubles et la jouissance libre de ses revenus.

Chacun des époux contribue aux charges du mariage, suivant les conventions contenues en leur contrat ; et, s'il n'en existe point à cet égard, la femme contribue à ces charges jusqu'à concurrence du tiers de ses revenus.

Lorsque les époux n'ont pas stipulé leur séparation de biens dans le contrat de mariage qu'ils ont consenti, la femme peut la demander et la faire prononcer en justice, durant le mariage, dans deux cas : 1° lorsque sa dot est en péril ; 2° lorsque le désordre des affaires de son mari donne lieu de craindre que les biens de celui-ci ne soient pas suffisants pour remplir ses droits et reprises.

Nous avons vu, en outre, que la séparation de corps entraîne de plein droit séparation de biens.

Dans ces cas, la séparation de biens dite judiciaire est régie par les mêmes règles que la séparation de biens résultant du contrat de mariage, appelée pour ce fait conventionnelle ou contractuelle, avec cette différence, toutefois, qu'à la suite d'une séparation de biens judiciaire, la femme doit contribuer, proportionnellement à ses facultés et à celles du mari, tant aux frais du ménage qu'à ceux d'éducation des enfants communs. Elle doit supporter entièrement ces frais, ajoute la loi, s'il ne reste rien au mari.

III. *Régime dotal.* — Un des caractères dominants de ce régime, c'est de rendre inaliénables, pendant le mariage, les immeubles compris dans la constitution dotale ; ils ne peuvent être aliénés ou hypothéqués pendant le mariage ni par le mari, ni par la femme, ni par les deux époux conjointement. Les immeubles dotaux sont en outre, en principe, imprescriptibles durant le mariage.

Cependant la loi a apporté quelques exceptions au principe de l'inaliénabilité des immeubles dotaux. Ils peuvent être vendus en se conformant aux formalités prescrites par le Code civil, dans certains cas ainsi déterminés : pour tirer de prison le mari ou la femme ; pour fournir des aliments à la famille ; pour payer les dettes de la femme ou de ceux qui ont constitué la dot ; pour faire de grosses réparations à l'immeuble dotal ; pour établir les enfants communs. La femme pourrait même, avec l'autorisation de justice, si son mari lui refusait son consentement, donner ses biens dotaux pour l'établissement de leurs enfants, à la charge d'en assurer l'usufruit à son mari. La loi déclare, en outre, aliénable le bien dotal dont l'aliénation a été permise dans le contrat de mariage.

L'immeuble dotal peut aussi être échangé, mais avec le consentement de la femme, contre un autre immeuble de même valeur, pour les quatre cinquièmes au moins ; la loi exige l'autorisation de la justice. Dans ce cas, l'immeuble reçu en échange devient dotal.

La *dot* est le bien que la femme apporte au mari pour supporter les charges du mariage. Pour que le bien de la femme soit soumis aux règles du régime dotal, il faut que les époux déclarent formellement, dans leur contrat de mariage, qu'ils entendent se marier sous ce régime, et qu'ils déterminent les biens que la femme se constitue en dot.

Le mari seul a l'administration des biens dotaux pendant le mariage. Il a seul le droit d'en poursuivre les débiteurs et détenteurs, d'en percevoir les fruits et les intérêts, et de recevoir le remboursement des capitaux. Cependant il peut être convenu par le contrat de mariage que la femme touchera annuellement, sur ses seules quittances, une partie de ses revenus pour son entretien et ses besoins personnels.

Tous les biens de la femme qui n'ont pas été constitués en dot sont *paraphernaux*.

C'est à la femme qu'appartiennent l'administration et la jouissance de ses biens paraphernaux. Mais, comme sous tous les régimes, ainsi que nous l'avons déjà dit, elle ne peut les aliéner ni paraître en justice, à raison de ces biens, sans l'autorisation de son mari, ou, à son refus, sans la permission de la justice.

Tel est le mécanisme des principaux régimes tracés par le législateur. Les époux, lorsqu'ils règlent leurs conventions matrimoniales, peuvent adopter celui des régimes qu'ils considèrent comme étant de nature à protéger le mieux les intérêts qu'ils ont à sauvegarder. Mais, empressons-nous de dire qu'ils ne sont pas tenus d'opter pour l'un ou l'autre des régimes, et de se soumettre entièrement à celui qu'ils ont choisi ; toute liberté leur est donnée de modifier les régimes, de les combiner, d'insérer même des clauses et conditions non prévues par la loi. Le Code civil, en effet, déclare dans le premier des articles qui traitent *du contrat de mariage et des droits respectifs des époux*, que « la loi ne régit l'association conjugale, quant aux biens, qu'à défaut de conventions spéciales, que les époux peuvent faire comme ils le jugent à propos, pourvu qu'elles ne soient pas contraires aux bonnes mœurs. » Toutefois, il ajoute que « les époux ne peuvent déroger ni aux droits résultant de la puissance maritale sur la personne de la femme et des enfants, ou qui appartiennent au mari comme chef, ni aux droits conférés au survivant des époux par le titre *de la puissance paternelle,* et par le titre *de la minorité, de la tutelle et de l'émancipation,* ni aux dispositions prohibitives du présent Code. » Enfin, il interdit aux époux « de faire aucune convention ou renonciation dont l'objet serait de changer l'ordre légal des successions, soit par rapport à eux-mêmes dans la succession de leurs enfants ou descendants, soit par rapport à leurs enfants entre eux. »

On conçoit que le législateur, tout en laissant les futurs époux libres de régler leurs intérêts pécuniaires suivant leurs convenances, n'ait pas permis aux contractants de restreindre, de modifier ou d'annihiler les principes fondamentaux sur lesquels repose l'organisation de la famille.

La communauté légale est le régime du droit commun, c'est-à-dire que c'est à ce régime que se trouvent soumis les époux qui n'ont pas fait de contrat de mariage, ou qui, dans leur contrat, n'en ont pas expressément ou indirectement, par des stipulations particulières, adopté un autre. Cependant ce régime présente souvent de graves inconvénients, notamment lorsqu'un des futurs époux apporte une notable partie de sa fortune, ou même sa fortune tout entière en rentes, actions industrielles... Car, ainsi que nous l'avons fait connaître, ces valeurs étant mobilières, tombent en communauté ; et si l'autre futur ne possède que des immeubles, son patrimoine lui restera à titre de propre, n'entrera pas en communauté !... Cet effet injuste de la communauté légale était moins choquant au moment de la rédaction du Code civil ; en effet, à cette époque, le patrimoine mobilier était très-peu important dans les familles. Mais aujourd'hui que la fortune mobilière a acquis d'énormes développements ; que tout l'avoir d'un grand nombre de personnes consiste uniquement en titres de rentes, actions, obligations, il devient presque toujours nécessaire pour les futurs époux de modifier, en ce point principalement, les règles de la communauté légale. Pour arriver à ce résultat, ils ont la faculté d'insérer dans leur contrat, suivant les cas, une des stipulations spéciales énumérées dans le Code civil, au chapitre de la *Communauté conventionnelle*.

Les époux adoptent le régime de la communauté conventionnelle, lorsqu'ils se bornent à modifier, par leurs conventions, le régime de la communauté légale ; mais alors ce dernier régime est maintenu comme principe, c'est-à-dire que c'est à ses réglementations que les époux se trouvent soumis, en dehors des modifications introduites par leur volonté.

Les principales conventions, par lesquelles les époux peuvent modifier la communauté légale, se résument en huit stipulations, les seules en usage, ainsi dénommées par la loi : 1° Que la communauté n'embrassera que les acquêts ; 2° que le mobilier présent et futur n'entrera point en communauté, ou n'y entrera que pour une partie ; 3° qu'on y comprendra tout ou partie des immeubles présents et futurs, par la voie de l'ameublissement ; 4° que les époux payeront séparément leurs dettes antérieures au mariage ; 5° qu'en cas de renonciation, la femme pourra reprendre ses apports francs et quittes ; 6° que le survivant aura un préciput ; 7° que les époux auront des parts inégales ; 8° qu'il y aura entre eux communauté à titre universel.

La stipulation, modification de la communauté légale la plus généralement adoptée, est celle de la *communauté réduite aux acquêts.* En vertu de cette convention, les époux conservent comme propres, activement et passivement, tous les biens mobiliers ou immobiliers qui leur appartiennent au jour du mariage, ou qui leur adviennent respectivement, pendant son cours, par succession ou donation. Ainsi, les *acquêts,* c'est-à-dire l'actif de la communauté, ne comprendront que les gains provenant soit des fruits ou revenus des biens des époux, soit de l'industrie de ces époux.

Voici au surplus les articles qui règlent la communauté réduite aux acquêts :

« Art. 1498. Lorsque les époux stipulent qu'il n'y aura entre eux qu'une communauté d'acquêts, ils sont censés exclure de la communauté et les dettes de chacun d'eux actuelles et futures, et leur mobilier respectif présent et futur. En ce cas, et après que chacun des époux a prélevé ses apports dûment justifiés, le partage se borne aux acquêts faits par les époux ensemble ou séparément durant le mariage, et provenant tant de l'industrie commune que des économies faites sur les fruits et revenus des biens des deux époux.

» Art. 1499. Si le mobilier existant lors du mariage,

ou échu depuis, n'a pas été constaté par inventaire ou état en bonne forme, il est réputé acquêt. »

SEIZIÈME LECTURE.

DES DROITS ET DES DEVOIRS DES ASCENDANTS A L'ÉGARD DE LA PERSONNE DES ENFANTS.

> Écoutez, enfants, les avis de votre père; suivez-les de telle sorte que vous soyez sauvés.
> *Ecclésiastique*, ch. III, verset 2.

L'article 371 du Code civil est ainsi conçu :

« L'enfant, à tout âge, doit honneur et respect à ses père et mère. »

La loi reproduit ici un des grands préceptes de la loi sacrée : Tu honoreras ton père et ta mère.

Si le Code civil ne parle que des père et mère sous l'autorité desquels l'enfant est plus immédiatement placé, il est bien évident néanmoins que les mots *père* et *mère* s'appliquent à tous les ascendants de l'enfant; celui qui faillirait à ce saint devoir envers son aïeul porterait, du même coup, une grave atteinte au respect qu'il doit à son père.

Si un fils, en effet, venait à commettre une action irrespectueuse envers son père, il l'offenserait sans doute, mais celui-ci lui pardonnerait beaucoup plus facilement que si ce même acte s'adressait à son propre père, parce qu'alors il se trouverait doublement froissé dans sa piété filiale et dans sa dignité paternelle. C'est pourquoi il est permis de dire que celui qui n'entoure pas ses grands parents de vénération, manque deux fois aux sentiments d'honneur et de respect qu'on doit à ses père et mère[1].

---

[1] Suivant le Code pénal, celui qui a porté des coups à ses aïeuls

Nous devons honorer nos ascendants, dirons-nous encore, parce que c'est d'eux que nous tenons l'existence ; puis ensuite, parce que leurs cheveux blancs nous attestent qu'ils ont eu longtemps à lutter contre les peines de la vie, et qu'ils vont bientôt s'endormir dans le sein de l'éternité. « Levez-vous devant ceux qui ont des cheveux blancs, honorez la personne des vieillards et craignez le Seigneur votre Dieu », dit le Lévitique.

Le respect des cheveux blancs ! ce n'est pas précisément une des vertus de notre époque ! Un grand prince demandait un jour à un vieillard qui avait vécu une partie du siècle dernier, quelle différence il trouvait entre son siècle et le nôtre. — Sire, lui répondit le vieillard, j'ai passé ma jeunesse à respecter mes père et mère, et il faut que je passe ma vieillesse à respecter mes enfants !

> D'un tombeau ruiné, d'un cirque ancien dans Rome,
> Nos yeux avec respect contemplent les débris,
> L'âge d'une médaille en rehausse le prix ;
> On fait cas d'un vieux buste ; on méprise un vieil homme...

... même alors que ce vieil homme tient à nous par les liens du sang. Tout en réservant notre admiration pour les grandes ruines, témoins muets des travaux et de la gloire de ceux qui nous ont précédés ici-bas, respectons

et aïeules est puni des mêmes peines que celui qui a frappé ses père et mère :

« Art. 312. L'individu qui aura volontairement fait des blessures ou porté des coups à ses père ou mère légitimes, naturels ou adoptifs, ou autres ascendants légitimes, sera puni ainsi qu'il suit : — de la réclusion, si les blessures ou les coups n'ont occasionné aucune maladie ou incapacité de travail personnel de l'espèce mentionnée en l'article 309 ; — du maximum de la réclusion, s'il y a eu incapacité de travail pendant plus de vingt jours, ou préméditation, ou guet-apens ; — des travaux forcés à temps, lorsque l'article auquel ce cas se référera prononcera la peine de la réclusion ; — des travaux forcés à perpétuité, si l'article prononce la peine des travaux forcés à temps. »

la vieillesse dans ce qu'elle a de plus sacré, c'est-à-dire dans l'homme fait à l'image de Dieu ; respectons-la surtout chez ceux dont nous tenons l'existence.

Indépendamment du devoir d'honneur et de respect imposé à l'enfant vis-à-vis de tous ses ascendants, diverses dispositions, éparses dans le Code civil, ont créé toute une série de droits et de devoirs entre ascendants et descendants.

C'est ainsi que l'enfant, comme nous l'avons vu à propos du mariage, doit requérir pour se marier tantôt le consentement, tantôt le conseil de ses père et mère ou autres ascendants ; qu'il peut être fait opposition au mariage par ces mêmes ascendants, qui ont la faculté, en outre, dans certains cas, d'en demander la nullité [1].

Comme application des mêmes principes, nous constaterons plus tard que la tutelle des enfants mineurs est déférée de plein droit par la loi au survivant des père et mère ou aux autres ascendants.

Enfin nous verrons qu'entre ascendants et descendants dérivent encore, de leurs qualités réciproques, des droits très-importants, soit au point de vue des aliments qu'ils doivent mutuellement se fournir, soit au point de vue des successions [2].

---

[1] A cette énumération il convient d'ajouter ici que deux décrets, l'un du 18 février 1809, l'autre du 28 février 1810, décident : le premier, que la fille mineure de vingt et un ans, pour être admise à contracter des vœux dans une congrégation religieuse, est tenue de présenter les consentements qui lui seraient nécessaires pour contracter mariage ; le second, que, de même, le fils mineur de vingt-cinq ans ne peut être admis dans les ordres sacrés qu'après avoir justifié du consentement de ses parents, ainsi que cela est prescrit par les lois civiles pour le mariage des fils âgés de moins de vingt-cinq ans accomplis.

[2] Nous ne parlerons des *successions* que dans le volume traitant de la loi dans ses rapports avec la propriété, volume dont la publication doit suivre celle-ci. Les successions, en effet, étant rangées

A côté des droits attribués, d'une façon générale, à tous les ascendants sur les enfants et descendants, il en est d'autres exclusivement attribués aux père et mère : droits spéciaux, qui constituent la puissance paternelle proprement dite. C'est sous ce titre, *De la puissance paternelle*, qu'il sont énumérés dans le Code civil, à la suite du principe qui domine toute cette partie de nos lois et que nous avons déjà reproduit et expliqué, à savoir que l'*enfant, à tout âge, doit honneur et respect à ses père et mère.*

Autrefois la puissance paternelle était portée à un degré d'absolutisme que répudient nos idées et nos mœurs actuelles. Les lois romaines, principalement, donnaient primitivement aux pères le droit de vendre, d'exposer et même de tuer leurs enfants. Cette rigueur, il est vrai, s'était adoucie au temps des empereurs; mais, encore à cette époque, le père de famille avait conservé le droit de vendre son enfant, au sortir du sein de la mère, lorsqu'il était réduit à une grande misère.

Peu à peu le sentiment chrétien, et le progrès des mœurs, ont amené les législateurs à renfermer les pouvoirs indispensables au chef de famille pour élever et diriger ses enfants, dans de sages et justes limites. Voici quelles sont à ce sujet les dispositions actuelles de nos lois civiles :

« Art. 372. Il (l'enfant) reste sous leur autorité (celle de ses père et mère) jusqu'à sa majorité ou son émancipation.

» Art. 373. Le père seul exerce cette autorité durant le mariage. »

Ainsi se trouve aujourd'hui consacrée l'autorité paternelle. L'enfant, jusqu'à ce qu'il puisse se guider et se

par le législateur parmi les moyens d'acquérir et de transmettre la propriété, se rattachaient plutôt à la seconde partie de notre travail qu'à la première.

diriger lui-même, c'est-à-dire jusqu'à sa majorité ou son émancipation, reste soumis à cette autorité, autorité mêlée de force et de douceur.

C'est le père, chef de la société conjugale, qui est tout naturellement investi de cette magistrature domestique, durant le mariage. Mais elle n'est pas attribuée exclusivement à lui; elle appartient aux père et mère. De telle sorte que si le père vient à mourir, ou même si, par suite d'interdiction, supposons-le, il est dans l'impossibilité d'exercer la puissance paternelle, c'est à la mère qu'incombe ce soin; l'autorité passe alors entièrement dans ses mains.

L'exercice de la puissance paternelle sur la personne de l'enfant se résume en deux droits principaux : 1° le droit de garde; 2° le droit de correction.

L'article 374 détermine ainsi le droit de garde :

« L'enfant ne peut quitter la maison paternelle sans la permission de son père, si ce n'est pour enrôlement volontaire, après l'âge de dix-huit ans révolus. »

La loi du 21 mars 1832 [1], sur le recrutement de l'armée, a modifié la dernière partie de cet article, en décidant, dans son article 32, que ce n'est plus à dix-huit ans, mais à vingt ans seulement, que l'enfant peut quitter la maison paternelle malgré ses parents pour s'engager; car, si l'enfant *a moins de vingt ans,* il doit justifier du consente-

[1] **Ce volume était déjà en partie imprimé, lorsque la loi sur l'organisation de l'armée, du 27 juillet 1872, a été votée par l'Assemblée nationale.**

Cette loi, du reste, tout en abrogeant la loi de 1832, a reproduit quelques-unes de ses dispositions, et notamment celle qui astreint l'engagé de *moins de vingt ans* à justifier du consentement de ses père, mère ou tuteur.

Ajoutons que cette loi (puisque nous avons parlé des autorisations de mariage des militaires, p. 91) déclare que *les hommes en disponibilité de l'armée active et les hommes de la réserve peuvent se marier sans autorisation.*

ment de son père, ou, à défaut de celui-ci, du consentement de sa mère ou de son tuteur autorisé par une délibération du conseil de famille [1].

Voici comment est réglé le droit de correction :

« Art. 375. Le père qui aura des sujets de mécontentement très-graves sur la conduite d'un enfant, aura les moyens de correction suivants.

» Art. 376. Si l'enfant est âgé de moins de seize ans commencés, le père pourra le faire détenir pendant un temps qui ne pourra excéder un mois; et, à cet effet le président du tribunal d'arrondissement devra, sur sa demande, délivrer l'ordre d'arrestation.

» Art. 377. Depuis l'âge de seize ans commencés jusqu'à la majorité ou l'émancipation, le père pourra seulement requérir la détention de son enfant pendant six mois au plus; il s'adressera au président dudit tribunal, qui, après en avoir conféré avec le procureur de la République, délivrera l'ordre d'arrestation ou le refusera, et pourra, dans le premier cas, abréger le temps de la détention requis par le père.

» Art. 378. Il n'y aura, dans l'un et l'autre cas, aucune

---

[1] En dehors d'un engagement volontaire, la loi n'oblige pas l'enfant à demeurer dans la maison paternelle jusqu'à sa majorité, quelles que soient les circonstances. Si donc des père et mère dénaturés se livraient envers leur enfant à des excès intolérables, ou même si cet enfant ne recevait sous le toit paternel que de mauvais conseils et de détestables exemples de nature à le pousser irrévocablement vers le vice, les tribunaux alors pourraient intervenir et modifier l'exercice de la puissance paternelle en enlevant, par exemple, aux père et mère le droit de garde, et en autorisant l'enfant à se retirer près d'un parent ou dans une maison étrangère.

L'article 335 du Code pénal prive, indépendamment d'autres peines, de tous droits et avantages qui leur sont accordés sur la personne et les biens de leur enfant par le Code civil, au titre *De la puissance paternelle*, les père et mère reconnus coupables d'avoir excité, favorisé ou facilité habituellement la débauche ou la corruption de cet enfant, mineur de vingt et un ans.

écriture ni formalité judiciaires, si ce n'est l'ordre même d'arrestation, dans lequel les motifs n'en seront point énoncés. — Le père sera seulement tenu de souscrire une soumission de payer tous les frais, et de fournir les aliments convenables.

» Art. 379. Le père est toujours maître d'abréger la durée de la détention par lui ordonnée ou requise. Si, après sa sortie, l'enfant tombe dans de nouveaux écarts, la détention pourra être de nouveau ordonnée de la manière prescrite aux articles précédents.

» Art. 380. Si le père est remarié, il sera tenu, pour faire détenir son enfant du premier lit, lors même qu'il serait âgé de moins de seize ans, de se conformer à l'article 377.

» Art. 381. La mère survivante et non remariée ne pourra faire détenir un enfant qu'avec le concours des deux plus proches parents paternels, et par voie de réquisition, conformément à l'article 377.

» Art. 382. Lorsque l'enfant aura des biens personnels, ou lorsqu'il exercera un état, sa détention ne pourra, même au-dessous de seize ans, avoir lieu que par voie de réquisition, en la forme prescrite par l'article 377. — L'enfant détenu pourra adresser un mémoire au procureur général près la cour d'appel. Celui-ci se fera rendre compte par le procureur de la République au tribunal de première instance, et fera son rapport au premier président de la cour d'appel, qui, après en avoir donné avis au père, et après avoir recueilli tous les renseignements, pourra révoquer ou modifier l'ordre délivré par le président du tribunal de première instance.

» Art. 383. Les articles 376, 377, 378 et 379 seront communs aux pères et mères des enfants naturels légalement reconnus. »

Telles sont les punitions plus ou moins sévères dont la loi a armé les père et mère dans les cas de manquements graves de la part des enfants à leurs devoirs. Mais on voit que la mère, lorsqu'elle exerce la puissance paternelle, n'a pas des pouvoirs aussi étendus que le père, au point de vue de la correction. Dans la crainte qu'elle ne subisse trop facilement, par suite de la faiblesse inhérente à son sexe, les entraînements et les influences du dehors, le législateur exige, pour qu'elle puisse faire détenir son enfant, le concours des deux plus proches parents paternels ; et, même alors, la mère ne peut agir que par voie de réquisition.

Par une précaution sage et prudente, la loi a, en outre, modifié le droit de correction du père remarié, et a enlevé complétement ce droit à la mère qui a convolé à de secondes noces.

Ainsi, par *droit de correction*, il ne faut pas entendre les punitions que le père peut infliger dans son intérieur à l'enfant qui lui désobéit ; le législateur n'a rien réglementé à cet égard. Le père, chez lui, a le droit et le devoir d'employer les moyens qui lui paraissent les plus propres à punir efficacement son enfant, suivant la nature, le caractère, les dispositions de celui-ci. Toutefois, il ne faudrait pas qu'il fît dans ce cas un abus excessif de son autorité. Aussi, s'il torturait son enfant ou le maltraitait outre mesure, de façon, par exemple, à lui occasionner des blessures, il commettrait un acte délictueux, et pourrait se voir condamner par le tribunal de police correctionnelle aux peines, édictées par le Code pénal en matière de coups et blessures volontaires.

Du droit de puissance paternelle dérive, pour les père et mère, le devoir d'éducation envers leurs enfants.

Le Code civil trace ainsi ce devoir des pères et mères au chapitre intitulé : *Des obligations qui naissent du mariage.*

« Art. 203. Les époux contractent ensemble, par le fait

seul du mariage, l'obligation de nourrir, entretenir et élever leurs enfants. »

Ainsi donc, les époux, protecteurs naturels de leurs enfants faibles et sans défense, sont astreints par la loi même à les loger, les vêtir et les nourrir; c'est là une des charges du mariage.

Les père et mère doivent, de plus, élever leurs enfants, développer leur intelligence, former leur cœur, leur inspirer des sentiments religieux, leur apprendre un métier, et leur donner une instruction en rapport avec leur fortune et le milieu social dans lequel ils sont appelés à vivre. Ces obligations, imposées comme les autres à la fois au père et à la mère, sont graves et délicates à remplir. C'est principalement sur la tendresse des époux pour leurs enfants, sur leur conscience, que le législateur se repose pour attendre d'eux l'accomplissement de la plupart de ces devoirs. Mais sont-ils toujours fidèlement et sagement remplis dans l'état actuel de notre société [1]?

---

[1] Lorsqu'un dommage est causé à quelqu'un par un enfant mineur, la loi rend les père et mère responsables de ce dommage. Elle suppose, en effet, qu'ils n'ont pas rempli suffisamment leur devoir d'éducation, soit parce qu'ils n'ont pas entouré cet enfant de toute la surveillance nécessaire, soit parce qu'ils l'ont mal conseillé ou mal dirigé. Cependant les père et mère peuvent, dans ce cas, ne pas encourir de responsabilité, s'ils parviennent à prouver qu'ils ont surveillé leur enfant autant qu'il était possible, et qu'ils n'ont rien à se reprocher dans la façon dont ils l'ont élevé. Tel est le sens des dispositions suivantes de l'article 1384 du Code civil.

« On est responsable, non-seulement du dommage que l'on cause par son propre fait, mais encore de celui qui est causé par le fait des personnes dont on doit répondre, ou des choses que l'on a sous sa garde. — Le père, et la mère après le décès du mari, sont responsables du dommage causé par leurs enfants mineurs habitant avec eux.. . . . .

. . . .

» La responsabilité ci-dessus a lieu à moins que les père et mère... ne prouvent qu'ils n'ont pu empêcher le fait qui donne lieu à cette responsabilité. »

9.

L'horreur de tout frein caractérise, hélas! la jeunesse de notre époque. Le père, absorbé par les affaires, quand il ne l'est pas par les plaisirs, se décharge sur la mère et sur l'instituteur du soin d'élever ses enfants. Insuffisante souvent, trop faible presque toujours, la mère, dans l'exagération de son amour maternel, ne sait pas aimer assez sagement ses enfants pour les châtier sévèrement quand ils font mal. L'instituteur a son cadre tracé qu'il doit remplir dans un temps donné; il croit accomplir sa tâche en se renfermant strictement dans les limites de son programme. Toute excursion faite au delà serait du temps perdu pour lui; il est chargé de donner l'instruction; l'éducation n'est pas de son domaine : que d'autres se chargent de ce soin! S'en chargent-ils?

Et cependant, si le père et la mère de l'enfant, si son instituteur n'ont pas ouvert son cœur et son intelligence aux pensées religieuses; s'il a été lancé dans la vie sans être muni de cette précieuse boussole qui peut seule guider l'homme ici-bas vers les mondes éternels; s'il méconnaît, en un mot, l'autorité de Dieu, il méconnaîtra aussi, soyez-en assurés, l'autorité de son père et celle de ses supérieurs. Rebelle à tout frein, à toute discipline; croyant, dans sa sotte présomption, à la supériorité de son intelligence; plein de dédain pour les sentiments des autres, il ne songera qu'à satisfaire l'appétit de ses passions déréglées, et ne fera jamais qu'un mauvais citoyen.

Mais, pour prévenir ces résultats malheureusement trop fréquents d'une mauvaise éducation, la loi civile est forcément désarmée, et le devoir des père et mère, en pareil cas, ne saurait avoir d'autre sanction, comme l'a dit un jurisconsulte éminent, que l'opinion et les mœurs publiques.

DIX-SEPTIÈME LECTURE.

DES DROITS ET DES DEVOIRS DES ASCENDANTS VIS-A-VIS
DES ENFANTS AU POINT DE VUE DES BIENS.

> Le devoir et obligation des parens et enfans est réci-
> proquement naturelle. Si celle des enfans est plus
> étroite, celle des parens est plus ancienne.
> CHARRON, *De la Sagesse*, livre III, chap. XIV.

Deux droits appartiennent aux père et mère sur les
biens de leurs enfants mineurs, ce sont : 1° le droit d'administration; 2° le droit de jouissance légale.

Ces droits sont des attributs de la puissance paternelle
proprement dite; aussi les ascendants, autres que les père
et mère, ne peuvent-ils jamais les revendiquer.

L'article 389 du Code civil règle ainsi le droit d'administration :

« Le père est, durant le mariage, administrateur des
biens personnels de ses enfants mineurs. — Il est comptable,
quant à la propriété et aux revenus, des biens dont il n'a
pas la jouissance; et, quant à la propriété seulement, de
ceux des biens dont la loi lui donne l'usufruit. »

Cet article, placé on ne sait trop pourquoi au titre *De
la tutelle,* suppose que des biens sont advenus à un enfant mineur durant le mariage de ses père et mère, soit
par succession, soit par donation; et alors, comme il ne
peut y avoir ouverture de tutelle, ainsi que nous le verrons plus tard, qu'à la dissolution du mariage, la loi
constitue le père administrateur des biens de son enfant.
A ce titre, il représente son enfant dans tous les actes de
la vie civile, exclusivement en sa qualité de père investi
de la puissance paternelle. Aussi la mère sera-t-elle
chargée de cette administration toutes les fois qu'elle
aura l'exercice de la puissance paternelle; par exemple,
lorsque le mari sera interdit.

L'administration légale doit naturellement cesser en même temps que la puissance paternelle, c'est-à-dire à la majorité ou par l'émancipation de l'enfant.

Un second attribut de la puissance paternelle, relativement aux biens, est le droit de jouissance légale qui est accordé aux père et mère sur les biens de leurs enfants.

Ce droit résulte des dispositions suivantes, qui figurent au titre *De la puissance paternelle* :

« Art. 384. Le père durant le mariage, et, après la dissolution du mariage, le survivant des père et mère, auront la jouissance des biens de leurs enfants jusqu'à l'âge de dix-huit ans accomplis, ou jusqu'à l'émancipation, qui pourrait avoir lieu avant l'âge de dix-huit ans.

» Art. 385. Les charges de cette jouissance seront : 1° celles auxquelles sont tenus les usufruitiers ; 2° la nourriture, l'entretien et l'éducation des enfants, selon leur fortune ; 3° le payement des arrérages ou intérêts des capitaux ; 4° les frais funéraires et ceux de dernière maladie.

» Art. 386. Cette jouissance n'aura pas lieu au profit de celui des père et mère contre lequel le divorce aurait été prononcé ; et elle cessera à l'égard de la mère dans le cas d'un second mariage.

» Art. 387. Elle ne s'étendra pas aux biens que les enfants pourront acquérir par un travail et une industrie séparés, ni à ceux qui leur seront donnés ou légués sous la condition expresse que les père et mère n'en jouiront pas. »

Ce droit de jouissance légale, à la différence du précédent, survit, au profit du père ou de la mère, à la dissolution du mariage. Mais, indépendamment du cas d'émancipation, la loi n'attend pas la majorité de l'enfant pour y mettre fin ; ce droit cesse lorsque l'enfant a atteint l'âge de dix-huit ans accomplis. Il a semblé juste au législateur, qu'au moment de sa majorité l'enfant pût trouver quelque argent en réserve pour subvenir à ses premières dépenses d'établissement. D'un autre côté, en excluant du droit d'usufruit légal les biens qu'il s'est acquis par un travail séparé de celui de ses parents, ou par une industrie distincte de l'état ou de la profession de ces derniers, on a voulu lui donner un encouragement et développer en lui des idées d'ordre et d'économie.

La mère qui se remarie perd ce droit d'usufruit. On a craint, non sans raison, que, subissant l'influence de son second mari, elle ne laissât employer les produits de son usufruit aux dépenses du ménage nouveau, plutôt que dans l'intérêt de son enfant du premier lit.

Le principal but du législateur, en créant au profit des père et mère le droit d'usufruit légal, a été de les indemniser et de les récompenser des soins que le devoir d'éducation met à leur charge. Toutefois, il ne leur est pas laissé pleine liberté de disposer à leur gré des produits de cet usufruit. La loi leur impose des obligations, et une des plus importantes est de pourvoir, dans ce cas, à l'entretien et à l'éducation de l'enfant, selon sa fortune. De telle sorte que si le père remplit, suivant le vœu de la loi, l'obligation de nourrir, entretenir et élever ses enfants (obligation imposée par l'article 203), en se basant, pour les dépenses à faire dans ce but, sur ses propres ressources, il n'en est plus de même lorsqu'il est usufruitier du bien de ses enfants; il doit alors donner à ceux-ci une éducation proportionnée à leur fortune.

Lorsque l'enfant est élevé, qu'il est en âge de s'établir, pourrait-il demander une dot à ses père et mère, soit pour contracter mariage, soit pour acheter un fonds de commerce ou un office de notaire ou d'huissier? L'article 204 répond à cette question :

« L'enfant n'a pas d'action contre ses père et mère pour un établissement par mariage ou autrement. »

La loi a cherché, en ne contraignant pas les parents à doter leurs enfants, à donner une force plus grande à l'exercice de la puissance paternelle.

D'après la loi morale, les père et mère n'ont vraiment rempli tous leurs devoirs d'éducation qu'après avoir assuré à leurs enfants « un état, une carrière, une position stable et indépendante ». Mais ceci est abandonné à leur conscience; la loi civile n'a rien prescrit à cet égard.

Dès le moment que l'enfant devient homme (moment qui a été fixé par la loi à sa majorité ou son émancipation), qu'il peut alors subvenir seul à ses besoins, le devoir de *nourrir, entretenir et élever* cesse pour les père et mère. Mais alors commence pour eux un devoir d'un autre genre, qui n'est plus limité par l'âge, celui de venir au secours de leur enfant dans la misère, de leur enfant hors d'état de se procurer le nécessaire, en lui fournissant une pension alimentaire.

La dette alimentaire a cet effet particulier d'être, en règle générale, réciproque; ainsi, la personne qui a droit à des aliments, a le devoir d'en fournir à celui qui les lui doit. Elle a, en outre, ce caractère important d'exister non-seulement pour les père et mère, mais aussi à l'égard des aïeuls et aïeules, et entre les alliés que la loi prend soin de déterminer.

Voici, à ce sujet, les dispositions légales :

« Art. 205. Les enfants doivent des aliments à leurs père et mère et autres ascendants qui sont dans le besoin.

» Art. 206. Les gendres et belles-filles doivent également, et dans les mêmes circonstances, des aliments à leurs beau-père et belle-mère; mais cette obligation cesse, 1° lorsque la belle-mère a convolé en secondes noces

2° lorsque celui des époux qui produisait l'affinité, et les enfants issus de son union avec l'autre époux, sont décédés [1].

» Art. 207. Les obligations résultant de ces dispositions sont réciproques.

» Art. 208. Les aliments ne sont accordés que dans la proportion du besoin de celui qui les réclame, et de la fortune de celui qui les doit.

» Art. 209. Lorsque celui qui fournit ou celui qui reçoit des aliments est replacé dans un état tel que l'un ne puisse plus en donner, ou que l'autre n'en ait plus besoin en tout ou en partie, la décharge ou réduction peut en être demandée.

» Art. 210. Si la personne qui doit fournir les aliments justifie qu'elle ne peut payer la pension alimentaire, le tribunal pourra, en connaissance de cause, ordonner qu'elle recevra dans sa demeure, qu'elle nourrira et entretiendra celui auquel elle devra des aliments.

» Art. 211. Le tribunal prononcera également si le père ou la mère qui offrira de recevoir, nourrir et entretenir dans sa demeure, l'enfant à qui il devra des aliments, devra dans ce cas être dispensé de payer la pension alimentaire. »

[1] Les personnes auxquelles la loi impose la dette alimentaire ne sont pas tenues simultanément, mais successivement.

On s'accorde généralement à décider que la personne qui réclame des aliments doit d'abord s'adresser à ses enfants; puis, s'ils ne peuvent la secourir, à ses ascendants; puis, à leur défaut, à ses gendres ou brus; enfin, à ses beau-père et belle-mère. On ne doit jamais recourir aux alliés qu'à défaut de parents.

DIX-HUITIÈME LECTURE.

DES ENFANTS.

> Le fils qui est sage est la joie du père ; le fils insensé
> est la tristesse de la mère.
>
> Parabole de SALOMON.

> Les enfants sont ce que nous sommes;
> Ils ont nos mêmes sentiments.
> Les enfants sont de petits hommes,
> Et les hommes de grands enfants.

On a trop oublié de nos jours les vérités enfermées dans ce quatrain. Oui, les enfants sont ce que nous sommes, ils ont les mêmes sentiments, ils sont ce que nous les faisons. L'enfant hérite généralement des vertus ou des vices de ses parents, de même qu'il hérite de leurs qualités ou de leurs défauts physiques.

Tel père, tel fils, a dit le proverbe, et le proverbe a presque toujours raison. L'enfant est essentiellement imitateur, il se modèle sur ceux qui vivent auprès de lui, et plus spécialement sur ceux que la nature a donnés à sa faiblesse pour protecteurs et pour guides.

Celui qui est né de parents bons et vertueux sera souvent riche en vertus natives, vertus qui s'augmenteront plus tard des qualités acquises dans un contact incessant avec des parents qui lui prodigueront les bons conseils et les sages exemples. Celui qui est né de parents méchants et débauchés, outre qu'il porte en lui le germe des vices de ses auteurs, aura malheureusement sous les yeux l'exemple de la dépravation qui le poussera fatalement dans le sentier du mal, si cette voix intérieure que tout homme porte en soi-même, et qui a nom *conscience,* ne parle pas assez haut, et assez ferme, à sa raison et à son cœur pour faire taire ses mauvaises passions et ses méchants instincts.

C'est pourquoi, .s'il est vrai de dire que l'homme qui s'écarte des voies du devoir et de la vertu est coupable envers Dieu, envers sa patrie, envers ses semblables et envers lui-même, il est également vrai d'affirmer que sa culpabilité devient plus grande encore lorsque, père de famille, il transmet à ses enfants, avec ses vices natifs, le pernicieux exemple de sa mauvaise conduite.

Notre pays, il faut en faire l'aveu, est déchu, par notre faute à tous, du rang qu'il occupait parmi les nations... Les enfants d'aujourd'hui seront bientôt des hommes. Tâchons de faire de ces enfants des hommes sages et vertueux, des hommes meilleurs que nous, des hommes qui soient assez forts, assez laborieux pour réparer les immenses désastres dont ils viennent d'être les témoins, assez valeureux pour relever dignement le drapeau de la France.

Ferdinand II admirait, un jour, un enfant que Berettini avait peint pleurant. L'artiste ne fit qu'ajouter un coup de pinceau et l'enfant parut rire. Puis, d'un autre coup, il le remit dans son premier état. « Prince, lui dit le peintre, vous voyez avec quelle facilité les enfants rient et pleurent. »

L'enfant, on l'a dit à satiété, est comme une cire molle que l'on pétrit à volonté, et dont le modeleur habile peut faire, à son gré, un ange ou un démon, de même que Berettini savait faire rire et pleurer alternativement l'enfant créé par son pinceau.

Une dame grecque montrait à la mère de Phocion ses bijoux et ses pierreries, et lui demandait à voir les siens : celle-ci, réunissant autour d'elle ses enfants, lui dit en les lui montrant : « Voici ma parure. »

Dieu veuille que les mères françaises aiment toutes à se montrer au milieu d'une semblable parure. Dieu veuille qu'il naisse à la France des hommes d'État, des orateurs, des généraux, des citoyens de la valeur de Phocion!...

En attendant, examinons avec quelle sollicitude le légis-lateur s'est occupé de l'enfant, depuis le moment où sa conception a pu être connue, jusqu'au jour où il a été reconnu apte à jouir de tous ses droits civils, c'est-à-dire jusqu'au jour de sa majorité, jusqu'à l'âge de vingt et un ans accomplis.

Considérons tout d'abord les enfants au point de vue de leur origine, et voyons quelles sont les modifications que cette origine apporte dans les rapports de l'enfant avec sa famille.

La procréation crée entre l'enfant et ses père et mère une relation, un lien qui constitue ce qu'on appelle *la filiation*.

La filiation est ou légitime ou naturelle : légitime, quand elle dérive de l'état du mariage des père et mère; natu-relle, quand elle existe en dehors du mariage. Cette der-nière est naturelle simple, adultérine ou incestueuse.

La loi s'est attachée à distinguer, au milieu des incer-titudes inhérentes à la nature des choses, l'enfant légitime de celui qui ne l'est pas. Par là, elle a cherché à encou-rager et honorer l'union légale en réprouvant, dans la mesure du possible et du juste, tout ce que la conscience humaine, la religion, l'intérêt et le bon ordre de la société s'accordent à condamner. Le Code civil (au titre VII du liv. Ier, intitulé *De la paternité et de la filiation*, chap. i et ii) fixe les principes en vertu desquels un enfant peut revendi-quer la qualité de légitime; il trace en outre, dans ce même titre, les règles relatives au *désaveu*. Nous devons passer sous silence cette partie importante de notre légis-lation, qui exigerait, pour être bien comprise, des dévelop-pements que les limites que nous nous sommes tracées ne nous permettent guère de donner. D'ailleurs, l'exposition de ces principes de droit ne serait pas toujours de nature à être lue sans inconvénients par le lecteur auquel nous

nous adressons principalement. En effet, comme nous l'avons déjà dit, ayant le désir de voir classer notre livre dans les bibliothèques scolaires, nous devions, dans certains cas, nous montrer plus réservés que la loi elle-même.

DES ENFANTS LÉGITIMES.

Lorsque la légitimité d'un enfant est établie, cet enfant jouit de la plénitude des droits de la famille. On dit qu'*il entre dans la famille de ses père et mère,* ce qui signifie qu'un lien existe non-seulement entre lui et ceux dont il tient l'existence, mais aussi entre lui et les parents de ces derniers. Il a ainsi, outre ses père et mère, des ascendants (aïeuls et bisaïeuls), des collatéraux (frères, sœurs, oncles et tantes....) ; à lui s'appliquent, d'une façon complète, les dispositions légales que nous avons précédemment exposées en parlant des droits et des devoirs des ascendants à l'égard des enfants.

DES ENFANTS LÉGITIMÉS.

Lorsque des père et mère viennent à contracter mariage après avoir reconnu un enfant naturel, soit dans l'acte de naissance de celui-ci, soit dans leur acte de mariage ou dans tout autre acte authentique, cet enfant est légitimé de plein droit par la célébration du mariage.

L'enfant légitimé acquiert les mêmes droits que l'enfant légitime, mais du jour de la célébration seulement.

La loi civile nous dit à ce sujet :

« Art. 331. Les enfants nés hors mariage, autres que ceux nés d'un commerce incestueux ou adultérin, pourront être légitimés par le mariage subséquent de leurs père et mère, lorsque ceux-ci les auront légalement reconnus avant leur mariage, ou qu'ils les reconnaîtront dans l'acte même de célébration.

» Art. 332. La légitimation peut avoir lieu, même en

faveur des enfants décédés qui ont laissé des descendants ; et, dans ce cas, elle profite à ces descendants.

» Art. 333. Les enfants légitimés par le mariage subséquent auront les mêmes droits que s'ils étaient nés de ce mariage[1]. »

DES ENFANTS NATURELS SIMPLES, ADULTÉRINS OU INCESTUEUX.

L'enfant naturel n'entre pas, comme l'enfant légitime, dans la famille de ses père et mère. Entre ces derniers seulement et lui s'établit un lien de parenté. Il n'a ni

---

[1] On a distribué récemment aux députés l'exposé des motifs et le texte du projet de loi présenté par M. Mazerat, tendant à modifier la rédaction des articles 331 et 335 du Code civil sur la légitimation des enfants nés hors mariage.

Les articles 331 et 335 du Code civil seraient, d'après le projet, modifiés de la manière suivante :

« Art. 331 (ancien). Les enfants nés hors mariage, autres que ceux nés d'un commerce incestueux ou adultérin, pourront être légitimés par le mariage subséquent de leurs père et mère, lorsque ceux-ci les auront légalement reconnus avant le mariage, ou qu'ils les reconnaîtront dans l'acte même de célébration.

» Art. 334 (ancien). La reconnaissance d'un enfant naturel sera faite par un acte authentique, lorsqu'elle ne l'aura pas été dans son acte de naissance.

» Art. 335 (ancien). Cette reconnaissance ne pourra avoir lieu au profit des enfants nés d'un commerce incestueux ou adultérin.

» Art. 331 (rédaction nouvelle). Les enfants nés hors mariage d'un père et d'une mère libres au jour de la conception ou qui obtiendraient, conformément à l'article 164 du Code civil (voir p. 67), l'autorisation de se marier, pourront être légitimés par le mariage subséquent de leurs père et mère, lorsqu'ils les auront légalement reconnus avant leur mariage, ou qu'ils les reconnaîtront dans l'acte même de célébration.

» Art. 334. A conserver sans changement.

» Art. 335 (rédaction nouvelle). Cette reconnaissance ne pourra avoir lieu au profit des enfants nés d'un commerce incestueux ou adultérin, à moins que, pour les premiers, elle n'intervienne dans l'acte de célébration d'un mariage contracté en vertu des dispenses prévues par l'article 164 du Code civil. »

aïeuls, ni collatéraux ; sa famille se réduit à son père, sa mère et ses descendants.

Toutefois l'enfant naturel est, sur plus d'un point, assimilé à l'enfant légitime. C'est ainsi qu'il doit, comme l'enfant légitime, honneur et respect à ses père et mère. Ceux-ci ont vis-à-vis de lui le droit de garde et de correction ; ils sont tenus, à son égard, du devoir d'éducation.

Seulement, ni le père, ni la mère, ne sauraient prétendre au droit de jouissance légale sur les biens de leur enfant naturel mineur de dix-huit ans. Ce droit, qui est une faveur, une récompense accordée aux père et mère par la loi, ne pouvait s'étendre à ceux qui ont à se reprocher un acte contraire aux principes de la morale et de la religion, et contraire en même temps à l'ordre social.

Quant à l'enfant adultérin ou incestueux, le législateur a refusé à cet enfant, né d'un crime, tous les droits de la famille. Il ne lui a accordé que le droit de réclamer des aliments à ceux que la force des choses a démontrés être ses père et mère ; c'est ce que nous apprendra l'étude des *successions*. Alors nous constaterons également une des différences importantes entre les droits des enfants légitimes et ceux des enfants naturels simples[1].

Pour que l'enfant naturel voie naître, entre ses père et mère et lui, les droits et devoirs dont nous venons de parler, il faut qu'il ait été *reconnu*, c'est-à-dire que sa filiation naturelle soit établie d'une façon certaine vis-à-vis de ses auteurs, ou de l'un d'eux seulement. Dans ce dernier cas, des liens de parenté civile existent uniquement entre l'enfant et celui de ses auteurs qui l'a reconnu.

La *reconnaissance* peut être volontaire ou résulter

---

[1] Est-il nécessaire de dire que, contrairement à l'ancien droit qui frappait les bâtards de certaines incapacités, les enfants illégitimes jouissent aujourd'hui, dans l'ordre civil et politique, des mêmes prérogatives que tous les autres citoyens ?

d'une décision judiciaire intervenue à la suite d'une preuve de la filiation faite par témoins.

I. *Reconnaissance volontaire.* — La reconnaissance doit être faite par le père ou la mère dans un acte authentique, c'est-à-dire dans un acte dressé par un officier public, tel qu'un officier de l'état civil, un notaire...

Les dispositions du Code civil sont, à ce sujet, ainsi formulées :

« Art. 334. La reconnaissance d'un enfant naturel sera faite par un acte authentique, lorsqu'elle ne l'aura pas été dans son acte de naissance [1].

» Art. 335. Cette reconnaissance ne pourra avoir lieu au profit des enfants nés d'un commerce incestueux ou adultérin.

» Art. 336. La reconnaissance du père, sans l'indication et l'aveu de la mère, n'a d'effet qu'à l'égard du père.

» Art. 337. La reconnaissance faite pendant le mariage, par l'un des époux, au profit d'un enfant naturel qu'il aurait eu, avant son mariage, d'un autre que de son époux, ne pourra nuire ni à celui-ci ni aux enfants nés de ce

---

[1] Le Code civil (par les articles 319 à 330 que nous avons cru inutile de reproduire dans cet ouvrage) indique les modes de preuve de la filiation des enfants légitimes ; c'est par *l'acte de naissance* inscrit sur les registres de l'état civil que se prouve, avant tout et principalement, la filiation d'un enfant légitime.

A la différence de la filiation légitime, la filiation naturelle ne peut pas être prouvée par un acte de naissance *seul*. L'acte de naissance d'un enfant naturel, quand bien même il contiendrait les noms du père et de la mère, ne pourrait suffire à établir la filiation de cet enfant, s'il n'y avait, en outre, *reconnaissance* formelle de la part des père et mère.

La loi s'est méfiée, avec raison, même de la déclaration de maternité mentionnée dans l'acte de naissance d'un enfant naturel. Comme une pareille naissance n'est rien moins qu'honorable, il était à craindre, en effet, que la mère ne fût quelquefois faussement indiquée.

mariage. — Néanmoins elle produira son effet après la dissolution de ce mariage, s'il n'en reste pas d'enfants.

» Art. 338. L'enfant naturel reconnu ne pourra réclamer les droits d'enfant légitime. Les droits des enfants naturels seront réglés au titre *Des successions.*

» Art. 339. Toute reconnaissance de la part du père ou de la mère, de même que toute réclamation de la part de l'enfant, pourra être contestée par tous ceux qui y auront intérêt. »

II. *Reconnaissance forcée par voie de justice.* — A défaut d'un acte de reconnaissance volontaire, l'enfant naturel peut, dans certains cas et sous certaines conditions, former contre ceux dont il se prétend issu une demande en justice, à l'effet d'établir sa filiation; on dit alors qu'il y a recherche de la paternité ou de la maternité.

« Art. 340. La recherche de la paternité est interdite. — Dans le cas d'enlèvement, lorsque l'époque de cet enlèvement se rapportera à celle de la conception, le ravisseur pourra être, sur la demande des parties intéressées, déclaré père de l'enfant.

» Art. 341. La recherche de la maternité est admise. — L'enfant qui réclamera sa mère sera tenu de prouver qu'il est identiquement le même que l'enfant dont elle est accouchée. — Il ne sera reçu à faire cette preuve par témoins que lorsqu'il aura déjà un commencement de preuve par écrit.

» Art. 342. Un enfant ne sera jamais admis à la recherche, soit de la paternité, soit de la maternité, dans les cas où, suivant l'article 335, la reconnaissance n'est pas admise. »

En posant dans nos lois ce principe, *la recherche de la paternité est interdite,* le législateur a voulu éviter le scandale que ne peuvent manquer de provoquer ces sortes de recherches, en présence surtout des incertitudes qui entourent presque toujours la paternité. Et il n'a admis qu'une exception à son principe, c'est dans le cas d'enlèvement, lorsque l'époque de l'enlèvement se rapporte à celle de la conception de l'enfant. L'article 340 du Code civil répond-il vraiment aux besoins et aux nécessités de notre état social? Doit-il être le dernier mot de notre législation ?

Dans un ouvrage récent, ayant pour titre *Le mariage en France*, M. Ernest Cadet démontre, à l'aide de tableaux statistiques, que le nombre des mariages semble être plutôt en voie de diminution qu'en voie d'accroissement; tandis que le nombre des enfants nés hors mariage tend constamment à s'accroître. — Au mal qu'il signale, l'auteur assigne de nombreuses causes; et, en première ligne, l'affaiblissement du véritable sentiment religieux. Une grande cause du mal, dit-il encore, est aussi l'indifférence de la loi et de l'autorité pour ce qui regarde les mœurs. Il voudrait voir punir le crime de séduction, qui en amène tant d'autres à sa suite; il voudrait voir réprimer plus sévèrement les attentats aux mœurs, l'adultère, dont les cas ont triplé depuis 1841.

En ce qui touche la recherche de la paternité, M. Cadet s'exprime ainsi :

« En prohibant, d'une manière absolue, la recherche de la paternité hors mariage, le législateur moderne se flattait d'assurer le repos des familles et la paix publique. Les statistiques criminelles sont là pour montrer à quel prix ce prétendu repos est assuré. »

De 1841 à 1864 nous avons relevé :

55 assassinats de séducteurs par les filles séduites et
      abandonnées ;

4 meurtres ;

108 incendies inspirés à ces malheureuses par le désespoir ;
 60 assassinats ;
 25 meurtres commis sur des séducteurs par les parents
     de leur victime.

Ajoutez à ce chiffre celui des avortements, des infanticides, des expositions d'enfants, des suicides qui n'ont d'autres causes qu'un lâche abandon ; comptez toutes les filles abusées par de fausses promesses, dont la prostitution a fait sa proie ; et félicitez-vous d'assurer à ce prix le repos des familles et la paix publique ! . . . .
. . . . . Or, si l'article 340 du Code civil était modifié, si l'homme avait la conscience de sa responsabilité, un grand pas serait fait : on arriverait en même temps à alléger le budget de l'État d'une partie de la dépense que nécessite l'entretien des enfants abandonnés, et on diminuerait ainsi, au profit de tous, les charges qui sont la conséquence des débauches de quelques-uns.

En rapprochant notre loi moderne, article 340 du Code civil, des lois anciennes sur le même sujet, on est étonné de l'extrême indulgence de l'une, autant que de l'excessive sévérité des autres.

Le rapt, que Denisart définit ainsi : « On regarde comme coupables de ce crime ceux qui enlèvent des fils ou des filles de famille sans violence, et lors même qu'ils y consentent.... » ; le crime de rapt était puni de mort et de confiscation des biens chez les Romains. Nos lois sont assez conformes aux lois romaines sur cette matière. Les ordonnances du royaume sont, en effet, très-sévères contre les coupables du crime de rapt : le bon ordre, l'intérêt des familles, et la tranquillité publique, ont paru aux législateurs des motifs dignes de leur zèle et de leur attention. Plus l'empire des passions est redoutable, plus ils ont cru devoir s'armer de rigueur pour en réprimer les excès et en arrêter les emporte-ments....

Aussi voyons-nous que l'édit de 1556, et les articles 41 et 42 de l'ordonnance de Blois, prononcent des peines capitales contre les coupables du crime de rapt; et la déclaration du 26 novembre 1639, en confirmant léurs dispositions, ordonne que les peines qu'ils prononcent demeurent encourues, nonobstant les consentements qui pourraient intervenir par après de la part des pères, mères, tuteurs et curateurs.

L'arrêt du parlement de Dijon, rendu le 10 février 1738, qui condamna par contumace le marquis de Tavannes Mirbel à perdre la tête pour avoir ravi et enlevé la demoiselle de Brun sa cousine, consacre ce principe en disant que la condamnation est prononcée contre ce marquis « pour avoir enlevé la demoiselle de Brun du consentement d'icelle, et l'avoir ensuite conduite hors du royaume aussi de son consentement[1] ».

Sans prêcher ici le retour aux lois anciennes, nous

[1] Le Code pénal punit ainsi l'enlèvement des mineurs :

« Art. 354. Quiconque aura, par fraude ou violence, enlevé ou fait enlever des mineurs, ou les aura entraînés, détournés ou déplacés, ou les aura fait entraîner, détourner ou déplacer des lieux où ils étaient mis par ceux à l'autorité ou à la direction desquels ils étaient soumis ou confiés, subira la peine de la réclusion.

» Art. 355. Si la personne ainsi enlevée ou détournée est une fille au-dessous de seize ans accomplis, la peine sera celle des travaux forcés à temps.

» Art. 356. Quand la fille au-dessous de seize ans aurait consenti à son enlèvement ou suivi volontairement le ravisseur, si celui-ci était majeur de vingt et un ans ou au-dessus, il sera condamné aux travaux forcés à temps. — Si le ravisseur n'avait pas encore vingt et un ans, il sera puni d'un emprisonnement de deux à cinq ans.

» Art. 357. Dans le cas où le ravisseur aurait épousé la fille qu'il a enlevée, il ne pourra être poursuivi que sur la plainte des personnes qui, d'après le Code civil, ont le droit de demander la nullité du mariage, ni condamné qu'après que la nullité du mariage aura été prononcée. »

pensons que l'article 340 du Code civil ne devrait pas être le dernier mot d'une bonne et sage législation sur ce sujet délicat.

DES ENFANTS ADOPTIFS.

L'adoption est un contrat qui a pour objet d'établir, entre deux personnes, des liens purement civils de paternité et de filiation.

Ce fut seulement à l'époque de la Révolution que le principe de l'adoption fit son apparition dans nos lois; le Code civil l'a admis et réglementé.

Le but principal du législateur, en autorisant l'adoption, a été de donner aux personnes qui n'ont pas eu d'enfants, ou qui ont perdu ceux qu'elles ont eus, la faculté de se créer une famille légale qui leur procure, à la fin de leur vie, les joies et les consolations que la nature leur a refusées, et, en outre, une sorte de descendance qui propage leur nom.

Un des effets importants de l'adoption est, en effet, de conférer le nom de l'adoptant à l'adopté; celui-ci doit ajouter ce nom au sien propre, à son nom de famille.

L'enfant adoptif ne sort pas de sa famille naturelle; il y conserve tous ses droits, et reste astreint à l'accomplissement de tous ses devoirs. Toujours soumis à la puissance paternelle de ses père et mère, il ne perd pas vis-à-vis d'eux sa qualité d'enfant, et il peut en réclamer le bénéfice, notamment pour recueillir sa part légitime dans leur succession.

L'enfant adoptif n'entre pas dans la famille de l'adoptant, en ce sens qu'il demeure étranger aux parents de celui-ci; mais il acquiert sur la succession de la personne qui l'a adopté tous les droits qui appartiendraient à un enfant légitime.

« L'adoption, disait Cambacérès à la Convention, est tout

à la fois une institution bienfaisante et une image vivante de la nature. Elle donne plus d'étendue à la paternité, et plus d'activité à l'amour filial. Elle vivifie la famille par l'émulation ; elle la répare par de nouveaux choix ; et, corrigeant ainsi les erreurs de la nature, elle en acquitte la dette en agrandissant son empire. C'est le rameau étranger enté sur un tronc antique : il en ranime la séve, il embellit sa tige de nouveaux rejetons ; et, par cette insertion heureuse, elle couronne l'arbre d'une nouvelle moisson de fleurs et de fruits. »

La loi distingue trois espèces d'adoption : 1° l'adoption ordinaire ; 2° l'adoption rémunératoire ou privilégiée ; 3° l'adoption testamentaire.

Cette division a trait aux conditions requises, soit dans la personne de l'adoptant, soit dans celle de l'adopté ; conditions qui varient suivant qu'il s'agit de l'une ou de l'autre de ces adoptions.

Cette matière est contenue au titre VIII du livre Ier du Code civil. Ce titre se compose de deux chapitres, dont l'un est intitulé *De l'adoption*, et l'autre, *De la tutelle officieuse ;* ce dernier chapitre détermine les moyens d'arriver à une adoption testamentaire, c'est là son principal objet ; mais son application est tellement rare qu'elle est considérée dans notre législation comme un objet de luxe.

Nous nous bornerons à reproduire, sans autres commentaires, tous les articles qui réglementent l'adoption et la tutelle officieuse.

Section Ire. — DE L'ADOPTION.

« Art. 343. L'adoption n'est permise qu'aux personnes de l'un ou de l'autre sexe, âgées de plus de cinquante ans, qui n'auront, à l'époque de l'adoption, ni enfants, ni descendants légitimes, et qui auront au moins quinze ans de plus que les individus qu'elles se proposent d'adopter.

» Art. 344. Nul ne peut être adopté par plusieurs, si ce n'est par deux époux. — Hors le cas de l'article 366, nul époux ne peut adopter qu'avec le consentement de l'autre conjoint.

» Art. 345. La faculté d'adopter ne pourra être exercée qu'envers l'individu à qui l'on aura, dans sa minorité et pendant six ans au moins, fourni des secours et donné des soins non interrompus, ou envers celui qui aurait sauvé la vie à l'adoptant, soit dans un combat, soit en le retirant des flammes ou des flots. — Il suffira, dans ce deuxième cas, que l'adoptant soit majeur, plus âgé que l'adopté, sans enfants ni descendants légitimes; et, s'il est marié, que son conjoint consente à l'adoption.

» Art. 346. L'adoption ne pourra, en aucun cas, avoir lieu avant la majorité de l'adopté. Si l'adopté, ayant encore ses père et mère, ou l'un des deux, n'a point accompli sa vingt-cinquième année, il sera tenu de rapporter le consentement donné à l'adoption par ses père et mère, ou par le survivant; et, s'il est majeur de vingt-cinq ans, de requérir leur conseil.

» Art. 347. L'adoption conférera le nom de l'adoptant à l'adopté, en l'ajoutant au nom propre de ce dernier.

» Art. 348. L'adopté restera dans sa famille naturelle, et y conservera tous ses droits : néanmoins le mariage est prohibé, entre l'adoptant, l'adopté et ses descendants; entre les enfants adoptifs du même individu; entre l'a-dopté et les enfants qui pourraient survenir à l'adoptant; entre l'adopté et le conjoint de l'adoptant, et réciproque-ment entre l'adoptant et le conjoint de l'adopté.

» Art. 349. L'obligation naturelle, qui continuera d'exister entre l'adopté et ses père et mère, de se fournir des aliments dans les cas déterminés par la loi, sera considérée comme commune à l'adoptant et à l'adopté, l'un envers l'autre.

» Art. 350. L'adopté n'acquerra aucun droit de successibilité sur les biens des parents de l'adoptant ; mais il aura sur la succession de l'adoptant les mêmes droits que ceux qu'y aurait l'enfant né en mariage, même quand il y aurait d'autres enfants de cette dernière qualité nés depuis l'adoption.

» Art. 351. Si l'adopté meurt sans descendants légitimes, les choses données par l'adoptant, ou recueillies dans sa succession, et qui existeront en nature lors du décès de l'adopté, retourneront à l'adoptant ou à ses descendants, à la charge de contribuer aux dettes, et sans préjudice des droits des tiers. — Le surplus des biens de l'adopté appartiendra à ses propres parents ; et ceux-ci excluront toujours, pour les objets même spécifiés du présent article, tous héritiers de l'adoptant autres que ses descendants.

» Art. 352. Si, du vivant de l'adoptant, et après le décès de l'adopté, les enfants ou descendants laissés par celui-ci mouraient eux-mêmes sans postérité, l'adoptant succédera aux choses par lui données, comme il est dit en l'article précédent ; mais ce droit sera inhérent à la personne de l'adoptant, et non transmissible à ses héritiers, même en ligne descendante.

SECTION IIe. — DES FORMES DE L'ADOPTION.

» Art. 353. La personne qui se proposera d'adopter, et celle qui voudra être adoptée, se présenteront devant le juge de paix du domicile de l'adoptant, pour y passer acte de leurs consentements respectifs.

» Art. 354. Une expédition de cet acte sera remise, dans les dix jours suivants, par la partie la plus diligente, au procureur de la République, près le tribunal de première instance dans le ressort duquel se trouvera le domicile de l'adoptant, pour être soumis à l'homologation de ce tribunal.

» Art. 355. Le tribunal, réuni en la chambre du conseil, et après s'être procuré les renseignements convenables, vérifiera, 1° si toutes les conditions de la loi sont remplies ; 2° si la personne qui se propose d'adopter jouit d'une bonne réputation.

» Art. 356. Après avoir entendu le procureur de la République, et sans aucune autre forme de procédure, le tribunal prononcera, sans énoncer de motifs, en ces termes : *Il y a lieu,* ou *il n'y a pas lieu à l'adoption.*

» Art. 357. Dans le mois qui suivra le jugement du tribunal de première instance, ce jugement sera, sur les poursuites de la partie la plus diligente, soumis à la cour d'appel, qui instruira dans les mêmes formes que le tribunal de première instance et prononcera, sans énoncer de motifs : *Le jugement est confirmé,* ou *Le jugement est réformé ; en conséquence il y a lieu,* ou *il n'y a pas lieu à l'adoption.*

» Art. 358. Tout arrêt de la cour d'appel qui admettra une adoption, sera prononcé à l'audience, et affiché en tels lieux et en tel nombre d'exemplaires que la cour jugera convenable.

» Art. 359. Dans les trois mois qui suivront ce jugement, l'adoption sera inscrite, à la réquisition de l'une ou de l'autre des parties, sur le registre de l'état civil du lieu où l'adoptant sera domicilié. — Cette inscription n'aura lieu que sur le vu d'une expédition, en forme, du jugement de la cour d'appel ; et l'adoption restera sans effet si elle n'a été inscrite dans ce délai.

» Art. 360. Si l'adoptant venait à mourir après que l'acte constatant la volonté de former le contrat d'adoption a été reçu par le juge de paix et porté devant les tribunaux, et avant que ceux-ci eussent définitivement prononcé, l'instruction sera continuée et l'adoption admise, s'il y a lieu. — Les héritiers de l'adoptant pourront, s'il croient l'adoption inadmissible, remettre au procureur de la République tous mémoires et observations à ce sujet.

DE LA TUTELLE OFFICIEUSE.

» Art. 361. Tout individu âgé de plus de cinquante ans, et sans enfants ni descendants légitimes, qui voudra, durant la minorité d'un individu, se l'attacher par un titre légal, pourra devenir son tuteur officieux, en obtenant le consentement des père et mère de l'enfant, ou du survivant d'entre eux, ou, à leur défaut, d'un conseil de famille, ou enfin, si l'enfant n'a point de parents connus, en obtenant le consentement des administrateurs de l'hospice où il aura été recueilli, ou de la municipalité du lieu de sa résidence.

» Art. 362. Un époux ne peut devenir tuteur officieux qu'avec le consentement de l'autre conjoint.

» Art. 363. Le juge de paix du domicile de l'enfant dressera procès-verbal des demandes et consentements relatifs à la tutelle officieuse.

» Art. 364. Cette tutelle ne pourra avoir lieu qu'au profit d'enfants âgés de moins de quinze ans. — Elle emportera avec soi, sans préjudice de toutes stipulations particulières, l'obligation de nourrir le pupille, de l'élever, de le mettre en état de gagner sa vie.

» Art. 365. Si le pupille a quelque bien, et s'il était antérieurement en tutelle, l'administration de ses biens, comme celle de sa personne, passera au tuteur officieux, qui ne pourra néanmoins imputer les dépenses de l'éducation sur les revenus du pupille.

» Art. 366. Si le tuteur officieux, après cinq ans révolus depuis la tutelle, et dans la prévoyance de son décès avant la majorité du pupille, lui confère l'adoption par acte testamentaire, cette disposition sera valable, pourvu que le tuteur officieux ne laisse point d'enfants légitimes.

» Art. 367. Dans le cas où le tuteur officieux mourrait, soit avant les cinq ans, soit après ce temps, sans avoir adopté son pupille, il sera fourni à celui-ci, durant sa minorité, des moyens de subsister, dont la quotité et l'espèce, s'il n'y a été antérieurement pourvu par une convention formelle, seront réglées, soit amiablement entre les représentants respectifs du tuteur et du pupille, soit judiciairement en cas de contestations.

» Art. 368. Si, à la majorité du pupille, son tuteur officieux veut l'adopter, et que le premier y consente, il sera procédé à l'adoption selon les formes prescrites au chapitre précédent, et les effets en seront en tous points les mêmes.

» Art. 369. Si, dans les trois mois qui suivront la majorité du pupille, les réquisitions par lui faites à son tuteur officieux, à fin d'adoption, sont restées sans effet, et que le pupille ne se trouve point en état de gagner sa vie, le tuteur officieux pourra être condamné à indemniser le pupille de l'incapacité où celui-ci pourrait se trouver de pourvoir à sa subsistance. — Cette indemnité se résoudra en secours propres à lui procurer un métier ; le tout sans préjudice des stipulations qui auraient pu avoir lieu dans la prévoyance de ce cas.

» Art. 370. Le tuteur officieux qui aurait eu l'administration de quelques biens pupillaires, en devra rendre compte dans tous les cas. »

Disons en terminant cette lecture, que toute personne ayant intérêt à faire les actes dont nous venons de parler, devra s'adresser pour être dirigée dans ses démarches, savoir : au procureur de la République près le tribunal civil de son arrondissement pour les actes de filiation, et au juge de paix de son canton pour les actes d'adoption ou de tutelle officieuse.

***

DIX-NEUVIÈME LECTURE.
DES ENFANTS (SUITE).
DES ENFANTS EN TUTELLE.

> Il est également de la religion et de la police que ceux qui sont privés de leurs pères avant qu'ils soient dans un âge où ils puissent se conduire eux-mêmes, soient, jusqu'à cet âge, sous la conduite de quelque personne qui leur tienne lieu de père, autant que cela se peut, et qui soit chargée de leur éducation et du soin de leurs biens. C'est aux personnes qui sont appelées à cette charge qu'on a donné le nom de tuteurs.
> DOMAT, *Lois civiles.*

Nous avons vu, en parlant des actes de l'état civil, combien le législateur s'est entouré de précautions pour faire constater la naissance de l'enfant. Nous allons voir maintenant avec quelle sollicitude la loi s'occupe de sa personne et de ses intérêts, pendant tout le temps de sa minorité.

« Si, lors du décès du mari, dit l'article 393 du Code civil, la femme est enceinte, il sera nommé un curateur au ventre par le conseil de famille. A la naissance de l'enfant, la mère en deviendra tutrice, et le curateur en sera de plein droit le subrogé tuteur. »

Ainsi l'enfant n'est pas né encore, mais la femme qui doit lui donner le jour le porte dans son sein. L'époux qui l'a engendré n'est plus là pour veiller sur ce germe précieux ; les membres les plus proches de la famille se réunissent alors en conseil, sous la présidence du juge de paix, et nomment, avec son concours, un curateur au ventre de la femme ; en d'autres termes, à l'embryon dont il deviendra le subrogé tuteur aussitôt sa naissance.

Ce curateur devra être choisi parmi les parents ou

amis du père décédé. Il aura pour mission : 1° de surveiller la grossesse de la veuve, qui pourrait simuler un
état qui n'est pas, ou substituer un enfant vivant étranger
à un enfant mort-né issu d'elle, dans le but de s'assurer,
pendant dix-huit années, l'usufruit des biens échus à
l'enfant posthume; 2° d'administrer les biens laissés par
le mari pour le compte de l'enfant à naître, ou de ceux
qui seront appelés à recueillir la succession du mari, si
l'enfant ne venait pas à naître vivant ou viable.

L'enfant reste en état de minorité jusqu'à l'âge de vingt
et un ans accomplis; étant présumé manquer de la capacité morale suffisante pour se gouverner entièrement seul
avant cet âge, il reste soumis jusque-là à la puissance
paternelle ou à la puissance tutélaire, dont il ne peut être
affranchi que par l'émancipation, qui lui confère des droits
plus étendus que ceux qu'il avait, sans être cependant
aussi complets que ceux du majeur, ainsi que nous le
verrons ci-après.

A l'âge de vingt et un ans accomplis, devenu majeur,
le jeune homme est capable de tous les actes de la vie
civile, le plus important excepté. Il peut aliéner et hypothéquer ce qu'il possède, en disposer par donation ou par
testament; quitter la maison paternelle, vendre sa vie et
sa liberté ou l'échanger pour l'uniforme du soldat; il peut
nommer des représentants chargés de donner des lois au
pays; il peut, à l'âge de vingt-cinq ans, devenir législateur lui-même; mais il n'est pas libre encore de prendre
une compagne légitime; d'obéir à la loi de la nature, en
se conformant néanmoins, en même temps, aux lois de la
morale et de la religion, si un *veto* lui est opposé par ceux
dont il doit obtenir le consentement; il ne peut s'affranchir de cette entrave, il ne peut se marier enfin qu'à
vingt-cinq ans et trois mois!....

Pendant le mariage, le père, chef de la famille, est, nous

l'avons déjà dit (voir p. 55), l'administrateur des biens de ses enfants mineurs. Il est comptable, quant à la propriété et aux revenus, des biens dont il n'a pas la jouissance, c'est-à-dire de ceux qui ont pu être donnés à ses enfants à la condition que la jouissance ne lui en appartiendrait pas, et quant à la propriété seulement des biens dont la loi lui donne l'usufruit.

Tant que le mariage n'est pas dissous, il n'y a ni hypothèque légale sur les biens du père, ni subrogée tutelle, ni conseil de famille. La sollicitude du père et de la mère pour leurs enfants présente autant et plus de garantie que la prévoyance d'un subrogé tuteur et celle du conseil de famille.

Nous allons passer en revue les règles tracées par le Code civil, au sujet de la tutelle des enfants, dans les nombreux articles que nous reproduisons successivement, en les accompagnant des commentaires nécessaires pour l'intelligence de cette matière si importante, et d'une application si fréquente :

« Art. 390. Après la dissolution du mariage arrivée par la mort de l'un des époux, la tutelle des enfants mineurs et non émancipés appartient de plein droit au survivant des père et mère.

» Art. 391. Pourra néanmoins le père nommer à la mère survivante et tutrice un conseil spécial, sans l'avis duquel elle ne pourra faire aucun acte relatif à la tutelle. — Si le père spécifie les actes pour lesquels le conseil sera nommé, la tutrice sera habile à faire les autres sans son assistance.

» Art. 392. Cette nomination de conseil ne pourra être faite que de l'une des manières suivantes : 1° par acte de dernière volonté; 2° par une déclaration faite ou devant le juge de paix, assisté de son greffier, ou devant notaires. »

Si le père estime que sa femme manque des qualités nécessaires pour exercer sagement et utilement la tutelle de ses enfants, il peut lui nommer un conseil pour l'aider dans sa gestion et la guider dans tous les actes relatifs à la tutelle.

Le père, après s'être assuré du consentement de la personne qu'il a l'intention de choisir pour conseil, peut en faire la nomination par acte de dernière volonté rédigé dans la forme olographe; c'est-à-dire dans un testament entièrement écrit, daté et signé par lui, s'il ne préfère pas recourir au juge de paix de son canton ou à son notaire.

La mère qui trouve trop lourde pour elle la charge de la tutelle, n'est pas tenue de l'accepter; mais, comme elle est tutrice de droit au moment et par le fait seul de la mort de son mari, elle est tenue d'en remplir les devoirs jusqu'à ce qu'elle ait fait nommer un tuteur.

Si la mère tutrice veut se remarier et qu'elle désire conserver la tutelle de ses enfants, elle doit, avant l'acte de mariage, convoquer le conseil de famille, qui décidera si la tutelle doit lui être conservée. A défaut par elle de faire cette convocation, elle perdra la tutelle de plein droit à partir du jour de son nouveau mariage, et son nouveau mari sera solidairement responsable des suites de la tutelle qu'elle aura indûment conservée. Quand la tutelle aura été conservée à la mère, le nouveau mari, devenu cotuteur des enfants, sera solidairement responsable avec sa femme de la gestion postérieure au mariage.

Il arrive souvent que des femmes veuves convolent à de secondes noces, sans se préoccuper de ces prescriptions de la loi; quand, ayant omis de se conformer à ses exigences, elles ont, par ce fait, perdu la tutelle de leurs enfants issus d'un précédent mariage, elles peuvent encore convoquer le conseil de famille pour lui demander à être réintégrées dans là tutelle. Cette réintégration est toujours prononcée quand le conseil de famille estime que la mère n'a pas démérité et que le nouveau mari présente de sérieuses garanties de moralité et de solvabilité.

« Art. 397. Le droit individuel de choisir un tuteur parent, ou même étranger, n'appartient qu'au dernier mourant des père et mère.

» Art. 398. Ce droit ne peut être exercé que dans les formes prescrites par l'article 392, et sous les exceptions et modifications ci-après.

» Art. 399. La mère remariée et non maintenue dans la tutelle des enfants de son premier mariage, ne peut leur choisir un tuteur.

» Art. 400. Lorsque la mère, remariée et maintenue dans la tutelle, aura fait choix d'un tuteur aux enfants de son premier mariage, ce choix ne sera valable qu'autant qu'il sera confirmé par le conseil de famille.

» Art. 401. Le tuteur élu par le père ou la mère n'est pas tenu d'accepter la tutelle, s'il n'est d'ailleurs dans la classe des personnes qu'à défaut de cette élection spéciale le conseil de famille eût pu en charger. »

Répétons encore ici que le dernier mourant des père et mère qui est dans l'intention de nommer un tuteur à ses enfants, doit, avant tout, s'assurer à l'avance du consentement de la personne qu'il a choisie, afin que sa volonté soit plus tard respectée, et que ses enfants trouvent sûrement la protection que sa prévoyante sollicitude avait cru devoir leur laisser.

DE LA TUTELLE DES ASCENDANTS.

« Art. 402. Lorsqu'il n'a pas été choisi au mineur un tuteur par le dernier mourant de ses père et mère, la tutelle appartient de droit à son aïeul paternel; à défaut de celui-ci, à son aïeul maternel, et ainsi en remontant, de manière que l'ascendant paternel soit toujours préféré à l'ascendant maternel du même degré.

» **Art. 403.** Si, à défaut de l'aïeul paternel et de l'aïeul maternel du mineur, la concurrence se trouvait établie entre deux ascendants du degré supérieur qui appartinssent tous deux à la ligne paternelle du mineur, la tutelle passera de droit à celui des deux qui se trouvera être l'aïeul paternel du père du mineur.

» **Art. 404.** Si la même concurrence a lieu entre deux bisaïeuls de la ligne maternelle, la nomination sera faite par le conseil de famille, qui ne pourra néanmoins que choisir l'un de ces deux ascendants. »

Quand l'enfant mineur a perdu son père et sa mère, s'il lui reste un aïeul et un bisaïeul, c'est l'aïeul qui devient son tuteur; s'il lui reste encore pour ascendants le père de son père et le père de sa mère, c'est l'aïeul paternel qui l'emporte. Il en sera de même pour les bisaïeuls paternels et maternels, si, par extraordinaire, l'enfant venait à en posséder encore à défaut d'ascendants plus proches en degré. Mais si le mineur n'avait d'autres ascendants que deux bisaïeuls de la ligne maternelle, il faudrait alors recourir au conseil de famille, qui aurait à désigner l'un des deux : dans ce cas, l'ascendant préféré par le conseil de famille, et choisi par lui, n'en serait pas moins tuteur légitime. Le conseil, dans l'espèce, n'ayant pas le droit de conférer la tutelle, mais simplement celui de désigner lequel des deux ascendants devra l'exercer, ainsi que l'expliquent les auteurs les plus autorisés.

Lorsqu'un enfant mineur est sans tuteur, il est du devoir des parents qui lui restent de provoquer la nomination d'un nouveau tuteur. Ce devoir incombe plus spécialement au subrogé tuteur quand le mineur en est pourvu déjà. Le parent le plus diligent ayant prévenu le juge de paix, c'est à ce magistrat qu'il appartient de dresser la liste des personnes qui devront composer le conseil de famille.

« Art. 412. Les parents, alliés ou amis, ainsi convoqués, seront tenus de se rendre en personne, ou de se faire représenter par un mandataire spécial. — Le fondé de pouvoir ne peut représenter plus d'une personne.

» Art. 413. Tout parent, allié ou ami, convoqué, et qui, sans excuse légitime, ne comparaîtra point, encourra une amende qui ne pourra excéder cinquante francs, et sera prononcée sans appel par le juge de paix.

» Art. 414. S'il y a excuse suffisante, et qu'il convienne, soit d'attendre le membre absent, soit de le remplacer, en ce cas, comme en tout autre où l'intérêt du mineur semblera l'exiger, le juge de paix pourra ajourner l'assemblée ou la proroger.

» Art. 415. Cette assemblée se tiendra de plein droit chez le juge de paix, à moins qu'il ne désigne lui-même un autre local. La présence des trois quarts au moins de ses membres convoqués sera nécessaire pour qu'elle délibère.

» Art. 416. Le conseil de famille sera présidé par le juge de paix, qui y aura voix délibérative, et prépondérante en cas de partage. »

Toute personne convoquée pour un conseil de famille, doit s'y présenter ou s'y faire représenter par un mandataire. S'il était facultatif aux personnes convoquées de s'abstenir, on comprend qu'il deviendrait difficile, et souvent impossible, de pourvoir les enfants mineurs de tuteurs chargés d'administrer leur personne et leurs biens, et de remplacer dans les limites du possible les protecteurs naturels dont la mort les a privés.

C'est pour cela que la personne qui ne répond pas à l'appel qui lui a été fait par le juge de paix, encourt une amende dont le chiffre, qui ne peut excéder cinquante francs, est laissé d'ailleurs à la fixation de ce magistrat.

La voix du juge de paix est prépondérante; c'est-à-dire que, lorsque les avis sont partagés en nombre égal, trois d'un côté et trois de l'autre, supposons-le, ce qui arrive quand un des membres s'abstient de voter ou qu'il ne se présente pour délibérer que les trois quarts des membres convoqués, c'est l'opinion exprimée par les membres auxquels s'est rallié le juge de paix qui doit prévaloir; il ne s'ensuit pas que la voix du juge de paix compte pour deux.

Notre Code a proscrit la pluralité des tuteurs. Cependant, « quand le mineur domicilié en France possédera des biens dans les colonies, ou réciproquement, l'administration spéciale de ces biens sera donnée à un protuteur »; dans ce cas, le tuteur et le protuteur doivent être nommés l'un et l'autre par le conseil de famille du lieu où est domicilié le mineur.

L'entrée en service de toute tutelle a lieu, savoir : pour le tuteur légitime, le jour où il apprend la mort qui lui défère la tutelle; pour le tuteur testamentaire, le jour de l'ouverture du testament, s'il est présent à l'ouverture; ou, dans le cas contraire, le jour où ce testament lui est notifié; pour le tuteur datif, le jour de sa nomination, si elle a eu lieu en sa présence, sinon le jour qu'elle lui a été notifiée.

La tutelle est une charge personnelle qui ne passe point aux héritiers du tuteur. Ceux-ci seront seulement responsables de la gestion de leur auteur; et, s'ils sont majeurs, ils seront tenus de la continuer jusqu'à la nomination du nouveau tuteur.

Il est du devoir et aussi de l'intérêt des héritiers d'un

tuteur d'aviser de suite le subrogé tuteur du décès de leur auteur, afin qu'il ait à provoquer immédiatement la nomination d'un nouveau tuteur. Tant que cette nomination n'a pas été faite, les héritiers du tuteur décédé doivent continuer à prendre soin des affaires du mineur, tout en s'abstenant des actes qu'un tuteur a seul capacité de faire pour son pupille.

DU SUBROGÉ TUTEUR.

Dans toute tutelle, il y a un subrogé tuteur nommé par le conseil de famille. Ses fonctions consistent à agir pour les intérêts du mineur, lorsqu'ils sont en opposition avec ceux du tuteur.

Le subrogé tuteur a pour mission de surveiller la gestion du tuteur. Aussitôt sa nomination, son premier soin doit être de faire faire un inventaire régulier de la succession qui intéresse le mineur; si le tuteur gère mal, si sa conduite est mauvaise, il doit en avertir les parents, convoquer le conseil de famille, et provoquer au besoin la destitution et le remplacement de ce tuteur.

Toutes les fois qu'une tutelle vient à s'ouvrir, le tuteur doit, avant d'entrer en fonction, faire convoquer le conseil de famille pour la nomination d'un subrogé tuteur.

Le tuteur ne peut pas provoquer la destitution du subrogé tuteur parce que celui-ci a été nommé pour surveiller sa gestion, et que le tuteur pourrait, dans certains cas, avoir intérêt à se débarrasser d'une surveillance trop clairvoyante.

DES CAUSES QUI DISPENSENT DE LA TUTELLE.

Sont dispensés de la tutelle certains dignitaires, tels que les ministres, les amiraux, les maréchaux de France, les inspecteurs généraux, les conseillers d'État, les députés, les membres de la Cour de cassation, ceux de la Cour des comptes, les préfets, et aussi tous citoyens exerçant une fonction publique dans un département autre que celui où s'établit la tutelle, les militaires en activité de service, et enfin tous ceux qui remplissent une mission du gouvernement hors du territoire français.

Tout citoyen non parent ni allié ne peut être forcé d'accepter la tutelle que dans le cas où il n'existerait pas, dans la distance de quatre myriamètres, des parents ou alliés en état de gérer la tutelle.

D'où il suit qu'un étranger à la famille peut être forcé d'accepter les fonctions de tuteur quand il n'existe pas de parents en état de gérer la tutelle dans la distance fixée par la loi. Mais plus des deux tiers du siècle se sont écoulés depuis que cette loi a été promulguée. Les routes ouvertes de toutes parts, et surtout l'établissement des chemins de fer, ont aujourd'hui singulièrement facilité les communications et rapproché les distances; aussi, dans la pratique, les juges de paix ne désignent, en général, un étranger au choix du conseil de famille qu'ils président que lorsqu'il n'existe pas de parents en état de gérer la tutelle, ou que ceux-ci sont dans l'impossibilité d'accepter les fonctions de tuteur.

La tutelle est une lourde charge; elle entraîne une grande responsabilité; pendant toute sa durée, les biens du tuteur sont et restent grevés de l'hypothèque légale du mineur. C'est pourquoi le législateur, prévoyant qu'il serait difficile de trouver toujours dans les familles des personnes disposées à accepter volontairement cette tâche ou vraiment dignes de la remplir, a élargi le cercle en indiquant, dans l'article 432 précité, le cas où des étrangers à la famille peuvent être nommés tuteurs. Le citoyen non parent ni allié, que ses rapports avec la famille et son honorabilité désignent au choix du conseil, ne peut décliner l'honneur de ce choix, et se dispenser d'accepter la tutelle, que s'il a des excuses légitimes à faire valoir.

Nous sommes tous solidaires les uns des autres ici-bas ; nous devons nous entr'aider mutuellement. Étranger à une famille avec laquelle vous n'aurez eu que quelques rapports, il peut se faire qu'en raison de votre parfaite réputation, vous soyez choisi pour tuteur de pauvres enfants qui n'ont pas parmi leurs proches une personne capable ou digne d'administrer leur fortune et de les diriger. Si vous n'avez pas de sérieux motifs à faire valoir pour refuser cette tutelle, acceptez-la de bonne grâce, avec les obligations qu'elle entraîne, et faites en sorte de justifier, par votre sollicitude pour ces enfants, par votre sage gestion de ce qu'ils possèdent, la bonne opinion que l'on avait de vous. En le faisant, vous aurez accompli un grand et lourd devoir, vous aurez fait une action des plus méritantes. Et qui sait, d'ailleurs, si une mort prématurée ne privera pas un jour vos enfants de vos soins ; si, prématurément aussi, elle n'emportera pas vos parents et vos amis les meilleurs, et si un étranger ne viendra pas, à son tour, rendre à ces enfants qui vous sont si chers les services que vous êtes appelé à rendre vous-même aux enfants d'un étranger ?...

« Art. 433. Tout individu âgé de soixante-cinq ans accomplis, peut refuser d'être tuteur. Celui qui aura été nommé avant cet âge pourra, à soixante-dix ans, se faire décharger de la tutelle.

» Art. 434. Tout individu atteint d'une infirmité grave et dûment justifiée est dispensé de la tutelle. — Il pourra même s'en faire décharger, si cette infirmité est survenue depuis sa nomination.

» Art. 435. Deux tutelles sont, pour toutes personnes, une juste dispense d'en accepter une troisième. — Celui qui, époux ou père, sera chargé d'une tutelle, ne pourra être tenu d'en accepter une seconde, excepté celle de ses enfants.

» Art. 436. Ceux qui ont cinq enfants légitimes sont dispensés de toute tutelle autre que celle desdits enfants. — Les enfants morts en activité de service dans les armées de la République seront toujours comptés pour opérer cette dispense. — Les autres enfants morts ne seront comptés qu'autant qu'ils auront eux-mêmes laissé des enfants actuellement existants.

» Art. 437. La survenance d'enfants pendant la tutelle ne pourra autoriser à l'abdiquer.

» Art. 438. Si le tuteur nommé est présent à la délibération qui lui défère la tutelle, il devra sur-le-champ, et sous peine d'être déclaré non recevable dans toute réclamation ultérieure, proposer ses excuses, sur lesquelles le conseil de famille délibérera.

» Art. 439. Si le tuteur nommé n'a pas assisté à la délibération qui lui a déféré la tutelle, il pourra faire convoquer le conseil de famille pour délibérer sur ses excuses. — Ses diligences à ce sujet devront avoir lieu dans le délai de trois jours, à partir de la notification qui lui aura été faite de sa nomination, lequel délai sera augmenté d'un jour par trois myriamètres de distance du lieu de son domicile à celui de l'ouverture de la tutelle : passé ce délai, il sera non recevable.

» Art. 440. Si ses excuses sont rejetées, il pourra se pourvoir devant les tribunaux pour les faire admettre ; mais il sera, pendant le litige, tenu d'administrer provisoirement.

» Art. 441. S'il parvient à se faire exempter de la tutelle, ceux qui auront rejeté l'excuse pourront être condamnés aux frais de l'instance. — S'il succombe, il sera condamné lui-même. »

Dans la section qui fait suite à celle que nous venons de citer, la loi indique les causes d'incapacité, d'exclusion et de destitution de la tutelle.

11.

Sont frappés d'incapacité les mineurs, les interdits, les femmes autres que la mère et les ascendants; ceux qui ont, ou dont les père et mère ont avec le mineur un procès important.

Sont exclus de la tutelle les condamnés à une peine afflictive ou infamante. Les gens d'une inconduite notoire, ceux dont la gestion attesterait l'incapacité ou l'infidélité, sont aussi exclus de la tutelle, ou destituables, s'ils sont en exercice.

Toutes les fois qu'il y aura lieu à une destitution de tuteur, elle sera prononcée par le conseil de famille convoqué à la diligence du subrogé tuteur, ou d'office par le juge de paix. Celui-ci ne pourra se dispenser de faire cette convocation, quand elle sera formellement requise par un ou plusieurs parents ou alliés du mineur, au degré de cousin germain ou à des degrés plus proches.

Lorsqu'un tuteur en exercice fait preuve d'inconduite, que sa gestion peut être, à bon droit, suspectée d'incapacité et surtout d'infidélité, il est du devoir du subrogé tuteur, et, à son défaut, de tout parent des mineurs, d'en informer le juge de paix, afin que ce magistrat puisse convoquer en temps utile le conseil de famille et le diriger ensuite dans la voie qu'il devra suivre.

DE L'ADMINISTRATION DU TUTEUR.

« Art. 450. Le tuteur prendra soin de la personne du mineur, et le représentera dans tous les actes civils. — Il administrera ses biens en bon père de famille, et répondra des dommages et intérêts qui pourraient résulter d'une mauvaise gestion. — Il ne peut ni acheter les biens du mineur, ni les prendre à ferme, à moins que le conseil de famille n'ait autorisé le subrogé tuteur à lui en passer bail, ni accepter la cession d'aucun droit ou créance contre son pupille.

» Art. 451. Dans les dix jours qui suivront celui de sa nomination dûment connue de lui, le tuteur requerra la levée des scellés, s'ils ont été apposés, et fera procéder immédiatement à l'inventaire des biens du mineur, en présence du subrogé tuteur. — S'il lui est dû quelque chose par le mineur, il devra le déclarer dans l'inventaire, à peine de déchéance, et ce, sur la réquisition que l'officier public sera tenu de lui en faire, et dont la mention sera faite au procès-verbal. »

Le droit de garder l'enfant, de l'élever, de le diriger, appartient toujours au tuteur légitime; il n'appartient pas nécessairement au tuteur datif; la loi accorde ce droit aux père et mère, qu'ils soient ou non tuteurs, et ils ne peuvent en être privés qu'en cas d'indignité absolue ou d'incapacité notoire.

Le conseil de famille, qui est appelé à surveiller la gestion du tuteur et tout ce qui intéresse l'enfant, peut confier à une aïeule, non tutrice, la garde de son petit enfant, et à une femme respectable de la famille la garde d'une jeune fille mineure, tout en laissant au tuteur l'administration des biens.

« Art. 452. Dans le mois qui suivra la clôture de l'inventaire, le tuteur fera vendre, en présence du subrogé tuteur, aux enchères reçues par un officier public et après des affiches ou publications dont le procès-verbal de vente fera mention, tous les meubles autres que ceux que le conseil de famille l'aurait autorisé à conserver en nature.

» Art. 453. Les père et mère, tant qu'ils ont la jouissance propre et légale des biens du mineur, sont dispensés de vendre les meubles, s'ils préfèrent les garder pour les remettre en nature. — Dans ce cas, ils en feront faire, à leurs frais, une estimation à juste valeur, par un expert qui sera nommé par le subrogé tuteur et prêtera serment devant le juge de paix. Ils rendront la valeur estimative de ceux des meubles qu'ils ne pourront représenter en nature.

» Art. 454. Lors de l'entrée en exercice de toute tutelle, autre que celle des père et mère, le conseil de famille réglera par aperçu, et selon l'importance des biens régis, la somme à laquelle pourra s'élever la dépense annuelle du mineur, ainsi que celle d'administration de ses biens. — Le même acte spécifiera si le tuteur est autorisé à s'aider, dans sa gestion, d'un ou plusieurs administrateurs particuliers, salariés, et gérant sous sa responsabilité.

» Art. 455. Ce conseil déterminera positivement la somme à laquelle commencera, pour le tuteur, l'obligation d'employer l'excédant des revenus sur la dépense : cet emploi devra être fait dans le délai de six mois, passé lequel le tuteur devra les intérêts à défaut d'emploi.

» Art. 456. Si le tuteur n'a pas fait déterminer par le conseil de famille la somme à laquelle doit commencer l'emploi, il devra, après le délai exprimé dans l'article précédent, les intérêts de toute somme non employée, quelque modique qu'elle soit. »

Le tuteur, même le père ou la mère, ne peut emprunter pour le mineur, ni aliéner ou hypothéquer ses biens, sans y être autorisé par le conseil de famille.

Pour indiquer ici les formalités que la loi exige en pareil cas, disons que le tuteur ne peut rien faire légalement sans le conseil de famille, et que le mieux est pour lui de se faire guider par le juge de paix, quand il y a nécessité, dans l'intérêt de son pupille, de contracter un emprunt ou de recourir à une vente ou à un partage.

Le tuteur ne pourra transiger au nom du mineur qu'après y avoir été autorisé par le conseil de famille, et de l'avis de trois jurisconsultes, désignés par le procureur de la République près le tribunal de première instance. La transaction ne sera valable qu'autant qu'elle aura été homologuée par ce tribunal.

La transaction est un acte qui a pour objet de régler un différend, d'arrêter un procès, en exigeant des parties adverses des concessions réciproques. S'il ne s'agit que d'un intérêt minime, le tuteur ne devra pas, sans doute, s'arrêter au texte de la loi, et provoquer des frais hors de proportion avec la cause en litige. Mais s'il s'agit d'un intérêt de quelque importance, il devra, pour mettre à l'abri sa responsabilité, recourir sans hésiter au mode prescrit par l'article de loi que nous venons de citer.

Le tuteur qui aura des sujets de mécontentement graves sur la conduite du mineur pourra porter ses plaintes au conseil de famille, et, s'il y est autorisé par ce conseil, provoquer la réclusion du mineur.

Le droit de correction est un attribut de la puissance paternelle ; le tuteur, autre que le tuteur légitime, ne doit pouvoir l'exercer que quand il est chargé du droit d'éducation.

DES COMPTES DE TUTELLE.

« Art. 469. Tout tuteur est comptable de sa gestion lorsqu'elle finit.

» Art. 470. Tout tuteur, autre que le père et la mère, peut être tenu, même durant la tutelle, de remettre au subrogé tuteur des états de situation de sa gestion, aux époques que le conseil de famille aurait jugé à propos de fixer, sans néanmoins que le tuteur puisse être astreint à en fournir plus d'un chaque année. — Ces états de situation seront rédigés et remis, sans frais, sur papier non timbré, et sans aucune formalité de justice.

» Art. 471. Le compte définitif de tutelle sera rendu aux dépens du mineur, lorsqu'il aura atteint sa majorité ou obtenu son émancipation. Le tuteur en avancera les frais. — On y allouera au tuteur toutes dépenses suffisamment justifiées et dont l'objet sera utile.

» Art. 472. — Tout traité qui pourra intervenir entre le tuteur et le mineur devenu majeur, sera nul, s'il n'a pas été précédé de la reddition d'un compte détaillé et de la remise des pièces justificatives; le tout constaté par un récépissé de l'oyant-compte, dix jours au moins avant le traité.

» Art. 473. Si le compte donne lieu à des contestations, elles seront poursuivies et jugées comme les autres contestations en matière civile.

» Art. 474. La somme à laquelle s'élèvera le reliquat dû par le tuteur portera intérêt, sans demande, à compter de la clôture du compte. — Les intérêts de ce qui sera dû au tuteur par le mineur ne courront que du jour de la sommation de payer qui aura suivi la clôture du compte.

» Art. 475. Toute action du mineur contre son tuteur, relativement aux faits de la tutelle, se prescrit par dix ans, à compter de la majorité. »

Tout tuteur doit rendre compte de sa gestion lorsqu'elle finit; à cet effet, il est de son devoir de s'adresser à un notaire, de préférence au notaire de la famille de son pupille, et de lui fournir toutes les pièces, notes et indications nécessaires à l'établissement du compte à rendre. Si le mineur est devenu majeur, il comparaît seul dans l'acte avec le rendant compte; si le mineur a été émancipé, il comparaît dans l'acte assisté de son curateur.

DES ENFANTS ÉMANCIPÉS,

Entre l'état du mineur proprement dit et celui du majeur, il est une position intermédiaire, c'est celle du mineur émancipé; ce mineur échappe à la tutelle. Il est libre de choisir sa résidence, et apte à faire certains actes

que nous allons énumérer ; mais il en est d'autres qui lui
sont formellement interdits.

« Art. 476. Le mineur est émancipé de plein droit par
le mariage.

» Art. 477. Le mineur, même non marié, pourra être
émancipé par son père, ou, à défaut de père, par sa
mère, lorsqu'il aura atteint l'âge de quinze ans révolus.
— Cette émancipation s'opérera par la seule déclaration
du père ou de la mère, reçue par le juge de paix assisté
de son greffier.

» Art. 478. Le mineur resté sans père ni mère pourra
aussi, mais seulement à l'âge de dix-huit ans accomplis,
être émancipé, si le conseil de famille l'en juge capable. —
En ce cas, l'émancipation résultera de la délibération qui
l'aura autorisée, et de la déclaration que le juge de paix,
comme président du conseil de famille, aura faite dans le
même acte, que le mineur est émancipé.

» Art. 479. Lorsque le tuteur n'aura fait aucune diligence pour l'émancipation du mineur dont il est parlé
dans l'article précédent, et qu'un ou plusieurs parents ou
alliés de ce mineur, au degré de cousin germain ou à
des degrés plus proches, le jugeront capable d'être émancipé, ils pourront requérir le juge de paix de convoquer
le conseil de famille pour délibérer à ce sujet. — Le juge
de paix devra déférer à cette réquisition. »

De même que, dans toute tutelle, il y a une subrogée
tutelle, de même aussi, dans toute émancipation, il y a
une curatelle. S'il est des actes que le mineur émancipé
peut valablement contracter seul, il en est d'autres qu'il
ne peut faire qu'avec l'assistance de son curateur.

La mineure mariée, qui a conquis l'émancipation par le
fait seul de son mariage, a pour curateur son mari. Si le
mari vient à mourir avant qu'elle ait atteint sa majorité, et qu'elle se trouve mère, elle sera tutrice de son

enfant, aux termes de notre article 442 précité; mais, en raison de son état de minorité, elle ne pourra pas faire, comme tutrice, les actes dont elle est incapable elle-même. Il lui faudra, pour ces actes, l'assistance d'un curateur, qui devra, dans ce cas, lui être nommé par le conseil de famille, car le mineur émancipé par mariage ne peut rentrer en tutelle que quand il n'existe pas d'enfants de son mariage. Autrement il serait appelé à exercer pour ses enfants des actes qu'il n'aurait pas capacité de faire pour lui-même; il serait tout à la fois le pupille d'un tuteur et le tuteur de ses enfants, ce qui ne peut pas être.

Le compte de tutelle sera rendu au mineur émancipé assisté d'un curateur qui lui sera nommé par le conseil de famille.

Encore bien que la femme mineure ait pour curateur son mari, il est évident que si ce mari est lui-même en état de minorité, la femme aura besoin, pour la reddition de son compte de tutelle, d'être assistée d'un autre curateur, c'est-à-dire d'un curateur *ad hoc,* spécial, qui lui sera nommé dans ce cas par son conseil de famille.

Le mineur émancipé peut faire seul, et comme le ferait un majeur, tous les actes qui ne sont que de pure administration : passer des baux dont la durée n'excédera pas neuf ans, recevoir ses revenus, donner décharge. Il peut également, s'il est commerçant, agir seul pour les actes de son commerce.

Il peut, avec l'assistance de son curateur, intenter une action immobilière et y défendre, recevoir son compte de tutelle, recevoir un capital et en donner quittance, sauf au curateur à surveiller, sous sa responsabilité personnelle, l'emploi du capital reçu. Il peut, avec la même assistance, partager une succession, accepter une donation, transférer des inscriptions de rente sur l'État de cinquante francs et au-dessous.

Mais il ne peut faire d'emprunt, sous aucun prétexte, sans y avoir été autorisé par délibération de son conseil de famille, dûment homologuée par le tribunal.

« Art. 484. Il ne pourra non plus vendre ni aliéner ses immeubles, ni faire aucun acte autre que ceux de pure administration, sans observer les formes prescrites au mineur non émancipé. — A l'égard des obligations qu'il aurait contractées par voie d'achat ou autrement, elles seront réductibles en cas d'excès; les tribunaux prendront, à ce sujet, en considération la fortune du mineur, la bonne ou mauvaise foi des personnes qui auront contracté avec lui, l'utilité ou l'inutilité des dépenses.

» Art. 485. Tout mineur émancipé, dont les engagements auraient été réduits en vertu de l'article précédent, pourra être privé du bénéfice de l'émancipation, laquelle lui sera retirée en suivant les mêmes formes que celles qui auront eu lieu pour la lui conférer.

» Art. 486. Dès le jour où l'émancipation aura été révoquée, le mineur rentrera en tutelle, et y restera jusqu'à sa majorité accomplie. »

Si l'émancipation a été conférée par le père du mineur pendant le mariage, et que ce père existe encore, l'enfant rentrera sous sa tutelle légitime; si le père qui a conféré l'émancipation est décédé, et que la mère existe encore, celle-ci deviendra la tutrice de l'enfant; si la tutelle a été conférée par le conseil de famille, ce conseil aura à nommer un nouveau tuteur au mineur.

Les articles suivants du Code de commerce portent :

« Art. 2. Tout mineur émancipé de l'un et de l'autre sexe, âgé de dix-huit ans accomplis, qui voudra profiter de la faculté que lui accorde l'article 487 du Code civil, de faire le commerce, ne pourra en commencer les opérations, ni être réputé majeur, quant aux engagements par lui contractés pour faits de commerce : 1° s'il n'a été préalablement autorisé par son père, ou par sa mère, en cas de décès, interdiction ou absence du père, ou, à défaut du père et de la mère, par une délibération du conseil de famille, homologuée par le tribunal civil ; 2° si, en outre, l'acte d'autorisation n'a été enregistré et affiché au tribunal de commerce du lieu où le mineur veut établir son domicile.

» Art. 3. La disposition de l'article précédent est applicable aux mineurs même non commerçants, à l'égard de tous les faits qui sont déclarés faits de commerce par les dispositions des articles 632 et 633 du Code de commerce. »

Les mineurs marchands, autorisés comme il est dit ci-dessus, peuvent engager et hypothéquer leurs immeubles. — Ils peuvent même les aliéner, mais en suivant les formalités prescrites par les articles 457 et suivants du Code civil.

Avant de clore notre chapitre des enfants en tutelle, il importe de dire quelques mots de la tutelle des enfants naturels, et de celle des enfants trouvés et des enfants abandonnés.

En principe, la tutelle des enfants naturels est toujours dative ; mais elle peut être confiée par le conseil de famille au survivant des père et mère.

Les conseils de famille, convoqués pour la nomination d'un tuteur à un enfant naturel reconnu, ne peuvent se composer que d'amis, puisque les enfants naturels n'ont pas de famille, pas de parents autres que leurs père et mère. Le juge de paix a d'ailleurs la faculté d'appeler les parents du père et de la mère de l'enfant à composer le conseil de famille, mais ils ne peuvent figurer là qu'en qualité d'amis.

Les enfants trouvés et les enfants abandonnés et autres, admis dans les hospices à quelque titre que ce soit, sont sous la tutelle des commissions administratives de ces maisons, lesquelles désignent un de leurs membres pour exercer, le cas advenant, les fonctions de tuteur; les autres forment le conseil de famille. (Loi du 15 pluviôse an XIII.)

VINGTIÈME LECTURE.

DES ENFANTS (SUITE).

ENFANTS TROUVÉS, ABANDONNÉS, ORPHELINS ET NON SURVEILLÉS.

> Ah! pourquoi n'ai-je pas de mère?
> Pourquoi ne suis-je pas semblable au jeune oiseau
> Dont le nid se balance aux branches de l'ormeau?
> Rien ne m'appartient sur la terre,
> Je n'eus pas même de berceau,
> Et je suis un enfant trouvé sur une pierre,
> Devant l'église du hameau.
>
> Alexandre SOUMET.

Une pauvre fille est séduite, et, lâchement abandonnée par son séducteur, elle met clandestinement au monde une frêle créature qu'elle a le plus grand intérêt à soustraire à tous les regards, pour dissimuler sa faute et cacher sa honte; si le démon du crime ne trouble pas sa raison au point de la pousser à détruire son enfant, ce qui, hélas! a lieu trop souvent, la malheureuse fille mère va furtivement, pendant la nuit, déposer le pauvre petit être à la grille d'un hospice, sous le portail d'une église ou sur le seuil d'une maison charitable. Telle est, neuf fois sur dix, l'origine des humbles pensionnaires qui peuplent les hospices des enfants trouvés.

Le décret du 19 janvier 1811 définit les enfants trouvés : Ceux qui, nés de pères et mères inconnus, auront été trouvés exposés dans un lieu quelconque ou portés dans les hospices destinés à les recevoir. L'article 1ᵉʳ de ce décret porte ce qui suit :

« Les enfants dont l'éducation est confiée à la charité publique sont : 1º les enfants trouvés; 2º les enfants abandonnés; 3º les orphelins pauvres. Les orphelins sont ceux qui, n'ayant ni père ni mère, n'ont aucun moyen d'existence. »

Disons ici que tous les enfants, aussi bien ceux qui ont été abandonnés par des parents connus, et ceux qui ont été égarés ou perdus par des parents qui ont le plus grand désir de les retrouver, que ceux qui sont déposés dans les hospices après avoir été dérobés à leurs parents, par des gens qui n'avaient pas le droit de disposer d'eux, sont tous compris vulgairement sous cette appellation d'*enfants trouvés;* que tous ont les mêmes droits à notre pitié, à notre charité et à notre protection.

Pauvres enfants! que de fois en vous voyant passer dans nos rues sous votre grossier costume, conduits par des Sœurs de la Charité, n'avons-nous pas comparé votre triste sort à celui de nos enfants comblés de jouets, de caresses et de soins! Que de fois, nous rappelant les trésors d'affection que la tendresse de nos parents prodiguait à notre enfance heureuse, n'avons-nous pas plaint, du fond de notre cœur, votre jeunesse déshéritée des baisers maternels et de la tendre protection d'un père, pauvres enfants!

Cette comparaison, en la faisant, nous pensions que vous pouviez la faire vous-même en croisant, sur les chemins, nos enfants, parés, insouciants et gais, et que vous pouviez en ressentir (le cœur de l'homme est ainsi fait) le germe de ces mauvaises passions, la haine et la jalousie, et nous avons mieux compris alors ces sentiments exprimés par Moreau, le poëte orphelin :

Je haïssais alors, car la souffrance irrite,
Mais un peu de bonheur m'a converti bien vite;
Pour que son vers clément pardonne au genre humain,
Que faut-il au poëte? Un baiser et du pain.

Oui, la souffrance irrite, et vous devez souffrir cruelle-ment, pauvres petits, de la privation de cet amour ma-ternel que rien ici-bas ne saurait remplacer. Mais ayez bon courage, ne laissez pas entrer la haine dans vos cœurs. Comme le poëte converti par un peu de bonheur, pardonnez au genre humain ses fautes et ses faiblesses; pardonnez à ceux qui vous paraissent plus heureux que vous, l'apparence du bonheur; pardonnez leur lâcheté à ceux qui ont condamné votre enfance à l'abandon, et vivez du pain amer, hélas! que la charité vous donne, jusqu'au jour où vous pourrez vivre libres du pain béni de votre travail. Tout est promis à tous par celui qui pré-side à nos destinées..... Si votre enfance n'a pas le bon souvenir des baisers d'une mère, si doux à recueillir, vous pourrez trouver le bonheur, un jour, dans les liens du mariage. Vous serez appelés à fonder une famille, et vous prodiguerez à ceux qui naîtront de vous tous les germes d'affection refoulés dans vos cœurs.

Combien est-il d'hommes illustres qui n'ont pas eu d'autre crèche que celle des enfants trouvés!

Un littérateur des plus distingués, l'un des savants les plus célèbres du siècle dernier, Jean le Rond, connu sous le nom de d'Alembert, fut recueilli à Paris, sur les mar-ches de la petite église de Saint-Jean le Rond, dont il reçut les noms, par le commissaire de son quartier. Celui-ci, plutôt que de le déposer à l'hospice des Enfants trouvés, le confia aux soins de la femme d'un vitrier, nommé Rousseau, qui voulut bien s'en charger. D'Alembert vécut pendant quarante ans de sa vie sous le toit de cette digne femme, et lui témoigna toujours la plus grande affec-tion et la plus vive reconnaissance. Madame de Tencin, qui l'avait abandonné, ayant voulu le reconnaître, d'Alem-bert s'y refusa positivement, et ne consentit jamais qu'à accepter pour mère l'humble femme qui avait pris soin de son enfance, dédaignant la grande dame qui l'avait voué à la misère et à l'abandon.

Mais revenons aux lois qui régissent le sort des enfants trouvés.

Les peuples anciens n'avaient pas d'asiles publics pour les enfants délaissés. A Rome et dans la Grèce, les enfants exposés étaient recueillis par de simples particuliers qui en avaient plus ou moins soin.

Les premières lois qui aient fait de l'entretien des enfants un devoir public, datent du christianisme et remontent à Constantin.

Notre intention n'est pas de suivre, à travers les siècles, la législation relative aux enfants abandonnés; mais nous ne pouvons nous dispenser de rappeler ici que l'on doit à l'un des plus grands apôtres de la charité, à saint Vincent de Paul, l'établissement des Enfants trouvés, et que le sort de ces malheureux enfants fut en réalité fixé en 1648, après un éloquent discours du saint prêtre, discours qui électrisa toute l'assemblée devant laquelle il fut prononcé, et qui détermina les plus grands sacrifices.

Sous le régime féodal, les seigneurs hauts justiciers étaient chargés, en France, de l'obligation de nourrir les enfants abandonnés; le décret du 29 novembre 1790 les en déchargea. La Révolution, qui avait anéanti tous les priviléges des seigneurs, devait, comme conséquence, supprimer les charges dont ils étaient grevés.

Aujourd'hui, il y a dans chaque arrondissement un hospice où les enfants trouvés peuvent être reçus.

Des registres sont tenus là, qui constatent, jour par jour, l'arrivée, le sexe et l'âge apparent de l'enfant, et qui contiennent les descriptions des marques naturelles et des langes qui peuvent servir à les faire reconnaître.

Sans reproduire ici tout le décret du 19 janvier 1811,

il nous paraît intéressant d'en extraire les principaux articles.

« Art. 7. Les enfants trouvés nouveau-nés seront mis en nourrice aussitôt que faire se pourra. Jusque-là, ils seront nourris au biberon ou même au moyen de nourrices résidant dans l'établissement ; s'ils sont sevrés, ou susceptibles de l'être, ils seront également mis en nourrice ou sevrage.

» Art. 8. Ces enfants recevront une layette ; ils resteront en nourrice ou en sevrage jusqu'à l'âge de six ans.

» Art. 9. A six ans, tous les enfants seront, autant que faire se pourra, mis en pension chez des cultivateurs ou des artisans. Le prix de la pension décroîtra, chaque année, jusqu'à l'âge de douze ans, époque à laquelle les enfants mâles en état de servir seront mis à la disposition du ministre de la marine.

» Art. 10. Les enfants qui ne pourront être mis en pension, les estropiés, les infirmes, seront élevés dans l'hospice ; ils seront occupés dans les ateliers à des travaux qui ne soient pas au-dessus de leur âge. »

Nous avons dit plus haut que les enfants trouvés sont sous la tutelle des commissions administratives des hospices. Cette tutelle cesse quand le ministre de la marine dispose de ceux qui y étaient soumis.

« Art. 17. Les enfants ayant accompli l'âge de douze ans, desquels l'État n'aura pas autrement disposé, seront, autant que faire se pourra, mis en apprentissage : les garçons, chez des laboureurs ou des artisans ; les filles, chez des ménagères, des couturières ou autres ouvrières, ou dans des fabriques et manufactures.

» Art. 18. Les contrats d'apprentissage ne stipuleront aucune somme en faveur ni du maître ni de l'apprenti ; mais ils garantiront au maître les services gratuits de l'apprenti jusqu'à un âge qui ne pourra excéder vingt-cinq ans, et à l'apprenti la nourriture, l'entretien et le logement.

» Art. 19. L'appel à l'armée, comme conscrit, fera cesser les obligations de l'apprenti. »

A Paris, d'après la loi du 10 janvier 1849, l'administration générale de l'assistance publique est confiée à un directeur, qui exerce son autorité sur les services intérieurs et extérieurs. — Il prépare les budgets, ordonnance toutes les dépenses et présente le compte de son administration. Il a la tutelle des enfants trouvés, abandonnés et orphelins.

Un décret du 30 ventôse an V, concernant la manière d'élever et d'instruire les enfants abandonnés, contient les dispositions suivantes :

« Art. 1ᵉʳ. Les enfants abandonnés ne seront point conservés dans les hospices où ils auront été déposés, excepté le cas de maladie ou accidents graves qui en empêchent le transport; ce premier asile ne devant être considéré que comme un dépôt, en attendant que ces enfants puissent être placés, suivant leur âge, chez des nourrices, ou mis en pension chez des particuliers.

» Art. 2. Les commissions administratives des hospices civils, dans lesquels seront conduits les enfants abandonnés, sont spécialement chargées de les placer chez des nourrices ou autres habitants des campagnes, et de pourvoir en attendant à tous leurs besoins, sous la surveillance des autorités dont elles dépendent.

» Art. 3. Les enfants placés dans les campagnes ne pourront jamais être ramenés dans les hospices civils, à moins qu'ils ne soient estropiés, ou atteints de maladies particulières, qui les excluent de la société, ou les rendent inhabiles à se livrer à des travaux qui exigent de la force et de l'adresse.

» Art. 4. Les nourrices et les autres habitants des communes pourront conserver jusqu'à l'âge de douze ans les enfants qui leur auront été confiés ; à la charge par eux de les nourrir et entretenir convenablement, aux prix et conditions qui seront déterminés, et de les envoyer aux écoles primaires pour y participer aux instructions données aux autres enfants de la commune et du canton.

» Art. 5. Si les nourrices, ou autres personnes chargées d'enfants abandonnés , refusent de continuer à les élever jusqu'à l'âge de douze ans, les commissions des hospices civils, qui leur ont confié ces enfants, seront tenues de les placer ailleurs. »

L'article 6 charge l'autorité administrative de surveiller l'exécution des dispositions portées en l'article 4.

Les articles 7 à 12 exclusivement prescrivent que les nourrices, et autres habitants chargés d'enfants abandonnés, seront tenus de représenter, tous les trois mois, les enfants qui leur auront été confiés à l'agent de la commune, qui certifiera que ces enfants ont été traités avec humanité, et qu'ils sont instruits et élevés conformément aux dispositions du présent règlement ;

Que les nourrices et autres personnes qui représenteront les certificats mentionnés plus haut, recevront, outre le prix des mois de nourrice, certaines indemnités ;

Que les commissions des hospices civils pourvoiront au payement des mois de nourrice et des indemnités, ainsi qu'au prix des layettes, qui sera fixé, sur l'avis des commissions administratives des hospices civils, par les administrations municipales auxquelles elles sont subordonnées.

« Art. 13. Les enfants âgés de douze ans révolus, qui ne seront pas conservés par les nourrices et autres habitants auxquels ils auront été d'abord confiés, seront placés chez des cultivateurs, artisans ou manufacturiers, où ils resteront jusqu'à leur majorité, sous la surveillance de l'autorité administrative, pour y apprendre un métier ou profession conforme à leur goût et à leurs facultés ; à l'effet de quoi les commissions des hospices civils, sous la surveillance des autorités constituées auxquelles elles sont subordonnées, feront des transactions particulières avec ceux qui s'en chargeront. Pourront également ces commissions, sauf l'approbation des mêmes autorités, faire des engagements ou traités avec les capitaines des navires dans les ports de mer de la République, lorsque les enfants manifesteront le désir de s'attacher au service maritime.

» Art. 14. Les nourrices et autres habitants qui auront élevé jusqu'à douze ans les enfants qui leur auront été confiés, pourront les conserver préférablement à tous autres, en se chargeant néanmoins de leur faire apprendre un métier ou de les appliquer aux travaux de l'agriculture, en se conformant aux dispositions des art. 6, 7 et 8 du présent règlement.

» Art. 15. Les cultivateurs ou manufacturiers chez lesquels seront placés des enfants ayant atteint l'âge de douze ans, et ceux qui, les ayant élevés jusqu'à cet âge, les conserveraient aux conditions portées en l'article précédent, recevront une somme de cinquante francs pour être employée à procurer à ces enfants les vêtements qui leur seront nécessaires.

» Art. 17. Les enfants qui, pour leur inconduite ou la manifestation de quelques inclinations vicieuses, seraient reconduits dans les hospices, ne pourront être confondus avec ceux qui y auront été déposés comme orphelins appartenant à des familles indigentes ; ils seront au contraire placés seuls dans un local particulier, et les commissions des hospices prendront les mesures convenables pour les ramener à leur devoir, en attendant qu'elles puissent les rendre à leurs maîtres ou les placer ailleurs.

» Art. 18. Les commissions des hospices civils qui auront placé des enfants abandonnés déposés dans les établissements confiés à leur administration, en surveilleront l'éducation morale conjointement avec les membres de l'administration municipale du canton où sont situés ces établissements, et auxquels est confiée la tutelle de ces enfants par la loi du 27 frimaire (remplacée par le décret du 19 avril 1811). »

Ces dispositions de nos lois sont sages; cependant l'expérience a prouvé qu'elles ne sont pas encore suffisamment protectrices.

Quelle statistique exacte relèvera jamais le nombre des pauvres enfants abandonnés qui périssent chaque jour, faute de soins ou victimes de machinations criminelles? La vie de l'enfant en bas âge ne tient qu'à un fil; ce fil, hélas! est bien vite rompu lorsqu'il n'est pas protégé par la sollicitude d'une mère.

> **C'est elle qui, vouée à cet être nouveau,**
> **Lui prodigue les soins qu'attend l'homme au berceau.**

On dirait, vengeance céleste, que la main de Dieu frappe dans l'enfant la faute de ceux qui l'ont cruellement abandonné!

Les personnes qui faisaient il y a trente ans le voyage de Paris à la province, peuvent se rappeler, comme nous, que le dernier compartiment des voitures publiques était toujours rempli de nourrices. Des enfants, nés de la veille ou de l'avant-veille, confiés par centaines à des nourrices plus ou moins bien choisies, étaient entassés dans ces caisses roulantes qui mettaient alors un jour et deux nuits pour faire le trajet de Paris à Dijon, et, dans le trajet, il arrivait souvent que des enfants mouraient asphyxiés faute d'air, ou étouffés sous la pression du corps de la nourrice endormie.

Chose plus triste et plus affreuse, les débats des cours criminelles nous ont révélé, dans ces dernières années, les spéculations odieuses faites par de misérables créatures, qui n'ont de la femme que la forme et le nom, sur la vie des enfants confiés à leurs soins.

Dès l'âge de six ans, les enfants sont placés en apprentissage chez des cultivateurs ou des artisans. A cet âge tendre, les pauvres petits trouvent-ils chez leurs nouveaux maîtres, sinon l'affection, hélas! elle leur manque trop souvent, du moins les soins qui leur sont nécessaires? Confiés presque toujours à des gens peu aisés, qui sont condamnés par cela même à vivre de la vie la plus parcimonieuse, ces enfants ne sont-ils pas exposés à ne recevoir qu'une nourriture insuffisante, alors que l'on exige d'eux, parfois, un travail trop fatigant?

A l'âge de douze ans, les filles sont mises en apprentissage chez des ménagères, des couturières ou autres, ou placées dans des fabriques et manufactures. Ces jeunes filles sont-elles placées là dans un milieu bien convenable, eu égard à leur âge? celles qui sont envoyées dans les fabriques et manufactures ne sont-elles pas exposées, entre toutes, à être entraînées dans la mauvaise voie?

Le législateur s'est peut-être trop préoccupé de décharger le plus tôt possible les hospices des soins à donner à ces pauvres enfants, quand il aurait dû, au contraire, chercher le moyen de les conserver longtemps en les employant à des travaux rémunérateurs.

Nous voudrions voir créer, dans chaque département, un ou plusieurs établissements qui serviraient d'asile aux enfants qui nous occupent. Dans les uns, les garçons seraient exercés à l'industrie du pays, agriculture, horticulture, viticulture, sériciculture, fabrique de toiles ou de draps, bonneterie, filature ou corderie, la confection ou la cordonnerie, etc.

Dans les autres, les filles se livreraient, sous des maîtresses habiles, aux travaux du ménage et à la couture. Le travail ne manquerait pas dans ces établissements, si l'on songeait à y faire confectionner pour le compte de l'État tous les vêtements nécessaires à nos troupes de terre et de mer, une partie de la voilure et des agrès de nos vaisseaux, etc.

Dans ces ruches laborieuses, les enfants devraient recevoir, en dehors des heures consacrées aux travaux manuels, une saine éducation, une bonne instruction élémentaire, et ils n'en sortiraient, hors le cas prévu par l'article 9 du décret de 1811 cité plus haut, que pour se marier, ou autrement à l'âge de dix-huit ans accomplis.

Les Anglais ont des expositions d'enfants comme nous avons des expositions de bestiaux et de produits agricoles, et des prix sont donnés là aux nourrissons les plus vigoureux, les plus roses et les plus frais, aux nourrices les meilleures et les plus dévouées.

En 1784, il avait été fondé, en France, un prix d'une médaille d'or et d'un gobelet d'argent pour être adjugé à la meilleure nourrice. Ce prix a été donné pour la première fois, le 26 janvier 1785, à la nourrice Anne Bouret, femme d'Hildevert Diet, de Trilbardou, près de Meaux. La légende du médaillon était : A LA BONNE NOURRICE. Cette femme avait élevé dix-sept nourrissons, dont treize étaient vivants, et dont six ont assisté à son couronnement.

Il nous semble que si l'on distribuait chaque année, publiquement, dans tous nos arrondissements, des prix aux bonnes nourrices et aux citoyens généreux qui ont élevé, dans les principes du bien et de la vertu, des enfants abandonnés, ces récompenses, si justement méritées, produiraient d'excellents résultats.

DES ENFANTS NON SURVEILLÉS.

A côté des enfants abandonnés ou *assistés*, pour employer leur dénomination actuelle, il en est d'autres que nous désignerons sous le nom d'enfants non surveillés. Ce sont ceux que vous rencontrez à chaque pas dans les villes, mendiant ici les sous qu'ils s'empressent d'aller dépenser chez le pâtissier ou chez l'épicier, quand ils ne prennent pas déjà le chemin du cabaret; jouant, plus loin, à des jeux d'argent sur les places publiques; exerçant à toute heure, de jour et de nuit, des larcins, du maraudage, des déprédations; vagabondant partout, et s'habituant de bonne heure, encouragés qu'ils sont par les mauvais exemples de leurs parents, enhardis par l'indulgence trop grande des agents et des magistrats chargés, les uns de la constatation, les autres de la répression des délits, à cette voie de débauche qui les conduira plus tard au crime, et qui est, en attendant, une menace contre la société.

Il y a, dira-t-on, des lois contre le vagabondage et la mendicité; sans doute, les articles 270, 271 et 274 du Code pénal, nous le savons, portent ce qui suit :

« Art. 270. Les vagabonds ou gens sans aveu sont ceux qui n'ont ni domicile certain, ni moyens de subsistance, et qui n'exercent habituellement ni métier, ni profession.

» Art. 271, § 2. Les vagabonds âgés de moins de seize ans ne pourront être condamnés à la peine d'emprisonnement; mais, sur la preuve des faits de vagabondage, ils seront renvoyés sous la surveillance de la haute police jusqu'à l'âge de vingt ans accomplis, à moins qu'avant cet âge ils n'aient contracté un engagement régulier dans les armées de terre ou de mer.

» Art. 274. Toute personne qui aura été trouvée mendiant dans un lieu pour lequel il existera un établissement public organisé afin d'obvier à la mendicité, sera punie de trois à six mois d'emprisonnement, et sera, après l'expiration de sa peine, conduite au dépôt de mendicité. »

De plus, un décret du 5 juillet 1808, ayant défendu la mendicité dans tout le territoire de l'Empire, ordonna en même temps l'établissement d'un dépôt de mendicité dans chaque département, avec des ateliers de travaux pour occuper les détenus.

Dans tous nos départements, les préfets ont pris, en outre, des arrêtés pour empêcher, pour défendre la mendicité.

Quand nous entrons dans une ville, la première inscription qui frappe nos yeux est celle-ci : « La mendicité est interdite dans cette commune; » et à peine avons-nous fait vingt pas que nous sommes assaillis par une quantité de mendiants, surtout par des enfants.

En présence de ces faits, que tout le monde déplore en les constatant, nous nous sommes souvent demandé si l'on ne pourrait, si l'on ne devrait pas assimiler aux enfants trouvés, abandonnés et orphelins, quant aux mesures à prendre vis-à-vis d'eux, tant dans leur intérêt personnel que dans celui de la société, ces petits mendiants, ces jeunes vagabonds qui passent leur enfance dans la débauche et dans la paresse.

Le meilleur moyen de prévenir le vagabondage est de limiter la faculté de mendier, si tant est que l'on accorde cette faculté à quelques malheureux infirmes, dans un cercle étroit, hors duquel tout mendiant serait réputé vagabond et poursuivi comme tel; dans tous les cas, la mendicité devrait être formellement, rigoureusement interdite aux enfants, en raison des vices précoces que cette plaie engendre.

On a souvent proposé d'obliger tous les mendiants, valides ou invalides, à se retirer, dans un délai déterminé, dans le lieu de leur naissance. Pourquoi cette proposition n'a-t-elle pas encore pris la forme d'une loi?

La véritable bienfaisance consiste moins à faire l'aumône aux pauvres, qu'à les mettre à même de pourvoir par le travail à leurs besoins. Ce sont moins les secours qui leur manquent, que des secours bien entendu et sagement répartis.

Il conviendrait : 1° de diriger l'éducation des enfants pauvres de manière à satisfaire à tous les besoins de l'État; 2° de retirer autant que possible aux hommes forts et valides ces travaux de couture qui sont plus spécialement du domaine de la femme, et qui pourraient s'entreprendre sur une vaste échelle dans les asiles des enfants pauvres; 3° de prendre des mesures efficaces pour soustraire aux dangers de la mendicité et du vagabondage les enfants qui ne sont pas utilement surveillés par leurs parents.

A cet effet, nous voudrions voir substituer à l'ancien article 280 du Code pénal, qui a été abrogé, des dispositions comme celle-ci :

Tout enfant, âgé de moins de seize ans, surpris en état de vagabondage ou de mendicité, sera conduit devant le maire de la commune. Ce magistrat, après avoir admonesté l'enfant, en dressera procès-verbal qu'il transmettra immédiatement au procureur de la République. En cas de récidive, le délinquant sera traduit devant les tribunaux et sera condamné, s'il est convaincu du délit qui lui est reproché, à être déposé à l'asile des enfants pauvres du département, où il restera soumis à la règle commune à tous les autres enfants réunis là.

Dans tous les cas, n'oublions pas que tous ces enfants d'aujourd'hui seront demain des hommes, et que de l'éducation de cette génération nouvelle dépend l'avenir, la rénovation de notre pays.

VINGT ET UNIÈME LECTURE.
DES ENFANTS (SUITE).
DU TRAVAIL DES ENFANTS.

> Travaillez, prenez de la peine.
> C'est le fonds qui manque le moins.
> **LA LONTAINE.**

On demandait à Agésilas ce qu'il voudrait que l'on apprît aux enfants? — Je voudrais, répondit-il, qu'on leur apprît ce qu'ils devront faire étant hommes.

L'apprentissage d'un métier remplit une partie de ce vaste programme tracé, en peu de mots, par le roi de Sparte. Mais, à côté du métier dont l'exercice doit procurer le pain du corps, l'enfant a besoin d'apprendre les devoirs qui découlent de la religion et de la morale; d'acquérir, par l'éducation et par l'instruction, cette nourriture intellectuelle qui peut seule le faire parvenir au degré de perfectibilité dont il est susceptible.

On peut apprendre à tout âge, disait Sénèque; il est donc toujours temps d'apprendre, et, depuis sa plus tendre enfance jusqu'à l'âge le plus avancé, l'homme acquiert chaque jour de nouvelles connaissances.

Dans un rapport lu à l'Académie des sciences morales et politiques, M. Egger s'exprimait ainsi : « L'enfant nouveau-né n'est qu'un petit animal purement instinctif; puis l'intelligence chez lui vient en aide à l'instinct, comme chez l'animal supérieur, jusqu'à ce qu'elle arrive à dominer l'instinct, et, en quelque sorte, à l'absorber. La scission de la vie animale à la vie humaine se fait quand l'enfant parle, ou quand il raisonne. C'est tout un. La même chose a lieu dans la série animale : ce qui distingue l'homme de la bête intelligente, du chien ou du grand singe, n'est-ce pas le raisonnement et la parole? Mais ce n'est que bien lentement que l'intelligence supérieure réfléchie, consciente, la pensée en un mot, atteint dans l'humanité tout son développement; son mouvement s'arrête chez le sauvage à un degré infime; puis, chez les peuples pasteurs, agriculteurs, industrieux, civilisés, à des degrés de plus en plus élevés, pour prendre enfin, chez le peuple lettré, philosophe et savant, un essor que rien ne doit plus arrêter. Si nous voyons l'intelligence et la moralité de nos enfants, en quelques années, franchir ces mêmes échelons que l'humanité a mis tant de siècles à gravir, c'est que nous sommes là pour les instruire, pour les élever, et que nous-mêmes avons profité de toutes les acquisitions antérieures dont nous les faisons profiter à leur tour. Mais les erreurs, les tâtonnements, les efforts laborieux et souvent infructueux de l'intelligence enfantine, montrent bien que livrée à elle-même, privée de guides et de maîtres, cette intelligence ne tarderait pas à s'arrêter dans son essor, comme un voyageur que ses forces trahissent, et qui renonce à poursuivre une route trop pénible. »

M. Egger remarque avec quelle gaucherie le petit enfant s'essaye à certains actes. Émile a quatorze mois, on lui donne de la confiture dans une petite cuiller; il commence par mettre dans sa bouche l'extrémité, puis le milieu du manche, avant d'arriver à y mettre le récipient qui contient la confiture. Plus tard, c'est dans son langage que se manifeste la difficulté avec laquelle son esprit saisit les rapports des choses. Son père ayant au pied une légère blessure qui nécessite l'application d'un bandage, l'enfant, qui a entendu parler d'un « petit mal », prie son père de lui donner ce petit mal. Ce qu'il entend par « petit mal », c'est le linge blanc qui a frappé son attention, et la preuve, c'est que, peu après s'étant coupé le doigt, il demande qu'on lui mette, à lui aussi, un « petit mal », etc.

Si l'on considère la somme de connaissances acquises par certains enfants, on reste confondu de l'immensité du travail auquel ont pu suffire ces frêles créatures, sans parler ici de ces enfants prodiges, comme Pic de la Mirandole, qui s'était placé, dès l'âge de dix ans, au premier rang des orateurs et des poëtes de son temps, et qui, à vingt-trois ans, se proposait de soutenir une thèse embrassant dans son ensemble l'universalité des connaissances humaines! Combien ne voit-on pas d'enfants qui, doués d'une intelligence ordinaire et d'une mémoire heureuse, peuvent, lorsque l'on s'est attaché de bonne heure à cultiver leur esprit, parler, comprendre et écrire plusieurs langues, posséder des notions d'histoire, de géographie, de morale et de religion, à l'âge de huit à dix ans?

La loi du travail s'impose donc à l'homme dès l'âge le plus tendre, elle est une des premières nécessités de son existence, et s'il en est qui cherchent plus tard à échapper aux exigences souvent pénibles de cette loi, nul ne peut s'y soustraire au sortir du berceau. Il faut nécessairement que l'enfant apprenne à boire et à manger, à mouvoir ses bras et ses jambes, à diriger ses pas, à penser, puis à traduire par des gestes et par des mots sa pensée, en attendant qu'il apprenne plus tard, lorsque son intelligence et ses forces auront acquis le développement nécessaire, la profession qui lui fournira le moyen de vivre en se rendant utile à la société.

Pour empêcher que l'on ne fasse travailler abusivement les enfants, des lois ont été faites, qui règlent la durée des travaux auxquels ils peuvent être soumis, lorsqu'ils sont appelés à exercer leur intelligence ou leur force en dehors de leur famille. Nous allons reproduire ici, du moins dans leurs parties principales, celles de nos lois encore en vigueur, car l'Assemblée nationale est en ce moment saisie d'un projet de loi sur cette importante question.

C'est d'abord la loi relative au travail des enfants employés dans les manufactures, usines ou ateliers, des 22 et 24 mars 1841, qui porte ce qui suit :

« Art. 1er. Les enfants ne pourront être employés que sous les conditions déterminées par la présente loi : 1° dans les manufactures, usines et ateliers à moteur mécanique ou à feu continu, et dans leurs dépendances; 2° dans toute fabrique occupant plus de vingt ouvriers réunis en atelier.

» Art. 2. Les enfants devront, pour être admis, avoir au moins huit ans. De huit à douze ans, ils ne pourront être employés au travail effectif plus de huit heures sur vingt-quatre, divisées par un repos. De douze à seize ans, ils ne pourront être employés au travail plus de douze heures sur vingt-quatre, divisées par des repos. Ce travail ne pourra avoir lieu que de cinq heures du matin à neuf heures du soir. L'âge des enfants sera constaté par un certificat, délivré, sur papier non timbré et sans frais, par l'officier de l'état civil.

» Art. 3. Tout travail entre neuf heures du soir et cinq heures du matin est considéré comme travail de nuit. Tout travail de nuit est interdit pour les enfants au-dessous de treize ans. Si la conséquence du chômage d'un moteur hydraulique ou des réparations urgentes l'exigent, les enfants au-dessus de treize ans pourront travailler la nuit, en comptant deux heures pour trois, entre neuf heures du soir et cinq heures du matin. Un travail de nuit des enfants ayant plus de treize ans, pareillement supputé, sera toléré, s'il est reconnu indispensable dans les établissements à feu continu dont la marche ne peut pas être suspendue pendant le cours des vingt-quatre heures.

» Art. 4. Les enfants au-dessous de seize ans ne pourront être employés les dimanches et jours de fête reconnus par la loi.

» Art. 5. Nul enfant âgé de moins de douze ans ne pourra être admis qu'autant que ses parents ou tuteur justifieront qu'il fréquente actuellement une des écoles publiques ou privées existant dans la localité. Tout enfant admis devra, jusqu'à l'âge de douze ans, suivre une école. Les enfants âgés de plus douze ans seront dispensés de suivre une école, lorsqu'un certificat, donné par le maire de leur résidence, attestera qu'ils ont reçu l'instruction primaire élémentaire.

» Art. 6. Les maires seront tenus de délivrer au père, à la mère ou au tuteur, un livret sur lequel seront portés l'âge, le nom, les prénoms, le lieu de naissance et le domicile de l'enfant, et le temps pendant lequel il aurait suivi l'enseignement primaire. Les chefs d'établissement inscriront, 1° sur le livret de chaque enfant, la date de son entrée dans l'établissement et de sa sortie; 2° sur un registre spécial, toutes les indications mentionnées au présent article.

» Art. 7. Des règlements d'administration publique pourront : 1° étendre à des manufactures, usines ou ateliers autres que ceux qui sont mentionnés dans l'article 1er, l'application des dispositions de la présente loi; 2° élever le minimum de l'âge et réduire la durée du travail déterminés dans les articles 2 et 3, à l'égard des genres d'industrie où le labeur des enfants excéderait leurs forces et compromettrait leur santé; 3° déterminer les fabriques où, pour cause de danger ou d'insalubrité, les enfants au-dessous de seize ans ne pourront point être employés; 4° interdire aux enfants, dans les ateliers où ils sont admis, certains genres de travaux dangereux ou nuisibles; 5° statuer sur les travaux indispensables à tolérer de la part des enfants, les dimanches et fêtes, dans les usines à feu continu; 6° statuer sur les cas de travail de nuit prévus par l'article 3.

» Art. 8. Des règlements d'administration publique devront : 1° pourvoir aux mesures nécessaires à l'exécution de la présente loi ; 2° assurer le maintien des bonnes mœurs et de la décence publique dans les ateliers, usines, manufactures ; 3° assurer l'instruction primaire et l'enseignement religieux des enfants ; 4° empêcher à l'égard des enfants tout mauvais traitement et tout châtiment abusif ; 5° assurer les conditions de salubrité et de sûreté nécessaires à la vie et à la santé des enfants.

» Art. 9. Les chefs des établissements devront faire afficher dans chaque atelier, avec la présente loi et les règlements d'administration publique qui y sont relatifs, les règlements intérieurs qu'ils sont tenus de faire pour en assurer l'exécution.

» Art. 10. Le gouvernement établira des inspections pour surveiller et assurer l'exécution de la présente loi. Les inspecteurs pourront, dans chaque établissement, se faire représenter les registres relatifs à la présente loi, les règlements intérieurs, les livrets des enfants et les enfants eux-mêmes. Ils pourront se faire accompagner par un médecin commis par le préfet ou le sous-préfet.

» Art. 11. En cas de contravention, les inspecteurs dresseront des procès-verbaux qui feront foi jusqu'à preuve contraire.

» Art. 12. En cas de contravention à la présente loi ou aux règlements d'administration publique rendus pour son exécution, les propriétaires ou exploitants des établissements seront traduits devant le juge de paix du canton et punis d'une amende de simple police qui ne pourra excéder quinze francs. Les contraventions qui résulteront, soit de l'admission d'enfants au-dessous de l'âge, soit de l'excès du travail, donneront lieu à autant d'amendes qu'il y aura d'enfants indûment admis ou employés, sans que ces amendes réunies puissent s'élever au-dessus de deux cents francs. S'il y a récidive, les propriétaires ou exploitants des établissements seront traduits devant le tribunal de police correctionnelle et condamnés à une amende de seize à cent francs. Dans les cas prévus par le paragraphe second du présent article, les amendes réunies ne pourront jamais excéder cinq cents francs. Il y aura récidive lorsqu'il aura été rendu contre le contractant, dans les douze mois précédents, un premier jugement pour contravention à la présente loi ou aux règlements d'administration publique qu'elle autorise. »

Ne conviendrait-il pas d'apporter quelques modifications à cette loi, surtout en ce qui concerne le minimum de l'âge des enfants et la durée du travail qu'on leur impose? C'est en s'inspirant de cette pensée qu'un membre de l'Assemblée nationale a formulé, dans la séance du 19 juin 1871, la proposition suivante :

« Art. 1er. Les enfants au-dessous de dix ans ne pourront être employés à aucun travail industriel dans les usines, manufactures et ateliers de tout genre.

» Art. 2. Jusqu'à ce qu'ils aient atteint l'âge de quatorze ans, ils ne pourront pas être soumis à un travail industriel d'une durée effective de plus de six heures par jour.

» Art. 3. Les patrons qui emploieront des enfants dans leurs ateliers seront tenus de leur donner une instruction primaire convenable, ou de s'assurer que ces enfants fréquentent régulièrement les écoles primaires de la commune.

» Art. 4. L'exécution de la présente loi est confiée aux soins des inspecteurs de l'enseignement primaire, qui, en cas de contravention, devront saisir le parquet de l'arrondissement.

» Art. 5. Toute infraction à la présente loi sera punie d'une amende de cinquante francs; et, en cas de récidive, elle pourra être élevée à cent francs, et dans tous les cas, le tribunal pourra ordonner la publication de son jugement dans un ou plusieurs journaux de la localité. »

Vient ensuite :

La loi du 22 février 1851, relative au contrat d'apprentissage ; elle intéresse tellement les familles qu'il nous paraît convenable de la reproduire en entier ; elle porte ce qui suit :

TITRE Ier.

DU CONTRAT D'APPRENTISSAGE.

SECTION Ire.

DE LA NATURE ET DE LA FORME DU CONTRAT.

« Art. 1er. Le contrat d'apprentissage est celui par lequel un fabricant, un chef d'atelier ou un ouvrier s'oblige à enseigner la pratique de sa profession à une autre personne, qui s'oblige, en retour, à travailler pour lui, le tout à des conditions et pendant un temps convenus.

» Art. 2. Le contrat d'apprentissage est fait par acte public ou par acte sous seing privé.

Il peut aussi être fait verbalement ; mais la preuve testimoniale n'en est reçue que conformément au titre du Code civil : *Des contrats ou des obligations conventionnelles en général* [1].

Les notaires, les secrétaires des conseils de prud'hommes et les greffiers de justice de paix peuvent recevoir l'acte d'apprentissage.

Cet acte est soumis pour l'enregistrement au droit fixe

[1] Code civil, art. 1341. « Il doit être passé acte devant notaires ou sous signature privée de toutes choses excédant la somme ou valeur de cent cinquante francs, même pour dépôts volontaires ; et il n'est reçu aucune preuve par témoins contre et outre le contenu aux actes, ni sur ce qui serait allégué avoir été dit avant, lors et depuis les actes, encore qu'il s'agisse d'une somme en valeur moindre de cent cinquante francs ; le tout sans préjudice de ce qui est prescrit dans les lois relatives au commerce. »

d'un franc, lors même qu'il contiendrait des obligations de sommes ou valeurs mobilières, ou de quittances.

Les honoraires dus aux officiers publics sont fixés à deux francs :

» Art. 3. L'acte d'apprentissage contiendra :

1° Les nom, prénoms, âge et domicile du maître ;

2° Les nom, prénoms, âge et domicile de l'apprenti ;

3° Les nom, prénoms, profession et domicile de ses père et mère, de son tuteur, ou de la personne autorisée par les parents, et à leur défaut par le juge de paix ;

4° La date et la durée du contrat ;

5° Les conditions de logement, de nourriture, de prix, et toutes autres arrêtées entre les parties.

Il devra être signé par le maître et par les représentants de l'apprenti.

SECTION II.

DES CONDITIONS DU CONTRAT.

» Art. 4. Nul ne peut recevoir des apprentis mineurs, s'il n'est âgé de vingt et un ans au moins.

» Art. 5. Aucun maître, s'il est célibataire ou en état de veuvage, ne peut loger, comme apprenties des jeunes filles mineures.

» Art. 6. Sont incapables de recevoir des apprentis :

1° Les individus qui ont subi une condamnation pour crime ;

2° Ceux qui ont été condamnés pour attentats aux mœurs ;

3° Ceux qui ont été condamnés à plus de trois mois d'emprisonnement pour les délits prévus par les articles 388, 401, 405, 406, 407, 408 et 423 du Code pénal.

» Art. 7. L'incapacité résultant de l'article 6 pourra être levée par le préfet, sur l'avis du maire, quand le condamné, après l'expiration de sa peine, aura résidé pendant trois ans dans la même commune.

A Paris, les incapacités seront levées par le préfet de police.

SECTION III.

DEVOIRS DES MAÎTRES ET DES APPRENTIS.

» Art. 8. Le maître doit se conduire envers l'apprenti en bon père de famille, surveiller sa conduite et ses mœurs, soit dans la maison, soit au dehors, et avertir ses parents ou leurs représentants des fautes graves qu'il pourrait commettre ou des penchants vicieux qu'il pourrait manifester.

Il doit aussi les prévenir, sans retard, en cas de maladie, d'absence, ou de tout fait de nature à motiver leur intervention.

Il n'emploiera l'apprenti, sauf convention contraire, qu'aux travaux et services qui se rattachent à l'exercice de sa profession. Il ne l'emploiera jamais à ceux qui sont insalubres ou au-dessus de ses forces.

» Art. 9. La durée du travail effectif des apprentis âgés de moins de quatorze ans ne pourra dépasser dix heures par jour.

Pour les apprentis âgés de quatorze à seize ans, elle ne pourra dépasser douze heures.

Aucun travail de nuit ne peut être imposé aux apprentis âgés de moins de seize ans.

Est considéré comme travail de nuit tout travail fait entre neuf heures du soir et cinq heures du matin.

Les dimanches et jours de fêtes reconnues ou légales, les apprentis, dans aucun cas, ne peuvent être tenus, vis-à-vis de leur maître, à aucun travail de leur profession.

Dans le cas où l'apprenti serait obligé, par suite de

conventions ou conformément à l'usage, de ranger l'atelier aux jours ci-dessus marqués, ce travail ne pourra se prolonger au delà de dix heures du matin.

Il ne pourra être dérogé aux dispositions contenues dans les trois premiers paragraphes du présent article que par un arrêté rendu par le préfet, sur l'avis du maire.

» Art. 10. Si l'apprenti, âgé de moins de seize ans, ne sait pas lire, écrire et compter, ou s'il n'a pas terminé sa première éducation religieuse, le maître est tenu de lui laisser prendre, sur la journée du travail, le temps et la liberté nécessaires pour son instruction.

Néanmoins, ce temps ne pourra excéder deux heures par jour.

» Art. 11. L'apprenti doit à son maître fidélité, obéissance et respect; il doit l'aider, par son travail, dans la mesure de son aptitude et de ses forces.

Il est tenu de remplacer, à la fin de l'apprentissage, le temps qu'il n'a pu employer par suite de maladie ou d'absence ayant duré plus de quinze jours.

» Art. 12. Le maître doit enseigner à l'apprenti, progressivement et complétement, l'art, le métier ou la profession spéciale qui fait l'objet du contrat.

Il lui délivrera, à la fin de l'apprentissage, un congé d'acquit, ou certificat, constatant l'exécution du contrat.

» Art. 13. Tout fabricant, chef d'atelier ou ouvrier, convaincu d'avoir détourné un apprenti de chez son maître, pour l'employer en qualité d'apprenti ou d'ouvrier, pourra être passible de tout ou partie de l'indemnité à prononcer au profit du maître abandonné.

SECTION IV.
DE LA RÉSOLUTION DU CONTRAT.

» Art. 14. Les deux premiers mois de l'apprentissage sont considérés comme un temps d'essai, pendant lequel le contrat peut être annulé par la volonté de l'une des parties. Dans ce cas, aucune indemnité ne sera allouée à l'une ou à l'autre partie, à moins de conventions expresses.

» Art. 15. Le contrat d'apprentissage sera résolu de plein droit :

1° Par la mort du maître ou de l'apprenti ;

2° Si l'apprenti ou le maître est appelé au service militaire ;

3° Si le maître ou l'apprenti vient à être frappé d'une des condamnations prévues en l'art. 6 de la présente loi ;

4° Pour les filles mineures, dans le cas de décès de l'épouse du maître ou de toute autre femme de la famille qui dirigeait la maison à l'époque du contrat.

» Art. 16. Le contrat peut être résolu sur la demande des parties ou de l'une d'elles :

1° Dans le cas où l'une des parties manquerait aux stipulations du contrat ;

2° Pour cause d'infraction grave ou habituelle aux prescriptions de la présente loi ;

3° Dans le cas d'inconduite habituelle de la part de l'apprenti ;

4° Si le maître transporte sa résidence dans une autre commune que celle qu'il habitait lors de la convention ;

Néanmoins, la demande en résolution de contrat fondée sur ce motif ne sera recevable que pendant trois mois, à compter du jour où le maître aura changé de résidence ;

5° Si le maître ou l'apprenti encourait une condamnation emportant un emprisonnement de plus d'un mois ;

6° Dans le cas où l'apprenti viendrait à contracter mariage.

» Art. 17. Si le temps convenu pour la durée de l'apprentissage dépasse le maximum de la durée consacrée par les usages locaux, ce temps peut être réduit ou le contrat résolu.

TITRE II.

DE LA COMPÉTENCE.

» Art. 18. Toute demande à fin d'exécution ou de résolution de contrat sera jugée par le conseil des prud'hommes dont le maître est justiciable, et, à défaut, par le juge de paix du canton.

Les réclamations qui pourraient être jugées par des tiers, en vertu de l'art. 13 de la présente loi, seront portées devant le conseil des prud'hommes ou devant le juge de paix du lieu de leur domicile.

» Art. 19. Dans les divers cas de résolution prévus en la section IV du titre Ier, les indemnités ou les restitutions qui pourraient être dues à l'une ou à l'autre des parties seront, à défaut de stipulations expresses, réglées par le conseil des prud'hommes, ou par le juge de paix dans les cantons qui ne ressortissent point à la juridiction d'un conseil de prud'hommes.

» Art. 20. Toute contravention aux articles 4, 5, 6, 9 et 10 de la présente loi sera poursuivie devant le tribunal de police et punie d'une amende de 5 à 15 francs. Pour les contraventions aux articles 4, 5, 9 et 10, le tribunal de police pourra, dans le cas de récidive, prononcer outre l'amende un emprisonnement d'un à cinq jours.

En cas de récidive, la contravention à l'art. 6 sera poursuivie devant les tribunaux correctionnels, et punie d'un emprisonnement de quinze jours à trois mois, sans préjudice d'une amende qui pourra s'élever de 30 à 300 francs.

» Art. 21. Les dispositions de l'article 463 du Code pénal sont applicables aux faits prévus par la présente loi.

» Art. 22. Sont abrogés les articles 9, 10 et 11 de la loi du 22 germinal an XI. »

Sans commenter cette loi, nous dirons simplement qu'il serait à désirer qu'on fît disparaître entièrement les dispositions contenues dans l'article 7, et qu'il conviendrait peut-être de limiter à un nombre d'heures moins élevé la durée du travail des jeunes apprentis.

Si les enfants qui travaillent dans les usines, dans les manufactures et dans les ateliers, sont protégés d'une manière plus ou moins suffisante par les lois que nous venons de citer, il en est d'autres, et c'est le plus grand nombre, qui travaillent ailleurs, dont le législateur ne s'est peut-être pas assez préoccupé. Ce sont les enfants qui sont employés à la ville et à la campagne, à la ville surtout, en qualité de domestiques.

La constitution du 5 fructidor an III avait dit : « Tout homme peut engager son temps et ses services, mais il ne peut se vendre ni être vendu; sa personne n'est pas une propriété aliénable. » L'art. 1780 du Code civil dit à son tour, au titre *Du contrat de louage :* « On ne peut engager ses services qu'à temps ou pour une entreprise déterminée. »

L'enfant mineur n'ayant pas capacité pour engager ses services, ce sont ceux qui ont autorité légale sur lui qui peuvent les engager.

Dans les familles pauvres ou peu aisées, quand une jeune fille commence à être en état de travailler au ménage, on cherche à la faire entrer comme domestique dans une bonne maison, on s'occupe de lui trouver ce que l'on appelle « une bonne place ». Une bonne place, pour

beaucoup de parents, ou de tuteurs, de ces enfants déshérités de la fortune, ce n'est pas précisément celle où la
jeune fille sera sagement dirigée, sérieusement surveillée
et protégée d'une manière efficace, c'est celle qui rapporte les plus gros gages. Or, qu'arrive-t-il souvent, trop
souvent? C'est qu'une jeune fille de quatorze à quinze ans
est confiée à la direction de maîtres grossiers et immo-
raux, qui, au lieu de la protéger, comme il serait de leur
devoir de le faire, la maltraitent, ou, ce qui est bien pis,
la pervertissent.

Dans certains pays de montagnes, comme la Savoie et
l'Auvergne, de jeunes enfants de l'âge de six à dix ans
sont loués pour une ou plusieurs saisons, quelquefois
pour plusieurs années, à des maîtres qui les emmènent
avec eux dans l'intérieur de la France, qui les font travailler abusivement, les envoient mendier en les laissant
manquer de nourriture et de vêtements, et les font cou-
cher le soir sans leur donner à manger quand ils rentrent
glacés dans les bouges où ils logent, s'ils n'y rapportent
pas la quantité de sous sur laquelle comptait le maître
inhumain et avide qu'ils servent, après avoir dit en vain
avec le poëte :

> J'ai faim ; vous qui passez, daignez me secourir ;
> Voyez, la neige tombe et la terre est glacée ;
> J'ai froid ; le vent se lève et l'heure est avancée,
>   Et je n'ai rien pour me couvrir.

Il y a quelques années, les journaux ont raconté la
triste histoire, le long martyre de ce pauvre petit Savoyard
trouvé mort sur les bords d'un fossé de la grande route
de Paris à Lyon, à la suite des privations de toutes sortes
et des coups dont l'avait accablé le monstre qu'on lui
avait donné pour maître.

« Les républiques, a dit Montesquieu, ne peuvent se
maintenir qu'à la condition de conserver des mœurs sim-

ples et pures. » Il importe donc au plus haut point de surveiller la moralité de la jeunesse, et de prendre les mesures les plus sages et les plus sévères, pour empêcher que des enfants mineurs, des jeunes filles surtout, soient confiés à l'avenir, à quelque titre que ce soit, à des individus qui ne représentent pas, sous le double rapport de la probité et de la moralité, de sérieuses garanties.

Nous voudrions qu'il fût formellement interdit, sous des peines sévères, aux personnes dénommées en l'article de la loi, sur le contrat d'apprentissage, cité plus haut, de prendre à leur service, comme domestiques, des enfants mineurs.

Nous voudrions qu'il fût également interdit à tout individu qui loue les services d'un enfant mineur, de quitter avec cet enfant la commune qu'il habite, sans être muni, 1° d'un livret contenant, avec son signalement et sa photographie, le signalement et la photographie de l'enfant; 2° d'un certificat délivré par le maire de sa commune, et dûment visé par le juge de paix de son canton, constatant qu'il est digne de servir de protecteur et de maître à l'enfant ou aux enfants qui lui sont confiés, et que son casier judiciaire est vierge de toute condamnation.

S'il en était ainsi, la police pourrait exercer une surveillance utile sur tous ces nomades, marchands colporteurs, joueurs d'orgue, chanteurs, ramoneurs, bateleurs, acrobates, etc., qui exercent leur industrie dans nos villes accompagnés de beaucoup d'enfants.

Il nous reste à parler ici du travail que l'on impose à une autre catégorie d'enfants, à ceux qui sont enfermés dans les maisons d'éducation depuis l'âge de sept ou huit ans, pour n'en sortir, les uns qu'à seize ou dix-huit ans, les autres, ceux qui passent par les écoles spéciales, que beaucoup plus tard encore.

Là aussi il serait important, selon nous, d'abaisser pour le plus grand nombre la durée du travail.

Si l'on constate, dans les professions manuelles, des différences considérables dans la quantité d'ouvrage que peut produire tel ouvrier à côté de tel autre, pendant le même laps de temps, consciencieusement employé par l'un et par l'autre, on constate des différences plus grandes encore dans l'importance de la tâche que peuvent accomplir, dans la même classe et pendant le même temps, également bien employé, l'enfant qui possède une mémoire heureuse jointe à une grande facilité de travail, et celui dont la mémoire est rebelle et la conception difficile ou lente.

Et pourtant, les mêmes devoirs sont donnés à tous dans la même classe, et il ne peut guère en être autrement. Le professeur, dont la tâche est si méritante, si difficile et si pénible, est obligé de s'en tenir au programme qui lui est tracé ; il s'intéresse tout naturellement et malgré lui, comme nous le ferions tous, beaucoup plus à l'élève qui saisit rapidement ses explications, qui fait bien son devoir et qui sait ses leçons, qu'à celui qui, tout en se donnant beaucoup plus de mal que le premier, comprend moins vite, a besoin qu'on lui répète souvent ce qui a déjà été dit, ne sait qu'imparfaitement ses leçons, et ne parvient pas toujours à terminer ses devoirs. A l'un iront inévitablement les louanges du maître, les bonnes notes, les exemptions, puis, à la fin de l'année, les prix et les félicitations de tous. A l'autre, les reproches, les punitions, puis, au jour des récompenses, des paroles souvent blessantes pour son amour-propre.

De deux choses l'une alors : ou bien cet enfant qui souffre cruellement de la position qui lui est faite, car il porte en lui le sentiment du juste et de l'injuste, sera pris de découragement et s'habituera aux réprimandes et aux punitions en perdant le goût du travail, ou bien, redoublant d'efforts, pour arriver au but que d'autres atteignent facilement et sans peine, il finira par compromettre sa santé, s'il ne succombe à la tâche.

Ne pourrait-on pas, là aussi, réduire la durée du travail que l'on impose aux enfants, et donner, si possible est, une tâche moins lourde qu'aux autres à celui qui a la conception plus lente, la mémoire moins heureuse, en un mot, à celui qui a moins de facilité à apprendre que ses condisciples? Qu'il nous soit permis au moins d'en exprimer le vœu.

VINGT-DEUXIÈME LECTURE.

DE LA JOUISSANCE ET DE L'EXERCICE DES DROITS CIVILS AU POINT DE VUE DE LA FAMILLE.

Les droits civils sont essentiellement personnels.

La loi accorde aux personnes certains avantages appelés *droits*. Ainsi elle reconnaît au père, nous l'avons vu, le droit de puissance paternelle; au mari, la puissance maritale; à toute personne le droit d'adoption, de tutelle, le droit de transmettre ce qu'elle possède, par donation ou succession, le droit d'acquérir....

L'ensemble de ces droits reçoit la dénomination de *droits civils*.

Il ne faut pas confondre les droits civils avec les droits civiques ou politiques. Les droits politiques sont ceux en vertu desquels certaines personnes sont appelées à participer à l'exercice de la puissance publique; tels sont : le droit d'être électeur, d'être juré, témoin dans les acte notariés, de remplir les emplois publics . . . Ces droits n'appartiennent qu'aux citoyens français.

À ce sujet, l'article 7 du Code civil porte :

« L'exercice des droits civils est indépendant de la qualité de citoyen, laquelle ne s'acquiert et ne se conserve que conformément à la loi constitutionnelle. »

Aujourd'hui, d'après la loi constitutionnelle en vigueur, la qualité de citoyen, c'est-à-dire l'aptitude à l'exercice des droits politiques, est acquise à tout Français, mâle et majeur de vingt et un ans.

Les droits civils, au contraire, appartiennent à tous les Français, sans distinction d'âge ni de sexe. C'est ce que l'article 8 édicte en ces termes :

« Tout Français jouira des droits civils. »

Ainsi, les hommes comme les femmes, les majeurs comme les mineurs, les pères comme les enfants, les maîtres comme les serviteurs, sont appelés indistinctement aux avantages que leur concède la loi civile.

Donc, plus de priviléges comme autrefois; plus de catégories de personnes; plus de distinctions entre les individus, suivant leur condition : tous ont des droits égaux. Le Code civil sanctionne ainsi un des principes fondamentaux de 1789 : l'égalité devant la loi.

Mais si tous les Français sont également appelés à la jouissance des droits civils, toute personne n'est pas destinée à en recueillir le bénéfice de la même manière. Nous avons vu que l'enfant mineur de vingt et un ans n'exerce pas son droit comme le majeur; que la femme mariée ne peut pas agir de la même façon que celle qui ne l'est pas . . ., car les mineurs, les femmes mariées, sont représentés, dans certains cas, par leur tuteur, par leur mari. De telle sorte que si la *jouissance* du droit existe pour tout le monde, l'*exercice* peut en être modifié, ou suspendu, suivant l'état des personnes.

On désigne sous le nom d'*incapables* ceux pour lesquels l'exercice des droits civils est modifié, ou auxquels il est complétement enlevé. Les ncapables sont : la femme mariée, le mineur en tutelle, l'interdit judiciairement ou légalement.

DES FRANÇAIS ET DES ÉTRANGERS.

Nous venons de dire qu'il faut être Français pour jouir des droits civils. Mais, pour être Français, il n'est pas nécessaire d'être né en France de parents français : un enfant né à l'étranger d'un père français est également Français. Tel est le principe posé par le Code civil :

« Art. 10. Tout enfant né d'un Français en pays étranger est Français. »

On voit que ce n'est pas le lieu d'origine qui crée la nationalité, mais l'origine elle-même.

Mais on ne naît pas seulement Français, on peut le devenir. C'est ainsi que la femme étrangère qui épouse un Français devient Française :

« Art. 12. L'étrangère qui aura épousé un Français suivra la condition de son mari. »

Conformément au principe que l'origine seule crée la nationalité, l'enfant qui naît en France de parents étrangers est étranger; mais cependant, comme il peut arriver que l'étranger né en France « ait pour elle, précisément parce qu'il y est né, un attachement solide et réel, car la nature a mis dans le cœur de l'homme un sentiment instinctif qui l'attache aux lieux où il a vu le jour, si ce sentiment existe, si l'étranger qui l'éprouve le fait connaître en réclamant la qualité de Français, la loi, toute favorable, lui concède la faveur qu'il réclame, sans l'astreindre aux garanties qu'elle exige des étrangers ordinaires. » Les conditions suivantes lui sont seules imposées :

« Art. 9. Tout individu né en France d'un étranger, pourra, dans l'année qui suivra l'époque de sa majorité, réclamer la qualité de Français, pourvu que, dans le cas où il résiderait en France, il déclare que son intention est d'y fixer son domicile, et que, dans le cas où il résiderait en pays étranger, il fasse sa soumission de fixer en France son domicile, et qu'il l'y établisse dans l'année à compter de l'acte de soumission[1]. »

La loi du 7 février 1851 a étendu à d'autres cas le bénéfice déjà concédé aux étrangers par le Code civil ; elle a déclaré :

« Art. 1er. Est Français tout individu né en France d'un étranger qui lui-même y est né, à moins que, dans l'année qui suivra l'époque de sa majorité, telle qu'elle est fixée par la loi française, il ne réclame la qualité d'étranger par une déclaration faite, soit devant l'autorité municipale du lieu de sa résidence, soit devant les agents diplomatiques ou consulaires accrédités en France par le gouvernement étranger.

» Art. 2. L'article 9 du Code civil est applicable aux enfants de l'étranger naturalisé, quoique nés en pays étranger, s'ils étaient mineurs lors de la naturalisation. — A l'égard des enfants nés en France ou à l'étranger qui étaient majeurs à cette même époque, l'article 9 du Code civil leur est applicable dans l'année qui suivra celle de ladite naturalisation. »

Pour en finir avec cet ordre d'idées, il ne nous reste plus qu'à reproduire le § 2 de l'article 10, ainsi conçu :

« Tout enfant, né en pays étranger, d'un Français qui aurait perdu la qualité de Français, pourra toujours recouvrer cette qualité, en remplissant les formalités prescrites par l'article 9. »

---

[1] Loi du 23 avril 1849. — « L'individu né en France d'un étranger sera admis, même après l'année qui suivra l'époque de sa majorité, à faire la déclaration prescrite par l'article 9 du Code civil, s'il se trouve dans l'une des deux conditions suivantes : 1° s'il sert ou s'il a servi dans les armées françaises de terre ou de mer ; 2° s'il a satisfait à la loi du recrutement sans exciper de son extranéité. »

On peut encore acquérir la qualité de Français par la *naturalisation*. Les formalités et conditions auxquelles est soumise la naturalisation, ont été réglées par les lois du 11 décembre 1849 et du 29 juin 1867.

On distingue deux sortes de naturalisation.

L'étranger qui veut être naturalisé doit : 1° avoir vingt et un ans accomplis; 2° obtenir du chef de l'État l'autorisation de s'établir en France ; 3° y résider pendant trois années consécutives. Ces conditions remplies, le gouvernement accorde ou refuse la naturalisation, après enquête sur la moralité de l'étranger. C'est la *naturalisation ordinaire*.

Lorsque l'étranger a rendu des services importants à la France, en y introduisant soit une industrie, soit des inventions utiles, ou en y apportant des talents distingués, ou bien encore en formant de grands établissements ou créant de grandes exploitations agricoles, le stage de trois ans peut être réduit à une année. C'est ce qu'on appelle la *naturalisation extraordinaire*.

L'étranger ainsi naturalisé jouit de tous les droits de citoyen français.

Qu'il s'agisse de la naturalisation ordinaire ou extraordinaire, le gouvernement français agira sagement à l'avenir, en s'entourant des plus grandes garanties avant de l'accorder à l'étranger. Dans la guerre de Vandales qui nous a été faite par l'Allemagne, n'a-t-on pas vu des Allemands naturalisés Français, qui remplissaient avant la guerre des fonctions publiques dans notre pays, trahir honteusement leur patrie d'adoption en allant servir nos ennemis, et en leur dévoilant tous les secrets administratifs ou militaires qu'ils avaient pu découvrir ! M. *** était, avant la guerre avec la Prusse, conseiller de préfecture d'un département voisin de Paris. Lors de l'occupation de la ville qu'il habitait par les armées du roi Guillaume, ce personnage (Allemand d'origine mais naturalisé Français) fut nommé par le gouvernement prussien préfet de son département, après s'être fait naturaliser Allemand.

Avant 1789, l'étranger, désigné sous le nom d'*aubain,* ne pouvait, en France, ni acquérir ni transmettre son patrimoine par succession, quand il ne laissait pour héritiers que des étrangers comme lui; dans ce cas, ses biens revenaient au Roi : c'est ce qu'on appelait le *droit d'aubaine.*

Sous le règne de Henri III, on trouva cinquante mille écus chez un juif mort à Paris sans famille et sans enfants. Le Roi fit présent de la moitié de cette aubaine à Geoffroy Camus de Pontcarré. Ce généreux citoyen envoya chercher trois négociants qui s'étaient nouvellement associés et qui venaient d'être ruinés par un incendie, et il leur fit don de ces vingt-cinq mille écus.

Les aubains, considérés comme serfs, ne pouvaient même se marier qu'entre eux; une Française n'eût pu épouser un aubain. Cependant, à la fin de l'ancienne monarchie, le droit d'aubaine fut abandonné vis-à-vis de certains étrangers, et remplacé par le *droit de détraction,* en vertu duquel on percevait un dixième des successions autrefois soumises au droit d'aubaine.

L'Assemblée constituante, animée des sentiments de fraternité entre les peuples qui avaient cours alors, abolit les droits d'aubaine et de détraction.

Le Code civil, et surtout la loi du 14 juillet 1819, ont reconnu à l'étranger, en France, à peu près les mêmes droits civils qu'au Français : droit de se marier, d'acquérir des biens ou d'en transmettre, d'intenter une action en justice.... Ils ont, en un mot, tous les droits qui ne leur ont point été enlevés. Une des principales restrictions maintenues par la loi aux droits et prérogatives de l'étranger, a pour objet de sauvegarder autant que possible l'intérêt de nos nationaux si l'étranger, sous le coup d'une condamnation judiciaire, cherchait à s'y soustraire en retournant dans son pays, où l'exécution de la loi française ne pourrait l'atteindre; aussi une disposition du Code civil oblige-t-elle l'étranger à donner caution, lorsqu'il poursuit un Français en justice :

« Art. 16. En toutes matières autres que celles de commerce, l'étranger qui sera demandeur sera tenu de donner caution pour le payement des frais et dommages et intérêts résultant du procès, à moins qu'il ne possède en France des immeubles d'une valeur suffisante pour assurer ce payement. »

Du reste, d'après l'article 11, les étrangers peuvent acquérir, par un traité intervenu entre leur gouvernement et le gouvernement français, la jouissance de tous les droits civils que la loi accorde aux Français. — L'étranger qui a été admis par autorisation du chef de l'État à établir en France son domicile, y jouit également de tous les droits civils (art. 13).

Ajoutons cependant que l'étranger, quand bien même il jouirait de la plénitude de ses droits civils, reste soumis à la *loi personnelle* de son pays, c'est-à-dire à la loi qui règle l'état et la capacité des personnes dans l'État auquel il appartient; de même que l'état et la capacité du Français à l'étranger sont toujours régis par les lois françaises. Ainsi un étranger pourra contracter mariage en France avant dix-huit ans, une étrangère avant quinze ans, si la loi de leur pays le leur permet[1]. Un Français,

---

[1] D'après une circulaire du ministre de la justice en date du 4 mars 1831, l'officier de l'état civil doit exiger de l'étranger non naturalisé qui se marie en France, la justification par un certificat des autorités du lieu de sa naissance, ou de son dernier domicile, dans sa patrie, qu'il est apte, d'après les lois qui régissent sa capacité, à contracter mariage avec la personne qu'il se propose d'épouser.

mineur de dix-huit ans, ne pourra pas contracter mariage valablement suivant la loi française, même dans un pays qui admet le mariage des hommes avant cet âge; la forme seule du mariage peut être empruntée aux lois du pays où il a lieu.

On conçoit la nécessité de pareils principes; les lois seraient illusoires et inefficaces si les nationaux pouvaient y échapper, en allant faire à l'étranger ce qui leur est interdit dans leur pays.

Lorsqu'un Français se marie à l'étranger, s'il épouse une Française, il peut faire célébrer son union devant les consuls ou agents diplomatiques français, et suivant les formes françaises; ou bien il a la faculté de contracter mariage valablement selon les *formes* du pays où il se trouve, ainsi que nous venons de le dire. Mais lorsqu'il épouse une étrangère, c'est aux *formes* usitées dans le pays qu'il doit nécessairement se soumettre. Les articles suivants nous disent à ce sujet :

« Art. 170. Le mariage contracté en pays étranger entre Français, et entre Français et étrangers, sera valable s'il a été célébré dans les formes usitées dans le pays, pourvu qu'il ait été précédé des publications prescrites par l'article 63, au titre *Des actes de l'état civil*, et que le Français n'ait point contrevenu aux dispositions contenues au chapitre précédent. (Ce sont les conditions imposées pour se marier par les articles 144 à 164; voir plus haut.)

» Art. 171. Dans les trois mois après le retour du Français sur le territoire de la République, l'acte de célébration du mariage contracté en pays étranger sera transcrit sur le registre public des mariages du lieu de son domicile. » (Voir aussi précédemment, page 30, les articles 47 et 48).

Il est bien évident que les étrangers ne peuvent jamais, en France, participer aux droits politiques. On devait, en effet, interdire à toute personne appartenant à une nation étrangère, de s'associer de près ou de loin à la gestion des intérêts publics ou de l'État[1].

Le Français est libre d'abdiquer sa patrie et d'acquérir une nationalité nouvelle. Le Code civil détermine les différentes manières dont se perd la qualité de Français, sous ce titre : *De la privation des droits civils par la perte de la qualité de Français.*

« Art. 17. La qualité de Français se perdra : 1° par la naturalisation acquise en pays étranger; 2° par l'acceptation, non autorisée par le gouvernement, de fonctions publiques conférées par un gouvernement étranger; 3° enfin par tout établissement fait en pays étranger sans esprit de retour. Les établissements de commerce ne pourront jamais être considérés comme ayant été faits sans esprit de retour.

[1] Un étranger peut, lorsqu'il lui plaît et sans autorisation, s'introduire en France, mais le gouvernement a la faculté de l'expulser s'il le juge à propos. Les articles suivants de la loi du 11 décembre 1849 portent :

« Art. 7. Le ministre de l'intérieur pourra, par mesure de police, enjoindre à tout étranger voyageant ou résidant en France, de sortir immédiatement du territoire français, et le faire conduire à la frontière. — Il aura le même droit à l'égard de l'étranger qui aura obtenu l'autorisation d'établir son domicile en France; mais après un délai de deux mois, la mesure cessera d'avoir effet, si l'autorisation n'a pas été révoquée suivant la forme indiquée dans l'article 3. — Dans les départements frontières, le préfet aura le même droit à l'égard de l'étranger non résidant, à la charge d'en référer immédiatement au ministre de l'intérieur.

» Art. 8. Tout étranger qui se serait soustrait à l'exécution des mesures énoncées dans l'article précédent ou dans l'article 272 du Code pénal, ou qui, après être sorti de France par suite de ces mesures, y serait rentré sans la permission du gouvernement, sera traduit devant les tribunaux et condamné à un emprisonnement d'un mois à six mois. — Après l'expiration de sa peine, il sera conduit à la frontière.

» Art. 9. Les peines prononcées par la présente loi pourront être réduites conformément aux dispositions de l'article 463 du Code pénal. »

» Art. 18. Le Français qui aura perdu sa qualité de Français, pourra toujours la recouvrer en rentrant en France avec l'autorisation du gouvernement, et en déclarant qu'il veut s'y fixer, et qu'il renonce à toute distinction contraire à la loi française.

» Art. 19. Une femme française qui épousera un étranger, suivra la condition de son mari. Si elle devient veuve, elle recouvrera la qualité de Française, pourvu qu'elle réside en France, ou qu'elle y rentre avec l'autorisation du gouvernement et en déclarant qu'elle veut s'y fixer [1].

» Art. 20. Les individus qui recouvreront la qualité de Français, dans les cas prévus par les articles 10, 18 et 19, ne pourront s'en prévaloir qu'après avoir rempli les conditions qui leur sont imposées par ces articles, et seulement pour l'exercice des droits ouverts à leur profit depuis cette époque.

» Art. 21. Le Français qui, sans autorisation du gouvernement, prendrait du service militaire chez l'étranger, ou s'affilierait à une corporation militaire étrangère, perdra sa qualité de Français. Il ne pourra rentrer en France

[1] Nous avons vu précédemment que l'étrangère qui épouse un Français suit la condition de son mari. Il faut ajouter, à moins qu'elle n'ait manifesté l'intention de conserver sa nationalité naturelle, car on ne peut contraindre personne à·prendre la qualité de Français.

Il en est différemment quand c'est une Française qui épouse un étranger; elle perd, par le seul fait de son mariage, sa qualité de Française, quand bien même elle désirerait la conserver. On conçoit que la loi n'ait pas voulu qu'une Française fût soumise à l'autorité et à l'influence d'un étranger.

Ajoutons qu'il n'est pas douteux que la femme ne suive que la condition qu'a son mari au moment du mariage. Si donc le mari, postérieurement au mariage, venait à perdre sa qualité de Français pour une raison ou pour une autre, il ne ferait pas perdre par là même cette qualité à sa femme pas plus qu'à ses enfants. On ne saurait admettre qu'une personne eût la faculté de modifier, suivant son bon plaisir, l'état et la capacité d'autrui.

qu'avec la permission du gouvernement, et recouvrer la qualité de Français qu'en remplissant les conditions imposées à l'étranger pour devenir citoyen ; le tout sans préjudice des peines prononcées par la loi criminelle contre les Français qui ont porté ou porteront les armes contre leur patrie. »

Il y a une autre cause en vertu de laquelle des personnes peuvent perdre leur qualité de Français, c'est le démembrement définitif du territoire français. Cette cause-là, les rédacteurs du Code civil ne l'ont pas mentionnée. Nous venons, hélas ! d'en voir faire récemment une douloureuse application... Lorsqu'une portion de territoire est incorporée à une nation voisine, soit par une cession volontaire, soit par la conquête, cette portion de territoire est dénationalisée, ses habitants cessent d'être Français pour devenir étrangers. Mais ordinairement des traités interviennent entre les deux États pour déterminer la condition des habitants, et leur laisser l'option entre les deux nationalités. C'est ce qui a eu lieu dans les conventions intervenues à la fin de la désastreuse guerre que nous venons de subir, au sujet de la cession de nos belles provinces, l'Alsace et la Lorraine. A cet égard, la loi qui ratifie le traité définitif de paix conclu entre la République française et l'empire d'Allemagne (18-31 mai 1871) dit ce qui suit sous son article 2 :

« Les sujets français originaires des territoires cédés, domiciliés actuellement sur ce territoire, qui entendront conserver la nationalité française, jouiront jusqu'au 1ᵉʳ octobre 1872, et moyennant une déclaration préalable faite à l'autorité compétente, de la faculté de transporter leur domicile en France et de s'y fixer, sans que ce droit puisse être altéré par les lois sur le service militaire, auquel cas la qualité de citoyen français leur sera maintenue.

» Ils seront libres de conserver leurs immeubles situés sur le territoire réuni à l'Allemagne. »

DES INTERDITS.

Le Code civil fixe en ces termes le moment de la majorité :

« Art. 488. La majorité est fixée à vingt et un ans accomplis ; à cet âge on est capable de tous les actes de la vie civile, sauf la restriction portée au titre *Du mariage*. »

Ainsi, dès le premier jour de sa vingt-deuxième année, l'homme est majeur, et dès lors capable de jouir et d'exercer en pleine liberté tous les actes de la vie civile, à l'exception toutefois du fils, qui ne peut contracter mariage avant vingt-cinq ans, sans le consentement de ses père et mère, et, à leur défaut, de ses aïeuls et aïeules.

Mais il peut arriver qu'une personne majeure ait perdu la raison ; eu égard à l'impossibilité où elle est de gérer son patrimoine, on lui donne, de même qu'aux mineurs, un tuteur qui a la double mission de prendre soin d'elle, et de la représenter dans les actes de la vie civile. On dit alors que cette personne est en état d'interdiction.

L'interdiction ne peut être prononcée que dans les cas prévus par l'article 489 :

« Art. 489. Le majeur qui est dans un état habituel d'imbécillité, de démence ou de fureur, doit être interdit, même lorsque cet état présente des intervalles lucides. »

Elle peut être provoquée par les parents, quels qu'ils soient, ou par le conjoint de la personne qu'il s'agit de faire interdire, ou même, suivant le cas, par le procureur de la République. Nous n'entrerons pas dans l'exposé de la procédure spéciale qui doit être suivie pour qu'on puisse obtenir un jugement d'interdiction ; les parents, ou le conjoint, qui voudront saisir la justice, seront éclairés sur ce point par l'avoué près le tribunal civil, auquel il est nécessaire qu'ils s'adressent.

En vertu du jugement d'interdiction, on enlève à l'interdit le gouvernement de sa personne et de ses biens : il est assimilé au mineur; il tombe en tutelle. Comme le mineur, il devient incapable d'exercer les actes de la vie civile; au point de vue de la famille, son incapacité est même plus complète, car l'interdit ne peut contracter mariage, ce que peut faire le mineur.

Si l'interdit est marié et père, il cesse d'avoir la direction de la famille; c'est à la mère qu'appartient l'exercice de la puissance paternelle; la puissance maritale cesse de produire ses effets. La femme même peut devenir tutrice de son mari.

Lorsque c'est la femme qui est interdite, le mari est de droit son tuteur. En effet, en attribuant cette tutelle à une autre personne, la loi eût porté une grave atteinte à la puissance maritale.

Le tuteur de l'interdit est astreint aux mêmes obligations que le tuteur du mineur. Toutefois, celui-ci doit avoir pour règle de conduite d'économiser le plus possible sur les revenus du mineur afin d'accroître sa fortune; tandis que le tuteur de l'interdit a pour mission principale, suivant les prescriptions légales, d'employer les revenus de l'interdit à adoucir son sort et à accélérer sa guérison.

Telles sont les principales règles contenues dans le Code civil au chapitre *De l'interdiction* (art. 489 à 512) [1].

---

[1] Lorsqu'une personne, bien que faible d'esprit, n'est cependant pas assez privée de raison pour être interdite, le tribunal peut ordonner que cette personne sera pourvue d'un *conseil judiciaire*.

Le conseil judiciaire est un curateur désigné par la justice pour assister une personne qu'on considère comme incapable d'accomplir seule certains actes de la vie civile.

L'interdiction dont nous venons de parler est appelée *judiciaire;* on la distingue ainsi de l'interdiction *légale*, qui est la privation, à titre de peine prononcée par la loi, de l'exercice des droits privés.

Toute personne condamnée à la peine de mort, aux travaux forcés à perpétuité ou à temps, à la déportation, à la détention ou à la réclusion, est de plein droit, pendant la durée de sa peine, en état d'interdiction légale. Elle se trouve, comme l'interdit judiciaire, en tutelle; on lui nomme un tuteur et un subrogé tuteur pour gérer et administrer ses biens (art. 29 à 31 du Code pénal).

Cependant, bien que l'interdit légal et l'interdit judiciaire conservent tous deux la jouissance de leurs droits et n'en perdent que l'exercice, ils ne doivent pas être complétement assimilés. Ainsi, l'interdit judiciaire étant, par suite de son défaut de raison, dans l'impossibilité de faire aucun acte sans compromettre ses intérêts et ceux de sa famille, son incapacité est générale. L'interdit légal, au contraire, jouit de sa raison, il n'est frappé que d'une peine; on le met en état d'interdiction pour qu'il ne puisse pas faire usage de ses biens et de ses revenus, soit pour faciliter son évasion, soit pour adoucir son sort outre mesure. Par suite, l'interdit légal peut faire tout ce qui est

Il est permis aussi de donner un conseil judiciaire aux *prodigues*, autrement dit aux personnes qui dissipent leur fortune ou la compromettent par des dépenses continuelles et exagérées.

La loi a pris soin d'énumérer les actes que la personne pourvue d'un conseil judiciaire ne peut faire sans l'assistance de ce conseil. Il lui est interdit sans cette assistance : 1° de plaider; 2° de transiger; 3° d'emprunter; 4° de recevoir un capital mobilier et d'en donner décharge; 5° d'aliéner; 6° de grever ses biens d'hypothèques (art. 499 et 513 C. civ.).

En dehors de ces actes, la personne à qui un curateur a été nommé peut exercer tous les autres droits civils, notamment contracter mariage et en recueillir les effets comme mari et comme père.

en dehors du but que le législateur s'est proposé : par exemple, au point de vue de la famille, il a le droit de se marier, de reconnaître un enfant naturel...

Autrefois, les condamnés à mort, aux travaux forcés à perpétuité, à la déportation, encouraient la *mort civile.* C'était une fiction par laquelle une personne vivante était, quant à certains droits, réputée morte aux yeux de la société. Aussi le mort civilement cessait-il d'être propriétaire, sa succession s'ouvrait, son mariage était dissous... Son mariage était dissous! c'est-à-dire que sa femme devenait veuve, et par suite, libre de contracter un nouveau mariage; que les enfants, s'il en naissait postérieurement, étaient bâtards; l'union légitime n'était plus, aux yeux de la loi, qu'un concubinage.

« Cet effet de la mort civile est le plus énergique des griefs qu'on ait tournés contre elle pour la combattre. Quoi! a-t-on dit, si cette femme a la vertu de son sexe; si, profondément convaincue de l'innocence de l'homme qu'elle a devant Dieu choisi pour époux, elle consent, cédant au devoir de conscience qui la pousse, à s'associer à son malheur et à prendre sa part de sa misère, la loi n'a pour elle que du mépris et des rigueurs! C'est lorsqu'elle honore la société par l'exemple de sa vertu et de son sacrifice, lorsqu'elle accomplit son devoir de chrétienne et d'épouse, qu'on la flétrit du titre de concubine, et qu'on place ses enfants sous l'humiliation de la bâtardise! Quelle faute reproche-t-on à cette femme qu'on punit si cruellement? Ces enfants qu'on flétrit, quel crime est le leur? Est-il juste de leur faire porter la peine de leur père? Quelle nécessité y a-t-il de flétrir publiquement ce qu'en secret on approuve? On ne gagne rien à flétrir un acte que la morale et la religion honorent. Or, rien n'est plus touchant, rien n'est plus moral que le dévouement des époux dans la mauvaise fortune; c'est le sublime effort de la vertu conjugale. La société n'a donc aucun intérêt à y faire obstacle [1] !

La mort civile a été abolie par la loi du 31 mai 1854. Aux termes de cette loi, les condamnés à des peines afflictives perpétuelles encourent, outre l'interdiction légale et la dégradation civique, l'incapacité de disposer de leurs biens en tout ou en partie, soit par donation entre-vifs, soit par testament, ou de recevoir au même titre, si ce n'est pour cause d'aliments. La loi déclare, en outre, nul le testament fait antérieurement à la condammation; telles sont ses dispositions principales.

La *dégradation civique* est une peine qui, suivant l'article 34 du Code pénal, prive le condamné de ses droits politiques et de plusieurs droits de famille. Les droits de famille qui lui sont enlevés consistent dans l'incapacité de faire partie d'aucun conseil de famille, d'être tuteur, curateur, subrogé tuteur ou conseil judiciaire, si ce n'est de ses propres enfants, et sur l'avis conforme de la famille.

La dégradation civique est tantôt une peine principale, tantôt une peine accessoire; dans ce dernier cas, elle atteint les condamnés à mort, aux travaux forcés à perpétuité et à temps, à la déportation, à la détention et à la réclusion.

Les tribunaux correctionnels peuvent ou doivent, dans certains cas déterminés par la loi, interdire en tout ou en partie l'exercice de certains droits civiques, civils et de famille. Les droits de famille qui peuvent être enlevés à une personne sont : d'être tuteur, curateur, si ce n'est de ses enfants et sur l'avis seulement de la famille.

Nous venons de voir en quoi consiste la dégradation

[1] M. MOURLON, *Répétitions écrites sur le Code civil.*

civique; il n'est peut-être pas hors de propos de dire ici que la dégradation militaire est tantôt une peine purement disciplinaire qui se prononce dans l'intérieur du corps et seulement contre les sous-officiers et soldats, et tantôt une peine infamante, prononcée par les conseils de guerre; toute condamnation d'un militaire aux travaux forcés emporte dégradation. Cette dernière peine est infligée au coupable en face de la troupe; celui qui en est flétri est incapable de reprendre du service.

On ne peut faire exécuter aucune peine infamante contre un membre de la Légion d'honneur qu'il n'ait été préalablement dégradé. Le président prononce, après la lecture du jugement, la formule suivante : « Vous avez manqué à l'honneur; je déclare au nom de la Légion que vous avez cessé d'en être membre. » (Arrêté du 24 ventôse an XII, art. 5 et 6.)

« En 1523, le capitaine F...., gouverneur de Fontarabie, ayant rendu honteusement cette place aux Espagnols, fut condamné à être dégradé de noblesse. On l'arma de pied en cap; on le fit monter sur un échafaud où douze prêtres, assis, en surplis, commencèrent à chanter les prières des morts, après qu'on lui eut lu la sentence qui le déclarait traître, déloyal, vilain et foi mentie. A la fin de chaque psaume ils faisaient une pause, pendant laquelle un héraut d'armes le dépouillait de quelque pièce de son armure, en criant à haute voix : Ceci est le casque du lâche, ceci son corselet, ceci son bouclier, etc. Lorsque le dernier psaume fut achevé, on lui renversa sur la tête un bassin d'eau chaude; on le descendit ensuite de l'échafaud avec une corde qu'on lui passa sous les aisselles; on le mit sur une claie; on le couvrit d'un drap mortuaire, on le porta à l'église, où les douze prêtres l'environnèrent et lui chantèrent sur la tête le psaume *Deus, laudem meam ne tacueris,* dans lequel sont contenues plusieurs imprécations contre les traîtres. Ensuite on le laissa aller et survivre à son infamie. »

VINGT-TROISIÈME LECTURE.

DE LA DISCIPLINE.

> Celui qui garde la discipline est dans le chemin de la vie ; mais celui qui néglige les réprimandes s'égare.
> Proverbes de SALOMON, chap. X, verset 7.

« La dernière chose qu'on trouve en faisant un ouvrage, a dit Pascal, est de savoir celle qu'il faut mettre la première. » Pour nous, notre pensée dominante en écrivant ce modeste volume, a été d'inspirer à ceux qui nous feront l'honneur de le lire, le respect de la loi, l'amour de la discipline. Cette pensée, nous l'avons exprimée à la première page de notre ouvrage, nous l'avons traduite sous toutes les formes dans le cours de nos lectures, nous la reproduisons avec insistance en finissant.

Dans un remarquable rapport sur la réorganisation de l'armée, fait par M. de Chasseloup-Laubat dans la session législative de 1872, nous lisons ceci :

« Le courage n'est pas tout. Une société a besoin aussi d'autres vertus pour sa force et sa grandeur, et plus ses institutions sont fondées sur les principes de la démocratie, plus il lui faut l'obéissance au supérieur, qui est la discipline militaire, la soumission à la loi, qui est la discipline civile, osons le dire, la sévérité pour tout ce qui viole les règles qu'elle s'est elle-même imposées. L'ordre et la liberté ne sont qu'à ce prix. »

« Donnez-moi trente mille hommes bien disciplinés, disait le prince Eugène, et je les préférerai à quatre-vingt mille qui n'ont que de la bravoure. »

Frédéric II avait défendu, sous peine de mort, qu'aucun individu gardât de la lumière passé telle heure de la nuit.

Il fait lui-même sa ronde, et trouve un officier sous la tente avec une lanterne et une chandelle allumée. — « Pourquoi cette lumière? — Sire, pardon, j'écrivais deux mots à une épouse chérie et inquiète. Ma lettre est finie et j'allais éteindre. — Mandez à votre épouse que, pour le maintien de la discipline militaire, demain à pareille heure vous ne serez plus. » Et le lendemain il le fit pendre.

C'est par cette discipline sévère et inflexible qu'à plus d'un siècle de distance le successeur de Frédéric II a eu raison de la bravoure de nos troupes, ne l'oublions pas.

Après le désastre de Sedan, des prisonniers français se trouvaient rangés sur deux lignes, officiers d'un côté, soldats de l'autre. Un colonel prussien étant venu à passer au milieu d'eux, un zouave lui fit par derrière le geste irrévérencieux que font les gamins en appliquant le pouce de la main au bout du nez. L'officier ennemi s'en étant aperçu, témoigna aux officiers français son étonnement de ce qu'ils laissaient ainsi insulter en leur présence l'autorité de l'épaulette, et comme ceux-ci ne lui répondaient pas, il s'avança vers l'insulteur et lui tira froidement un coup de revolver qui l'étendit roide mort, en disant aux Français : « Voici, messieurs, comment nous savons dans nos armées faire respecter la discipline. »

L'indiscipline est la mère des révolutions, et « les révolutions sont des temps où le pauvre n'est pas sûr de sa probité, le riche de sa fortune et l'innocent de sa vie. »

« Flatter le peuple dans les tempêtes politiques, c'est dire aux flots de gouverner le vaisseau, et au pilote de céder aux flots. »

Pour flatter le peuple, on a donné à tout Français âgé de vingt et un ans le droit d'élire ses législateurs; à tout Français âgé de vingt-cinq ans le droit d'être appelé à faire des lois, sans exiger de l'électeur, ni de l'élu, les moindres garanties de capacité ni de moralité.

Pour flatter le peuple, on lui a donné le droit de tout dire dans les réunions publiques, de tout écrire dans les journaux.

Pour flatter le peuple, on lui a donné le droit de se coaliser, et sous le prétexte d'autoriser les ouvriers à discuter plus librement le taux de leur salaire, on leur a fourni le moyen de former une ligue puissante qui menace incessamment la société.

Pour flatter le peuple, on a énervé partout la répression, on a relâché tous les freins.

Pour empêcher le fleuve de déborder, on a rompu toutes les digues.

Alors des insensés se sont levés qui ont dit :

« La loi est un mal, il faut abolir la loi.

» La religion est un mal, il faut détrôner Dieu.

» La famille est un mal, il faut anéantir la famille.

» La propriété est un mal, il faut détruire les titres de propriété pour faire entre tous le partage des terres et des biens.

» Creusons un abîme profond, coupons toutes les vieilles attaches, sapons tous les fondements, fouillons plus avant encore, et quand le gouffre sera assez grand pour donner le vertige, nous enfouirons dedans la religion et la morale, l'ordre et le travail, la famille et l'amour vrai, la patrie et son drapeau, et alors la terre sera à nous, le pouvoir sera à nous, les richesses et toutes les jouissances qu'elles procurent seront à nous. La force prime le droit, nous avons le nombre, nous sommes la force, qu'importe le droit ! »

La force prime le droit... Malheur à celui qui le premier a prononcé ce blasphème ! Malheur, malheur à ceux qui cherchent à pervertir la conscience du peuple, à le détourner des voies de la vertu !

Vous pouvez, messieurs les démolisseurs, faire un jour

de notre France, naguère encore si belle, si puissante et si riche, ce que d'autres ont fait de Ninive et de Babylone, de Palmyre et de Carthage. Qui sait si dans la suite des temps, bientôt peut-être, un voyageur ne répétera pas sur les ruines de Paris ce que disait Volney en contemplant les ruines d'une autre grande cité : « Et maintenant voilà ce qui subsiste de cette ville puissante, un lugubre squelette ! Voilà ce qui reste d'une vaste domination, un souvenir obscur et vain ! Au concours bruyant qui se pressait sous ces portiques, a succédé une solitude de mort. Le silence du tombeau s'est substitué au murmure des places publiques. L'opulence d'une cité de commerce s'est changée en une pauvreté hideuse, etc. »

Oui, vous pourrez causer tous ces désastres, entasser ruines sur ruines, amonceler cadavres sur cadavres, abuser de toutes les jouissances jusqu'au jour où un plus fort viendra vous les ravir, mais vous ne détrônerez pas Dieu : la religion, la morale et la loi auront toujours pour disciples ceux qui savent que l'homme ici-bas ne peut trouver le bonheur que dans la satisfaction du devoir accompli, et ceux-là, messieurs les destructeurs, sont plus nombreux et plus forts que vous ne le pensez.

Un auteur qui écrivait à la fin de l'avant-dernier siècle, Saint-Évremond, a dit ceci :

« Lorsque l'on veut examiner avec quelque soin ses pensées, et réformer son âme sur les préjugés dans lesquels elle peut être, il se faut faire par provision une morale qui nous serve de règle ; cette morale se peut réduire à ces quatre maximes :

» I. — Obéir aux lois et aux coutumes du pays de sa naissance, et suivre en toutes choses les opinions les plus modérées sans désapprouver ni condamner personne.

» II. — Être si ferme dans cette conduite que l'on a

choisie, que l'on n'ait nul égard à tout ce qu'on pourra dire pour nous en détourner.

» III. — Se délivrer de toutes les inquiétudes qui ont coutume d'agiter ces esprits faibles et chancelants qui se laissent tourner inconstamment par toutes sortes d'exemples.

» IV. — De toutes les pratiques de la morale, il faut plutôt choisir celles qui nous apprennent à nous vaincre nous-mêmes que celles qui ont pour but de triompher de la fortune, et changer nos désirs sans prétendre rien changer à l'ordre du monde.

» Avec ce peu de maximes morales on peut avoir une conduite régulière, etc. »

La morale, que l'on a définie la science de nos devoirs, s'appuie dans le christianisme sur une autorité divine qui était inconnue aux anciens ; c'est de cette morale que découlent les lois qui enseignent les règles à suivre pour faire le bien et pour éviter le mal.

S'il est des hommes qui s'appliquent à pratiquer les lois, il en est d'autres, et ils sont nombreux, qui semblent n'avoir d'autre but dans la vie que celui de courir après la fortune.

« Faire fortune, est une si belle phrase, et qui dit une si belle chose, qu'elle est d'un usage universel : on la connaît dans toutes les langues, elle plaît aux étrangers et aux barbares, elle règne à la cour et à la ville, elle a percé les cloîtres et franchi les murs des abbayes de l'un et de l'autre sexe ; il n'y a point de lieux sacrés où elle n'ait pénétré, point de désert ni de solitude où elle soit inconnue. . . . .

. . . .

» Giton a le teint frais, le visage plein et les joues pendantes, l'œil fixe et assuré, les épaules larges, l'estomac haut, la démarche ferme et délibérée; il parle avec confiance, il fait répéter celui qui l'entretient, et il ne goûte que médiocrement tout ce qu'il lui dit : il déploie un ample mouchoir et se mouche avec grand bruit; il crache fort loin, et il éternue fort haut; il dort le jour, il dort la nuit, et profondément; il ronfle en compagnie. Il occupe à table et à la promenade plus de place qu'un autre, il tient le milieu en se promenant avec ses égaux, il s'arrête et l'on s'arrête, il continue de marcher et l'on marche, tous se règlent sur lui; il interrompt, il redresse ceux qui ont la parole; on ne l'interrompt pas, on l'écoute aussi longtemps qu'il veut parler, on est de son avis, on croit les nouvelles qu'il débite...; il est enjoué, grand rieur, impatient, présomptueux, colère, libertin, politique, mystérieux sur les affaires du temps, il se croit des talents et de l'esprit : il est riche [1]. »

Si Giton a acquis sa fortune par des moyens honnêtes, ceux qui le connaissent se borneront à rire de ses ridicules et à critiquer ses défauts; s'il l'a conquise, au contraire, en violant les règles de la morale et les lois qui sont la discipline civile, il sera souverainement méprisé de tous, et de ceux-là mêmes qui se font ses plus plats valets.

Le seul bonheur possible ici-bas est pour celui qui sait amasser, non pas de l'or, mais des vertus, et l'une des plus excellentes vertus, nous ne cesserons de le répéter, est l'obéissance à la règle. Pour nous, nous donnerions de grand cœur toutes les richesses et toutes les grandeurs de la terre pour la possession certaine de l'inestimable trésor indiqué dans les préceptes suivants :

SAGESSE.

Par-dessus tous les biens estimez la sagesse.

____

[1] La Bruyère.

TRAVAIL.

Comme une lèpre immonde évitez la paresse.

ORDRE.

Travaillez avec ordre, et toujours ayez soin
De ranger chaque chose à sa place, en son coin.

RÉSOLUTION.

Réfléchissez avant de faire une entreprise,
Et sachez accomplir la décision prise.

SINCÉRITÉ.

Purs du mensonge vil, soyez partout, toujours,
Dans vos actes loyaux, et vrais dans vos discours.

DISCRÉTION.

Parlez peu : le bavard dans les larmes regrette
Les dangereux écarts d'une langue indiscrète.

JUSTICE.

Gardez dans un cœur pur l'exacte probité,
Que le bien de chacun soit par vous respecté.

TRANQUILLITÉ.

Calmes dans les tourments, épreuves de la vie,
Supportez le malheur, bravez la calomnie.

PROPRETÉ.

Autant que la candeur aimez la propreté;
Elle décore tout, même la pauvreté.

CHARITÉ.

En toute occasion, faites qu'il vous souvienne
D'user envers autrui de charité chrétienne.

HUMILITÉ.

Laissez l'orgueil aux sots, aux riches parvenus,
En pensant à Socrate et surtout à Jésus.

OBÉISSANCE.

Aimez l'obéissance, elle est vertu facile;
Pratiquez, en un mot, la loi de l'Évangile.

TABLE.